王朝风云 之

夏商周

XIA SHANG ZHOU

李 楠 —— 编著

历史度尽劫波
文明生生不息

中国文史出版社

图书在版编目（ＣＩＰ）数据

夏商周 / 李楠编著 . -- 北京 : 中国文史出版社，
2021.1

（王朝风云；1）

ISBN 978-7-5205-2263-2

Ⅰ . ①夏… Ⅱ . ①李… Ⅲ . ①中国历史－三代时期－
通俗读物 Ⅳ . ① K221.09

中国版本图书馆 CIP 数据核字 (2020) 第 173834 号

责任编辑：詹红旗　　戴小璇

出版发行：中国文史出版社

社　　　址：北京市海淀区西八里庄 69 号院　邮编：100142

电　　　话：010- 81136606　81136602　81136603(发行部)

传　　　真：010-81136655

印　　　装：廊坊市海涛印刷有限公司

经　　　销：全国新华书店

开　　　本：1/16

印　　　张：22

字　　　数：338 千字

版　　　次：2021 年 3 月北京第 1 版

印　　　次：2021 年 3 月第 1 次印刷

定　　　价：66.00 元

"凤凰台上凤凰游，凤去台空江自流。吴宫花草埋幽径，晋代衣冠成古丘。"李白一首《登金陵凤凰台》，可生动反映中国历代王朝的没落与沧桑。

中国是一个拥有 5000 年悠久历史的文明古国，王朝众多，更迭频繁。其间上演过无数令人感慨的悲喜剧，也创造了举世瞩目的中华文明。

这套《王朝风云》丛书，旨在全景展现中华民族从原始社会、奴隶社会到封建社会的历史跨越，以真实丰富的史料，鲜活生动的叙述，让一个个风格迥异的王朝如戏剧般轮番登场，上演从夏商周到晚清近代历史的荣光与波折。使读者从王朝演变的故事中深刻地体味历史的魅力，领悟中华文明博大精深的文化内涵。

丛书着重讲历史脉络，以历代政权更迭及政治、军事斗争为主，努力把中国历史中最精彩、最生动的内容奉献给广大读者。同时，为增强系统性，一定程度地反映历朝历代的掌故、习俗、科技、文化等内容。

《王朝风云》丛书共 15 部，此为第一部《夏商周》，主要讲的是从原始社会开始，到公元前 770 年西周灭亡这段时间里中国历史上发生的那些丰富多彩的故事。

众所周知，在这一时期里，中华民族的祖先们在中国这片宽广富饶的土地上建立了华夏民族，并且在他们的努力下，使华夏大地从原始社会过渡到了奴隶社会，使部落联盟过渡到了国家统治，更使原始的公有制过渡到了个人私有制。

我国历史从原始社会进入奴隶社会以后，便开始有了模糊的文字记载。被中医当作安神固精与治疗妇科疾病之药的"龙骨"，自从 19 世纪末被考古学家发现了其背面的文字以后，甲骨文便成为夏商两个朝代存在的最有力证据,此后相继出土的文物,更进一步细化了这两个奴隶制王朝的历史。

夏朝被公认为中国史书记载的第一个王位世袭的奴隶制王朝。夏王朝前后经历471年,共传14代17王。夏朝脱胎于旧的原始军事民主制,雏形的国家政体难免带来社会的动荡,权力的争夺从此开始。

商朝是奴隶社会的鼎盛时期,王国拥有庞大的官僚统治机构和军队,前后相传17代31王,延续500余年时间。商朝处于奴隶制鼎盛时期,成汤时期的国家权力已经初步确立,奴隶制的社会秩序亦已稳固。奴隶主贵族是统治阶级,形成了庞大的官僚统治机构和军队。商朝的王位继承制度,前期为兄终弟及,后期为典型的父死子继。

周朝分西周与东周。西周约始于公元前11世纪时周武王伐纣灭商,终于公元前770年周幽王覆亡的中国统一王朝。在这一时期内,全国大小诸侯均向王朝负担一定义务,周朝维持着统一局面。东周偏安一隅,影响日益衰弱,诸侯势力甚嚣尘上,其实属于下一章的"春秋战国"时期,以韩、赵、魏联手打败执政的智氏家族,三家分晋为分水岭,分为"春秋"及"战国"两部分。本书仅就东周王室的传承做一简介。

拥有200多年历史的西周,作为我国封建社会的开端,生产力得到了前所未有的发展,并且华夏民族实现了大融合。由于分散而相对独立的封国个个苦心经营,对朝廷虎视眈眈却又按兵不动,因此各国经济得到高速发展,并使社会思想文化和道德礼仪被推到了新的高度,进而为后来的东周和春秋战国时代奠定了丰厚的社会基础。难怪孔子把西周当作天下的典型,并感叹道:"郁郁乎文哉,吾从周。"

由于历史的久远和年代的不确切,后代流传着很多关于这一时期的神奇传说和精彩故事,盘古开天地、女娲补天、大禹治水、姜太公钓鱼、烽火戏诸侯,等等,令人幻想,令人回味。尽管这其中有的只是传说,并无真实性可言,但这也同样反映了后代人对史前时期中华民族产生和发展的美好幻想和推测。

了解历史,反思历史,是为了更好地借鉴历史、把握未来。

目录

第一编　远古风云，王朝先声

第一章　原始部落的聚合与权力交接

一、九重混沌天地间，盘古神力开天地 …………… 2

二、三皇风气初开化，天下大同无私念 …………… 5

三、伏羲应天育文明，女娲神媒称女皇 …………… 8

四、神农尚火称炎帝，轩辕蚩尤战涿鹿 …………… 12

五、轩辕黄帝划天下，极治之世放异彩 …………… 14

六、少昊颛顼相继立，帝喾施恩利万物 …………… 16

七、远古淳朴民风在，尧舜禅让传佳话 …………… 17

八、舜效先贤传帝位，大禹贤能继大统 …………… 25

第二章　原始部落间的争战与统一

一、黄帝为民讨诸侯，阪泉之战并炎帝 …………… 28

二、结联盟炎黄一家，战涿鹿蚩尤被杀 …………… 30

二、战败神勇二神将，统一中原称华夏 …………… 32

四、从善如流英雄舜，将功折过除四凶 …………… 34

五、受命于天涂山会，华夏四夷皆来朝 …………… 36

六、禹划九州铸九鼎，神州重器镇华夏 …………… 38

第三章 原始文明与社会文化

一、从猿到人千万年，原始人类有先驱 …………… 43

二、人类文明初诞生，原始文化放异彩 …………… 49

三、原始社会三阶段，财权私有趋解体 …………… 58

四、财权私有大分工，军事民主趋解体 …………… 60

五、氏族社会早中期，以母为系主分配 …………… 62

六、母权削弱男权兴，父系社会成主导 …………… 66

七、远古活动生外交，征战巡狩相并重 …………… 73

八、尝尽百草辨植物，原始农业靠耕作 …………… 75

九、原始武器巧加工，文明之火钻木取 …………… 77

十、千古奇书《山海经》，旅游地理小百科 …………… 80

第四章 远古神话与传说

一、创世神话出众神，女娲造人补天窟 …………… 82

二、嫘祖教民养蚕织，御寒避暑遮身体 …………… 83

三、为生存山洞穴居，有巢氏构木为巢 …………… 85

四、原始人茹毛饮血，燧人氏钻木取火 …………… 86

五、人文之祖创八卦，仓颉造字惠万代 …………… 87

六、尧帝当政访名士，许由务实拒虚名 …………… 89

七、大禹治水利万民，三过家门而不入 …………… 90

八、后羿神箭射九日，嫦娥奔月化玉兔 …………… 93

第二编　大夏风云，家国天下

第一章 权力私有，世袭制取代禅让制

一、古代中国第一朝，王权变革十七后 …………… 96

二、各持己见众说异，夏族起源千古谜 …………… 99

三、夏启立国家天下，长子继承开先河 …………… 100

四、夏启出兵灭有扈，钧台璃台会诸侯 …………… 104

五、浪荡公子失国位，后羿夺位逐太康 …………… 107

六、后羿当国无从治，仲康复国空成恨 …………… 109

七、后羿侵国整八载，寒浞继之卅二年 …………… 112

八、少康灭敌终复国，励精图治创大业 …………… 115

九、亡国君昏庸无道，商汤王顺时灭国 …………… 116

第二章　夏王朝的外争与内政

一、有夏以来征战多，军事斗争初显名 …………… 123

二、步兵为主车兵辅，夏刑三千称《禹刑》……… 127

三、设官分职制夏礼，服饰品类等级分 …………… 128

四、王朝统治多残苛，平民奴隶遭盘剥 …………… 128

第三章　夏朝的社会经济、文化艺术及科技

一、劳动工具初改进，黍稻作物得丰产 …………… 130

二、手工制造新发展，"车神""酒神"竞风流 …… 131

三、西起关中东齐鲁，华夏交通初奠基 …………… 133

四、陶文记事乐器现，黑陶红陶艺术高 …………… 135

五、偃师遗址二里头，青铜时代东下冯 …………… 136

六、日月交会定天文，四时分野出历法 …………… 138

七、行夏建寅十二月，泽被千年《夏小正》……… 140

第三编　殷商风云，青铜时代

第一章　从兄终弟及到父死子继

一、三十一王十七世，世代相传六百年 ……………… 144

二、顺应时代商汤王，兴兵伐暴建大业 ……………… 146

三、巩固政权都西亳，改朝换代新举措 ……………… 152

四、伊尹兵变非夺权，放逐太甲终还政 ……………… 154

五、王位纷争屡迁都，九世之乱祸百年 ……………… 158

六、扭转乾坤勇迁都，盘庚平乱息风波 ……………… 160

七、思复兴殷观国风，武丁中兴国大治 ……………… 164

八、荒淫无道商纣王，穷途末路归鹿台 ……………… 167

第二章　商王朝的军事政治及其风云人物

一、兵民合一常备军，车兵步兵作"三师" ……………… 173

二、王权等级内外服，平民奴隶各不同 ……………… 175

三、分列汤王左右相，兴商灭夏股肱臣 ……………… 177

四、网开三面汤德至，讨伐无道得民心 ……………… 182

五、帝乙嫁妹巧联姻，天作之合享太平 ……………… 186

六、贤淑王后名妇好，国史第一女英雄 ……………… 188

七、忠臣屡谏商纣王，比干逆鳞遭剖心 ……………… 190

八、众佞臣助纣为虐，遭惩罚罪有应得 ……………… 194

九、昏武丁误信谗言，冤孝己以死明志 ……………… 195

十、献亲女鬼侯遭殃，鸣不平鄂侯同罪 ……………… 197

十一、箕子进谏遭囚禁，移民东北建朝鲜 ……………… 198

第 三 章　商朝的社会经济与文化科技

一、社会生产大发展，农商畜牧业与渔猎 …………… 200

二、手工制造分工细，青铜时代步全盛 ………… 202

三、科技文化新发展，天文历法与数学 ………… 205

四、殷商历史巧传承，甲骨文字惊天下 ………… 206

第四编　两周风云，山雨欲来

第 一 章　大周王朝的兴衰与荣辱

一、太王奠基文王兴，西周十世十二王 ………… 214

二、姜嫄生弃做农官，善植后稷称"农神" ………… 219

三、公刘居豳大开发，《诗经》铭记传美名 ………… 221

四、承上启下公亶父，移风易俗改革家 ………… 222

五、行善积德西伯侯，开国奠基周文王 ………… 225

六、灭殷大计得传承，武王伐纣建大周 ………… 228

七、"成康之治"周公辅，太平盛世衰象显 ………… 232

八、王道微缺朝纲斜，南巡不返昭王故 ………… 234

九、西征昆仑东攻徐，穆王西巡传佳话 ………… 238

十、周共王励志改革，周懿王王权不振 ………… 241

十一、孝王夺权兴周室，夷王信言烹哀公 ………… 246

十二、暴虐厉王钳民口，国人暴动向共和 ………… 250

十三、效先祖宣王中兴，重规范昭王盛世 ………… 256

十四、沉湎酒色废国事，幽王亡国又亡命 ………… 262

十五、平王东迁东周始，残破江山一隅安 ………… 263

十六、周天子威风扫地，周王室任人宰割 ………… 267

十七、周赧王债台高筑，昭襄王除周移鼎 ………… 268

第 二 章　八百年周室风云

一、渭水垂钓会文王，子牙佐周灭殷商 …………… 272

二、伯夷叔齐让国位，不食周粟死首阳 …………… 277

三、武王勤政病缠身，临终托孤周公旦 …………… 278

四、周公握发三吐哺，避嫌平乱安天下 …………… 281

五、同流合污管蔡乱，忠心耿耿君臣和 …………… 287

六、姜后脱簪劝宣王，滥杀大臣亡国兆 …………… 290

七、褒女思乡难展颜，幽王烽火戏诸侯 …………… 293

八、引狼入室犬戎侵，勤王联军战镐京 …………… 298

第 三 章　奴隶王朝的制度集成

一、丧失自由奴隶制，当牛做马为私产 …………… 301

二、天子大宗天下主，金字塔下分阶层 …………… 302

三、大封诸侯霸四方，尾大不掉终成患 …………… 305

四、以德配天天命观，周礼制度定伦理 …………… 310

五、统治机构趋完善，六官之制分权利 …………… 314

六、兵役征发分等级，外交礼制看"交聘" …………… 317

第 四 章　周朝的社会经济与科技文化

一、农业生产井田制，商贾百工属官府 …………… 321

二、天文历法与地理，蚕桑冶炼稳发展 …………… 325

三、礼器铭文成双绝，青铜冶铸最高峰 …………… 326

四、大雅之堂奏雅乐，贵族礼仪演歌舞 …………… 334

五、宗教尚神不尚鬼，学习教育重六艺 …………… 338

六、群经之首《周易》，官制礼制看《周礼》 …………… 339

第一编

远古风云，王朝先声

　　自从盘古开天地，天为父，地为母，帝王为天地之子，天下臣民百姓均为帝王之子，皆尊帝为万众之首。帝位交接，始自三皇五帝。三皇五帝虽原始，却也民主、人道、大公无私。三皇五帝选择接班人，以人为本，以民为先，是由大众考察决定的，百姓认可的。谁最适合坐这个位子，人民也拥戴你，那好，我下台，你上来。于是，权力平稳过渡。

第一章　原始部落的聚合与权力交接

一、九重混沌天地间，盘古神力开天地

中国人习惯称帝王为"天子"，所以凡是称王的人，莫不以天为父，以地为母，而以百姓为子。所谓天为父，地为母，帝王为天地之子，而天下各代臣民百姓又都是帝王之子。因而要讲述历代帝王的事，自然不得不首先由天地谈起。人们在谈论天地时，都说地的形状像只鸡蛋，不过鸡蛋只有一层，而天却有九重。

第一重，叫宗动天。没有星辰转动，有气而无形状，这是黑罡风，瞬息吹过千里之遥，力量迅猛，带动三垣二十八宿，以及土、木、火、日、金、水、月轮等各重天，由东向西转动，一天绕地一周，转过一度。它们的外面则是混沌之气，空旷无边。也有的说宗动天外面是无际天，常静天，悠远无边。

第二重，为经星三垣二十八宿天。距宗动天很近，被带动旋转极快，自西向东旋转，一年相差一分，60年转过一度，7000年转过一周。在此以下八重天，都自西向东旋转，但都为宗动天所带动，因此在下面观看，都是东升西落。

第三重，填星，即土星天。离宗动天稍远，被带动旋转较慢，自西向东，一天差一度，28年旋过一周天。

第四重，岁星，即木星天。离宗动天更远些，转动也更慢些。自西向东，一天差一度，12年为一周天。

第五重，荧惑，即火星天。离宗动天更远，被带转也较慢，自西向东，

两天差一度，两年为一周天。

第六重，日轮天。离宗动天远，转动慢，白西向东，一天差一度，一年为一周天。

第七重，太白，即金星天。离宗动天远，自西向东，一天差一度，一年为一周天。

第八重，辰星，即水星天。离宗动天远，转动缓慢。自西向东，一天差一度，一年为一周天。

第九重，月轮天。离宗动天最远，且离地近，转动最迟缓。自西向东，一天差13度，一月为一周天，其经星分为六等。第一等最大，径356里，其余依次递减，至第六等最小，径260里。日径1750里，月径600里。其余五星只土星、木星最大，径340里；太白星径114里；辰星（北极星）径60里。

每重天各相距9万里。每重天中间间隔一重气，而日轮与经星间，相距则是各重天相距的两倍。所说的差，是说宗动天自东向西，各重天自西向东，与宗动天相差。就是所说的天道左旋，日月五星右旋。一度，就是在下望天上一尺那样长。这九重天相互包容，日月星辰都固定其中，随天转动。天体透明无色，因此能透光，像水晶玻璃一样。而内外有如一体，星星则仿佛是石头，滑润有光泽。因此在下面看，能穿透九重，愈远愈明。

地大直径9万里，厚28636里，离月轮天，周围隔海45000里余。地面是土，土下是沙石，沙石下是浮岩，浮岩下是海，海之下仍是天。能不和天一起运动，是因为地之四旁底下都是海，像被浮起的船。地之东是潮海，水随天升，船上去就被颠覆；地之西为溜海，水随天入，船上去就会陷下去。地之北为冰海，海水常年结冰，船行受到阻碍；地之南为热海，海水像热油，船去就被焚毁，这是终古而不可靠近的。天东升而西没，因此海水自西北而向东南流动。

天地之数，止于一元。一元共129600年。元统率子、丑、寅、卯、辰、巳、午、未、申、酉、戌、亥十二会。每会10800年。会统率30运，每运360年。运统率12世，每世30年。此前的天地，也是万国九州，花花世界。无奈

盘 古

运行到申会,昼夜失去次序,寒暑颠倒,五谷不生,人类日益稀少。到了酉会,无君无长,也不知有文字。至戌会之初,千里之内才得见人烟,没有五谷,人只能吃土,也没有衣服。男女相遇就交合,交毕即分开,有所生育,只知母而不知有父。道路不通,以后渐渐无人亦无物。

到了亥会,昏昏暗暗,山川日月归于乌有,天地混蒙。到了子会,逐渐开明,生出日月。再到丑会,又生出水土沙石,渐渐凝结而形成地。到寅会,在大荒山腰,受天地灵秀,蕴日月之光华,遂孕有灵通之性,内育人胎。

忽一日,豁剌剌一声巨响,山腰崩裂,生出一个人来。学爬学走,餐风饮露,食草饮水,渐渐长成。龙首人身,身长百尺,头角狰狞,神眉怒目,獠牙露齿,遍体皆毛。此人就是盘古。他爬上山顶,用手摸天,感觉到天之体跃跃欲动。走到地上,用足仔细踹踹地面,感觉地之体凝凝而欲静。天渐渐高起来,地渐渐低下去,将要分开,仔细一看,见昆仑山顶和月轮天相连,坚不可破。天性想动而不能动,地性想静而不能静,天地相连,两不相得,人物难以生存。盘古心中想道:"一定要有一件东西,将连接处砍开,自然天清地宁,万物各得其所。"东寻西找,事有凑巧,一天行至西方,找到了先天金石之精,一斧一凿。盘古估量其重千斤,于是右手持斧,左手执凿,用斧劈,凿开,用功多时,忽然一天将天地分开,有如天崩地裂,大响一声,天地两分,轻清者为天,渐升高而运转,重浊者为地,渐低下沉而凝静。天地遂分为二,在上名为天,在下名为地,混沌初开。此后,阴阳交配,生人生物。

二、三皇风气初开化，天下大同无私念

盘古开天辟地以后，阴阳二气交媾融合，渐渐产生了人类。那时候的人，不是出自娘胎，而是有的从天上掉下来，有的从地下冒出来。三个一群，五个一伙，都长成人的形状。这些人全是高大丑陋的汉子，分散居住，以饮水吃草为生，没有知识，也没有君王长者。在属于木德时期的寅年，金、木、水、火互相冲击，生成祥瑞之气，在昆仑山的山腰上，瑞气凝结，化为灵胎。由这灵胎里生出13个人来，为首的一人就是天皇氏。天皇氏遍体茸毛，面色青黑，全身赤裸。长发披肩，身高三丈六尺。天皇氏崇尚木德，清静淡泊，无为而治。他创造了天干和地支，天干就是甲、乙、丙、丁、戊、己、庚、辛、壬、癸，这是后来的叫法，那时甲还不叫甲，叫作阏逢；乙也不叫乙，叫作旃蒙；丙叫作柔兆；丁叫作强圉；戊叫作著雍；己叫作屠维；庚叫作上章；辛叫作重光；壬叫作玄默；癸叫作昭阳。地支就是子、丑、寅、卯、辰、巳、午、未、申、酉、戌、亥。那时子还不叫子，叫作困敦；丑叫作赤奋若；寅叫作摄提格；卯叫作单阏；辰叫作执徐；巳叫作大荒落；午叫作敦牂；未叫作协洽；申叫作涒滩；酉叫作作噩；戌叫作阉茂；亥叫作大渊献。天干和地支轮流配合，周而复始，轮转一周60年，是一个甲子，用以确定每一年的位置。从此以后，五运始兴，大化始立。天皇氏兄弟13人共同治理天下18000年。继承他们的是地皇氏。

地皇氏崇尚火德，出生

地皇氏

于熊耳山和龙门山中。当时两座山中，忽然放出红光，高达数丈，从光中生起五色祥云，将两山笼罩，随后又生出11个人来。其中以地皇氏最为聪明特异，他身高三丈三尺，臂粗数围，全身长毛，面黑如墨，目光如火，站立在众人中间，开始统治四面八方。

过去天皇氏虽然创立了干支，但只用来纪年，人们还是昼夜不分，日月不辨，不知道太阳的升降和月亮的朔望盈亏。地皇氏于是确定白天照耀大地的为太

天皇氏

阳，夜间最亮的星星为月亮。从没有月光的那一夜始，到出现一线月光，经过月亮最圆的时候，再回到只剩一线月光，直到月光消失。这一月亮从亏到盈再到亏的过程，历时29天或30天，被定为一个月。其余那些三三两两，散布在天上的称为星星。星与星之间的空处称为辰。日月星共称为三辰。三辰确定以后，以十一月为冬至，总共365天，12个月为一年。如此周而复始，从此龙兴鸾集，万民安乐，文明发展。地皇氏与10个兄弟共同治理天下18000年。继承他们的是人皇氏。

人皇氏崇尚土德。在地皇氏末年，忽然地气冲天，天地交相感应，在刑马山之堤地谷，诞生了9个男孩，以人皇氏为首，他生得面皮白

人皇氏

净，目若明星，身高三丈。人皇氏考察山川，将天下划分为9个区域，自己治理一区，让八个兄弟各治一区，因此又号称居方氏。

这个时期，君王都是有道明君，臣子都是贤良之士，典章逐渐完善，政教由此兴起；礼义逐渐齐备，君尊臣卑由此确立；饥餐渴饮，人民的食物逐渐丰富；男女交媾，百姓的婚姻逐渐出现。人皇氏兄弟九人，共同治理天下15600年。有人说45600年是错误的。

人皇氏之后，由五龙氏继承，五龙氏兄弟五人，老大叫皇伯，老二叫皇仲，老三叫皇叔，老四叫皇季，老五叫皇少。五人共治理天下，各治一方。乘坐五条飞龙，往来巡视，推行无为而治的方针。今天的上郡肤施有一座五龙山，就是五龙氏产生的地方。

继五龙氏之后治理天下的是巨灵氏。巨灵氏出生在汾睢，与元气共生，气魄恢宏，执掌大权，役使五丁力士，驱策阴阳，变易山川，居无定处，曾在蜀中追踪野兽的足迹。

继巨灵氏之后治理天下的有句疆氏、谯明氏、涿光氏、钩陈氏、黄神氏、巨神氏、犁灵氏、大隗氏、鬼隗氏、掩兹氏、泰逢氏、冉相氏、盖盈氏、大敦氏、云阳氏、巫常氏、泰壹氏。泰壹氏是一位若隐若现而又长生不老的神灵。后来黄帝和老子学会了泰壹氏的仙术，泰壹氏之书也流传到后世。其后又有空桑氏和神民氏，他们使人和神各异其业而精与气又能互相沟通。倚帝氏、次民氏、辰放氏继立。远古时候的人，用树皮草叶遮羞蔽体，辰放氏教给人民用木头把兽皮捣软，穿在身上以抵御风寒，人民无不遵从，因此号称衣皮之民，他的王位传袭了四代。其后为蜀山氏、虺傀氏、浑沌氏，他们虽握有生杀予夺之权，但仁慈宽恕，乐善好施，天下百姓既畏服他们的权威，又感念他们的恩德。当时阴阳平和，万物无争，一派祥和景象，甚至鸟巢可以任人探视，野兽可以任人牵走，不会引起惊恐和反抗。他们的王位传袭了11代。其后为东户氏，在他当政的时候，飞禽走兽成群结队，森林草木繁密茂盛，百姓安居乐业，风俗淳朴，路不拾遗。他的王位传袭了17代。其后继立者为皇覃氏、启统氏、吉夷氏、儿遽氏、希韦氏、有巢氏。远古时候的人，居住在旷野的天然洞穴里，与草木禽兽为伴，甚至与禽兽

同食共眠而相安无事。到这个时候，人的狡黠机灵日渐增多，开始欺凌禽兽，于是禽兽也开始与人为敌。而人的牙齿手爪不如禽兽的锋利，不是禽兽的对手，有巢氏就教会人们在树上构筑巢穴，住在里面以躲避野兽。那时的人还不懂得种庄稼，吃的是草木的果实；不懂得用火，渴了就喝禽兽的血，饿了就将禽兽的肉连毛吞下，因此叫作茹毛饮血。把禽兽的皮剥下来，披在身上当衣服。有巢氏的王位传袭了两代以后，被燧人氏取代。

燧人氏手下有四位贤臣，一位叫明山，一位叫必育，一位叫成博，一位叫隕丘，这四位贤臣共同辅佐燧人氏治理天下。那时的人不懂得用火，不知道吃熟食。燧人氏仰观天文，俯察地理，探索星宿运行的规律和五行生克的道理，发现空中有火，附着在木头上就会燃烧。有一天，燧人氏到南边巡视，看见一只鸟正在啄大树的枝叉，啄着啄着，有磷磷的火光闪现，燧人氏立刻省悟。于是用锋利的石块在木头上钻孔，从而得到火种，又教会人们烹饪，把食物放在烧热的石头上，烤熟了再吃，不要吃又腥又膻的生肉，百姓大获其利。

那时还没有文字，燧人氏创立了结绳记事的制度：发生了大事，就在绳子上打个大结，小事就打个小结。燧人氏还修建了宣讲教化的高台，建立了在中午交易的市场，修筑了供贸易之用的道路，于是政通人和，民情大顺。因此，隧人氏又被称为燧皇。他的王位传袭了八世，继他之后治理天下的是庸成氏，再后伏羲氏就诞生了。

三、伏羲应天育文明，女娲神媒称女皇

太昊伏羲氏是成纪人。他的母亲名叫华胥氏，住在华晋江中的小浏庄。华胥就是今天的陕西西安蓝田县。有一天，华胥氏到山中游玩，发现一个巨人的脚印，她很好奇，就把脚踩上去，感到心中怦然一动，突然出现一道红光，把她全身都笼罩起来，华胥氏从此就怀上了身孕。怀孕16个月后，在成纪生下了伏羲氏，成纪就是今天陕西巩昌府的泰州。伏羲氏身高一丈六尺，蛇头人身，有圣人之德，受到民众敬爱，被推立为君。

伏羲氏崇尚木德，以风为姓，定都完丘斓（今河南陈州）。伏羲氏为

帝，上应天意，下孚人望。共工、柏皇、朱襄、吴英等文臣武将，各具贤才，辅佐伏羲氏治理国家，于是天下大治。伏羲氏教百姓制作渔网，捕鱼捉虾；又教百姓饲养马、牛、羊、鸡、犬、猪等六畜，以丰富食品，并用作祭祀神灵的供品。远古时候的人，睡觉的时候横躺竖卧，起来以后乱喊乱叫，饿了就到处找吃的，吃饱了又把食物随手乱扔，知道母亲不知道父亲，也不知道礼节。伏羲氏开始制定嫁女娶妇的规矩，凡是打算娶别人女儿的，要先甄别姓氏，同姓不得婚配，然后请媒人说合，定下来以后，用俪皮作为聘礼，俪皮就是两只野兽的皮。古时候用兽皮做衣服，因此用两张兽皮象征配偶。从此百姓才知道父子关系，男女有别，不再互相轻慢。

这时伏羲氏的统治达到极盛，文明即将产生。突然，从黄河孟津渡，浮起一个由天地之间的精华凝炼而成的怪物来，这个怪物龙头马身，遍休龙鳞，模样像骆驼，却长着两只翅膀，身高八尺五寸，在河面上踏水而行，如履平地，背上驮着一张由圆点组成的图案，图上自刻按后十六、前二十七、左三十八、右四十九、中间五十排列。百姓看得分明，飞报入朝，伏羲接到报告，立即下令起驾到河边观看，果然见到怪物正在踏水而行，并不沉没。伏羲乃叹道："这就是文明开始啊！"命令左右抬来一张石案，率领群臣焚香礼拜，然后将怪物背上的图点，用炭依样画在石案上，再画在竹板上。伏羲根据这一图案加以推演，画成乾、坤、艮、巽、震、离、坎、兑八卦，每卦由三个爻组成，爻卦互相配合，两卦（六爻）相重可得64卦、384爻。用八卦教导

伏羲

民众决定嫌疑，排除犹豫，使民众不受吉凶悔吝的迷惑，能够认识事物的真相，使人事各得其宜。天地之间秘密已久的玄机，至此全部泄露到人间。

伏羲氏仰观天文，俯察地理，效法人身及万物之形，初步创立了文字，以取代结绳记事的老办法。这时文字尚处于草创阶段，不够精密，直到仓颉确立六书的原则，文字才大为完备。因为出现了河图，驮图之物龙首龙鳞，所以用龙来纪官，各种官职都用龙来命名，如飞龙、潜龙、居龙、降龙之类。

伏羲氏还制定了历法，这种历法叫甲历，以甲寅为起始，干支互相配合，形成十二辰和六甲，于是天道就完备了。年、月、日不再混乱，东、西、南、北也不会搞错了。这是历法的起源。伏羲氏又用桐木制作了琴，用绳丝作琴弦，这种琴有 27 根弦，名叫离徵。用桑木制作了瑟，有 36 根弦。琴和瑟可以传达神明的赐予，象征天人之间的和谐，可以使人修身养性，返璞归真。音乐从此发展起来。

伏羲氏在位 115 年而死，享年 197 岁，死后埋葬在陈州（今河南淮阳）。

伏羲氏死后，其妹女娲氏继立为帝。女娲氏与伏羲氏系一母所生，她生下来就神奇灵异，与众不同；身高一丈，容貌秀丽，长得唇红齿白，面如傅粉，光彩照人。帮助兄长制定婚姻媒妁嫁娶的礼法，让百姓遵守，因此被视为神媒，受到伏羲氏的爱惜和尊敬。

伏羲氏死后，大臣们公推女娲氏为主，号称女皇。女娲氏以云为姓，定都中皇山。当时镇守冀方的诸侯共工氏，名叫康回，他生得面如黑漆，头发红似朱砂，身长二丈六尺，遍体长毛。共工氏野心勃勃，自以为是，割据一方，扰乱无常。他自以为命属水德，当立为王，乃以水德纪官。共工氏神通广大，善使妖法，能呼风唤雨，驾云而行，涌水助战。他铲平高地，堵塞低处，雍塞河流，发动洪水，为害天下，大兴兵马作乱。女娲氏命令祝融氏率兵征讨。两军相遇，共工氏念动真言，洪水铺天盖地而来，祝融氏聚积炉灰阻止洪水，共工氏大败，乃驾云向北方逃窜。但是谁也没有想到，当初盘古开天地时，将昆仑山凿破，有一半山体附在月轮天（第九重天）上，名叫不周山，又叫天柱。那时位于天的中央，后来日月运行，时间一长，渐渐移至北方，且由于分量太重，已行将崩坏。这时共工氏驾云逃到北方，见天柱下垂，挡住了他的去路，不由得心中大怒，大吼一声，一头撞向不周山，将天柱撞折，断成两截的天柱倒塌下来，不但将共工氏压得粉碎，而且将地面压得倾斜下去，海水迅速涌上陆地，地于是缺了一个大角。

祝融氏凯旋还朝，把这件事报告给女皇，女皇一时之间也没有良策处理。这时又有一群北方百姓前来求见，女皇询问原委，百姓奏道："自从祝将军征伐康回以后，那里变得昼夜不分，整日漆黑一片，阴风凛冽，简直不像人间。我们靠火引路才找到这里，望皇上赶快设法解决。"女皇听了奏报，立即率群臣起驾，命百姓引路，前往不周山视察。到了那里，只见天昏地暗，寒气逼人。举起火把照明，发现西北方一带的天有七八处缺口。因天气大量泄露，所以冷风吹到地面，遮蔽了日月的光芒。女皇沉思良久，终于想出一个办法，命令群臣到五方寻找五色云母石，又命令用五色矾石炼成石膏，把云母粘成大块备用。女娲氏本来就是女仙，善于腾云驾雾，待群臣将一切准备妥当之后，即念动咒语，脚下升起一朵五彩祥云，将石头载上天空，凡是有缺口的地方，就用所载石膏修补好。经过一番修补，天体照旧完好如初。女娲氏回到地面，又将先前崩坏的不周山凿开，分成四段，每段都凿成鳌足的形状，然后大显神通，将鳌足运入海地，把倾斜的地面撑起，于是大地也完好如初。但天地原来同水晶玻璃一样，透明反光，因此日月照耀，才能发出光芒，石头则不能反光，因而用石头修补的地方，仍然混浊无光。女娲氏深以为患，恰好那时钟山有一位神灵，生得人面蛇身，遍体赤红，身长千里，目有神光，眼睛睁开时如同日月一般，可以照亮大地，而且它呼出的气很温暖，就像夏天的风一样。女娲氏于是运起法力，制服钟山之神，命它常住钟山之上，抬着头以照耀北海诸国。它睁眼的时候是白天，闭眼的时候是黑夜；吐气的时候是夏天，吸气的时候是冬天；让它随着时令吐出风雨，百姓得以安居乐业。

四、神农尚火称炎帝，轩辕蚩尤战涿鹿

女娲氏统治天下达 130 年，在她之后继立为帝的有柏皇氏、中皇氏、大庭氏和栗陆氏。

栗陆氏刚愎自用，人民开始背叛他。大臣东里子因进谏而被杀，天下更加离心。栗陆氏亡后，浑沌氏、骊连氏、赫胥氏、尊卢氏、昊英氏和有巢氏相继称帝。先前的那个有巢氏教人民在树上架木为巢，年代已久，木头朽断，人就被摔下来。这个有巢氏教人民用槿和蘽编织成茅屋以供居住，这就是房屋的起源，因此他也被称为有巢氏。继有巢氏之后统治天下的是朱襄氏和葛天氏。那时天卜大治，君主威信很高，百姓风俗淳朴，国家兴旺发达。葛天氏之后是阴康氏，这时河流雍塞，阴气凝结，人们气血不畅，郁积于内，许多人患了脚肿的怪病。阴康氏乃发明舞蹈，教百姓跳舞以活动关节，疏通血脉，他的治所在华原。葛天氏之后有无怀氏，他的臣民吃得好，住得好，迷恋各自的家园，谁也不愿出门，百姓们虽能听到邻居的鸡鸣狗吠之声，但直到老死也不相往来。后来神农氏兴起，历代帝王的姓氏世系，就可以明确地考证出来了。

炎帝神农氏，名叫石年，是少典国君主的儿子。当初，少典国王娶了有蟜氏的女儿安登为妻，生了两个儿子，石年是长子。安登与神龙感应而生下炎帝，因此炎帝的身形体态很像龙。炎帝出生在烈山的一个石室里，身高八尺七寸，崇尚火德，故称炎帝。起初定都于陈洲，后来迁至曲阜，就是今天山东曲阜市。癸未元年，神农氏开始种植五谷。过去百姓以草木的果实和禽兽的肉为食，神农氏想到禽兽有限而人民众多，一旦禽兽吃光了，百姓将无以为生。但草本一年可以生长一次，循环往复，无穷无尽，而草木中最能养活人的，就是五谷。于是考察气候和土壤的情况，用木头和陶器制成耜、耒、耨等各种农具，教导百姓种植五谷，农业开始兴起。又教百姓用麻织布，从此有了衣服。那时人们患了病，不知道吃药，因而病死的人很多。神农氏遍尝百草，研究它们的特性以及如何搭配起来使用，在这个过程中曾经一天之内遇到 70 种有毒的药物，神农氏凭借神力化解了毒性，经过反复研究，开出药方，为百姓治病。神农氏在国都开设商店，建立市场，招徕天下百姓，聚集四方货物，使百姓互通有无，各得其所，而不必互相争夺。神农氏创立蜡祭的典礼，让人用赭鞭鞭打草木，演奏扶犁之乐，唱起丰收的歌曲。神农氏享有火德的祥瑞，故用火来命名官职，如大火、鹑火、西火、北火等等。诸侯夙沙氏反叛，煮海制

神农氏

盐，不服从炎帝的命令，他的大臣箕文进谏，也被杀害。炎帝没有发兵征讨，而是反躬自省，勤修德政，夙沙氏的人民感念炎帝的恩德，自动杀了夙沙氏前来归顺。于是南至交趾，北到幽都，东至褒谷，西至三危，普天之下，莫不向化。炎帝到南方巡视时，死在长沙的茶乡，即今湖南长沙茶陵县。神农氏在位140年，享年168岁。

神农氏娶莽水氏之女听谈为妻，生下临魁，在位80年。临魁生子名承，在位60年。承生子名明，在位49年。明生子名宜，在位45年。宜生子名来，在位48年。来生子名里，在位43年。里生节茎，节茎生克和戏，节茎、克和戏都没有做皇帝。这时帝位传到克的儿子榆罔手里。榆罔定都空桑，他为政残暴，法多害民，以致群臣心怀不满，诸侯皆有贰心。大臣蚩尤，系炎帝后裔，姓姜氏，生性好兵喜战。造大弩和刀戟，企图兼并诸侯。榆罔无力制止，命令退居少颢。蚩尤越发狂暴，出师洋水，登临九淖，进攻未及离开空桑的榆罔。榆罔不敌，退至涿鹿。轩辕乃调集各路诸侯的军队，与蚩尤在涿鹿之野交战。蚩尤制造大雾，一时天昏地暗，诸侯之兵分不清东南西北，无法取胜。轩辕用指南车为军队指示方向，于是在冀中生擒蚩尤，并把他杀死。因而把这个地方命名为绝辔之野。榆罔仍然不改前非，轩辕修明政治，整顿军旅，然后与榆罔战于阪泉之野，经三度交战，终于

打败了榆罔。榆罔在位五十五年时，诸侯一致推举轩辕取代神农氏为天子，他就是黄帝有熊氏。

五、轩辕黄帝划天下，极治之世放异彩

当初，神农氏的母亲生下两个儿子，长子是神农氏，次子则继承了少典氏的王位，他的子孙世代作诸侯。到炎帝榆罔当政的时候，少典国君的王妃名叫附宝，她看到巨大的闪电绕过北斗星，于是受到感应而怀孕24个月以后生下黄帝，因生于轩辕之丘，故名轩辕（今河南开封新郑县）。轩辕姓公孙，生长在姬水，因而又姓姬。他生下来就神奇灵异，襁褓中就会说话，幼小伶俐，长大勤勉，成年后聪明通达。在有熊之地建国，故又号有熊氏。崇尚土德，故号称黄帝。定都涿鹿，即今天的河北省涿鹿县。黄帝发明了阵法：里面的用刀锯，外面的用甲兵。设立指挥军队的旗帜，天下有不顺从的便去征伐。披荆斩棘，开山通道，没有过上安适的日子，虽然定都涿鹿，但迁徙往来，没有固定的住所，每到一处，用军队环绕为营以自卫，常有祥云之瑞，因而用云来命名官职，如青云、缙云、白云、黑云、黄云等。

有一天，黄帝忽然梦见大风把天下的尘垢都吹走了，又梦见有人拿着千钧之弩，驱赶着成千上万的羊群。睡醒以后叹道："风是号令执政的人，垢字去掉土是后，天下难道有姓风名后的人吗？千钧之弩，有异乎寻常的力量；驱羊万群，是善于牧民的人，天下难道有姓力名牧的人吗？"于是按照这两种设想去寻找，果然在海角找到了风后，拜他作宰相；在大湖找到力牧，用他作大将。此外又获六相辅佐而天下大治。风后明于天道，因此作当时；太山善察地势，因此作廪者；奢龙辨别东方，因此作土师；祝融辨别南方，因此作司徒；大封辨别西方，因此作司马；后土辨别北方，因此作李。黄帝有一天又梦见两条龙把一幅图交给自己，醒来后便沐浴斋戒，前往黄河寻找，到了河边，见到一条大鱼背负图文游来，乃拜而受之，得到五种要诀。于是建立灵台，设置五官以掌管五件大事。命羲和卜问太阳，常仪卜问月亮，鬼臾蒨卜问星星，车区卜问风。大挠探察五行的情况，用

甲子、干支相配合，确定了纳音。命容成作盖天之说以解释天地，卜问日月星辰，确定气运之数。制定神历，将一年中多余的时间积累成闰月，于是历法与天体的实际运行就相吻合了。黄帝命仓颉制造文字。仓颉长了四只眼睛，生来就有非凡的品德。当时在洛水的转弯处，有神龟出现，背负丹甲青文，仓颉拜受。于是穷究天地的变化，仰观奎星圆曲的形势。俯察龟文鸟羽山川的形状，用手指在掌心摹画，从而创立了文字，文字诞生后，苍天为之降下雨粟，鬼神夜间为之哭泣。

当初，自伏羲画八卦以来，产生了一些简略的文字。至此按照六义的原则造字，一曰象形，二曰指事，三曰形声，四曰会意，五曰转注，六曰假借，天下的文字就完备了！黄帝命隶首作算数，命伶伦造音律，命大客作承云之乐，命名为《咸池》；制作垂旒的皇冠，又作黄色的棉衣。以象征天地的正色。旁观野鸡的羽毛和花卉的颜色，据之染成五色花纹，以区分贵贱，于是衮冕衣裳的制度兴起了。黄帝命宁封为陶正，赤将为木正。制作杵和臼，使谷粟能够脱壳；制作锅和灶，让百姓能够做粥；制作甑，使百姓能够蒸饭。创烹煮之法，还制造甜酒和奶酪。让人们过河有桥梁，走路有鞋穿，死后有棺椁。黄帝命挥作弓，夷牟造箭，岐伯作鼓吹、铙角、灵髀、神钲，以弘扬武德。命共鼓化狐剖空树干制成舟船，把木头削成桨，用来渡河。命邑夷仿照北斗的旋转，制成车子以供出巡四方。

黄帝创立了宫室制度，于是建造合宫（明堂），以祭祀上帝，接引神灵，宣布政教。开始用模子浇铸黄金，制成货币，分为轻

轩辕黄帝

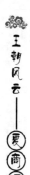
重不同的五种，以解决和平衡国家的需求。因人的一生，男女阴阳不调，黄帝向岐伯咨询后写成内经，又命俞跗、岐伯、雷公察明堂，究脉象，命元妃嫘祖教百姓养蚕。黄帝划分天下，得百里之国万余，命工匠营建国都，设左右监，管理万国。又划分田亩，创井田之制，定地界以杜绝争端。从此民众不奸滑虚伪，市场不哄抬物价，人们互相礼让，见利不争。风调雨顺，有草生于庭前，见佞人即指之，名叫屈轶。凤凰在阁上筑巢，麒麟在苑游弋，黄帝时代，号称极治之世。

黄帝采集首山之铜，在荆山南面铸造了三座鼎。八月十六日，鼎成，这时有一条生着白胡须的龙从天而降，来迎接黄帝，黄帝乃骑龙升天。群臣及后宫跟从者70余人。有些小臣不能乘龙而上，就抓住龙须不放，黄帝的弓挂在龙须上，龙须承重不住，被拔了下来，弓也坠落在地。小臣们仰攀不及，乃抱弓号哭。后世就把这个地方叫作鼎湖，弓叫作乌号。群臣把黄帝的衣冠弓剑埋葬在峤山。黄帝在位共110年。

当初，黄帝和仙女西王母互相来往，所有宫室衣冠器用之物，均效法仙域，因此制度无不完备。黄帝有4个妃子：元妃西陵氏，二妃方累氏，三妃肜鱼氏，四妃嫫母。生了12个儿子，加上庶子共25人。

六、少昊颛顼相继立，帝喾施恩利万物

黄帝去世后，少昊金天氏继立为帝。他是黄帝的儿子，姓己名质。其母西陵氏梦见一颗巨大的星星，像彩虹一样拖着华光从天而降，落入华渚之中，不久就生下了他。因崇尚金德，故号称金天氏。因能修太昊的德政，故名为少昊，定都曲阜。当时凤凰鸟恰好飞来，便用鸟来命名官职，作了一首名为《大渊》的乐曲。少昊晚年时，诸侯黎氏等九人作乱，此九人会使妖法，能役使鬼神。天下百姓，害怕他们的神力和怪异，于是家家请巫史跳舞降神，而忽视了对神明的祭祀，导致各种灾祸一齐发生。

少昊在位84年而死，他的兄长昌意的儿子颛顼高阳氏继立为帝。颛顼姓姬，是黄帝的孙子、昌意的儿子。昌意娶了蜀山氏之女女枢为妻。有一天，女枢梦见一道白光穿过月亮，于是在若水生下了颛顼。他崇尚水德，

当初立国高阳，故号称高阳氏，后迁都帝丘。少昊衰落以后，九黎造反，扰乱德政，人神混杂，简直不可想象。高阳氏命令南正重管天专注神事，北正黎管地专注民事，天地分离，不相混淆。革除了九黎造成的混乱，使神人不再混杂，万物井然有序，人民安居乐业。制定历法，以建寅之月（正月）为一年之首。作名为《承云》的乐曲。颛顼在位78年。

颛顼死后，少昊的孙子帝喾高辛氏继承帝位。高辛氏姓姬，名俊（一作夋、夔），父亲蟜极起初被分封在辛，故号高辛氏。崇尚木德和黑色，定都亳，即今河南偃师县。

高辛氏广施恩泽，利及万物，却从不为自己考虑。闻言而辨，能洞悉远方；见事而察，能烛照幽微。仁厚而威严，慈爱而笃实，修其身而天下景仰。他有四个妃子，元妃是有邰氏的女儿姜嫄，姜嫄与高辛氏升烟以祭上帝，踩中巨人的脚印而怀孕，生下了稷。次妃陈锋氏的女儿庆都，有赤龙的祥瑞，怀孕14个月生下了尧。有娀氏的女儿简狄，有飞燕的祥瑞而生下契。陬訾氏的女儿常仪，生下挚。高辛氏在位70年，他死后，儿子挚接替了皇帝。挚荒淫无度，不修善政。挚在位9年，后被诸侯废掉，诸侯们一致尊尧为天子。

七、远古淳朴民风在，尧舜禅让传佳话

从遥远的年代起，古老的中华民族，就世代相传着两个伟大的人物——尧、舜。

尧、舜在中国史籍记载上，确有其人。他们是五帝时期（公元前2297—公元前2140年）的两个杰出人物。

尧的名字叫放勋。他所处的时代，是原始社会末期。虽

帝　喾

然历史书记载他是帝王，实际上他只是生活在中华民族的摇篮——黄河之滨，由各个氏族部落推选出来的首领。

帝尧便是放勋。他像天一样仁爱，像神一样聪明；接近他，像太阳般温暖；仰望他，像云一样高洁；富有而不骄纵，尊贵而不傲慢。他戴着黄帽子，穿着深黄色的衣服，坐着白马拉的红车。他能修明自己恭顺的德行，使九族亲近团结；九族和睦了，又叫百官明确自己的职守；百官各尽其职，各地诸侯都和睦合作。

尧于是命令羲氏、和氏，恭敬地顺从上天的意志，观察日月星辰的运行来制定历法，慎重地教导民众耕种的时间。他对羲氏、和氏分别作了任命：命羲仲住在郁夷，那地方叫旸谷，恭敬地迎接朝阳的升起，有秩序地安排耕种。根据春分黄昏时中天鸟星的出现，来定准仲春的季节。这时民众分散干活，鸟兽交尾生育。再命令羲叔住在南交，有秩序地安排夏天的工作，谨慎地把事办好。根据夏至黄昏时中天大火星的出现来定准仲夏的季节。这时，民众继续干活，鸟兽也换上稀疏的羽毛。再命令和仲住在西方，那地方叫昧谷，恭敬地礼送太阳落土，有秩序地安排收获。根据秋分黄昏时中天虚星的出现，来定准仲秋的季节。这时，民众生活安适愉快，鸟兽更换了新毛。再命令和叔住在北方，那地方叫幽都，注意安排好积蓄过冬的事。根据冬至黄昏时中天昴星的出现，来定准仲冬的季节。这时，民众穿上冬装，进入屋内避寒，鸟兽也长出了又密又软的细毛。一年有366天，用闰月的办法来校正四季的节气，帝尧还按时告诫百官，各种事情都办起来了。

尧说："谁可以继承我的事业？"放齐说："继承人丹朱通达聪明。"尧说："唉！他不讲道德，好争辩，不能用。"尧又问："哪个可以？"兜说："共工广泛地聚集民众，开展各项工作，可以用。"尧说："共工言辞巧辩，办事却无能；外表好似恭敬，内心却对上天很怠慢不恭，不可用。"尧又问："唉，四岳！洪水滔天，浩浩荡荡，包围山岭，淹没高地，小民们都在忧心忡忡哩，谁有能力去治理？"都说鲧可以。尧说："鲧违背教化命令，败坏同类的人，不可用。"四岳说："他才能突出啊！试一下吧！果真不行再停止。"尧于是听从四岳的意见，任用了鲧，鲧治水九年，没有成就。

尧说："唉！四岳，我在位已经70年，你们都能执行命令，接替我的位置吧！"四岳回答说："我们德行浅薄，恐怕玷辱了帝王的职位。"尧说："那就请你们推举所有有名望的贵族以及疏远隐居的人。"大家都对尧说："民间有个单身汉，名叫虞舜。"尧说："对，我听说过。他究竟怎样？"四岳说："他是个盲人的儿子。父亲不讲道德，后母爱说坏话，弟弟骄纵凶狠，但是他能够用孝顺之道跟他们和睦相处，使他们上进，不干坏事。"尧说："让我考验一下他吧。"在这种情况下，尧把两个女儿嫁给舜，通过她们来观察舜的德行。舜叫她们放下架子，住在沩水北岸，遵守做媳妇的礼节。尧很赞赏他这样做，于是让舜担任司徒慎重地推行五教，人民都遵从五教；尧又让他总领百官的职事，各种职事都干得井井有条；让他到四门主持接待宾客的事，四门的人对客人庄重和睦，来朝贡的诸侯和远方客人都敬重他。

尧又让舜进入密林大泽办事，遇上暴风雷雨，舜勇敢镇定，从来没有误事。尧以为舜德行伟大，召见他说："你考虑事情周到，说了的事能办得有成效，已经三年了。你登上帝位吧。"舜用道德还不够令人悦服作谦让。正月初一，舜在文祖庙接受尧的禅让。文祖是尧的始祖。

这时，帝尧已年老，叫舜代替他执行天子的政事，以观察天意。舜便使用璇玑玉衡来审视天象，准日月五星的位置。他祭祀上帝，祭祀六类神祇，遥祭名山川，遍祭群神。他收集五种玉制符信，选择吉月吉日，召见

尧

四岳诸侯，再给他们颁发瑞信。二月，他到东方视察，直到泰山，烧柴祭天，并按等第遥祭其他名山大川。这时他召见了东方的诸侯，校正了季节、月份，定准了一天的时刻，统一了音律和度量衡。规定了五类礼仪。制定诸侯用五玉三帛，卿大夫用二牲，士用野鸡为相见所执的礼物；对于五玉，会见结束后便退还给诸侯。五月，他到南方视察；八月，到西方视察；十一月，到北方视察。都像开始视察东方一样。回来后，到祖庙和父庙里祭祀，用一头公牛作祭品。舜每五年到各方视察一次；其间四年，诸侯轮流来京师朝见。对每个诸侯，舜都告诉他们治理国家的方法，公开地考察他们的政绩，对政绩突出的赏赐车骑、衣服。舜开始在全国设置12个州，疏通河道。他把正常的刑律刻在器物上，用流放的办法从宽处理因无知而触犯五刑的人；官府中用皮鞭行刑，学校中用戒尺处罚，不是故意犯罪的人可以用金钱赎罪。无心或灾害造成的过失，便赦免；只有作恶不改的人才及时惩处。"慎重啊，慎重啊，努力做到不用刑罚啊！"

兜向尧推荐共工，尧说："不可以。"但兜还是试用他做工师，共工果然放纵邪辟。四岳推荐鲧治洪水，尧以为不行，四岳坚决请求试用，结果毫无成绩，百官都以为鲧不恰当。三苗在江淮流域荆州一带屡次作乱。这时，舜正视察回来，便向尧报告，请求把共工流放到幽陵，让他治理北方的狄族；把兜流放到崇山，让他治理南方的蛮族；把三苗驱逐到三危，让他治理西方的戎族；把鲧远远地贬到羽山，让他治理东方的夷族。惩处这四个罪人，天下的人都心悦诚服。

尧登位70年得到舜，又过了20年告老，让舜代理天子的政务，并向上天荐举舜。尧离开帝位28年才逝世。百姓很悲痛，好像死了父母一样。三年之中，四方都没有人奏乐，因为大家悼念尧。当初，尧了解儿子丹朱不成器，不能传给天下，于是尧采取权变措施禅位给舜。给舜，便使天下人得到好处，只有丹朱不称意；传给丹朱，便使天下人受害，只有丹朱得利。尧说："绝对不能使天下人受害而让一人得利。"他终于把天下传给了舜。尧逝世后，三年丧期结束，舜让天下给丹朱，自己退避到南河的南岸。但诸侯朝拜的，不到丹朱那里去，却来朝拜舜；打官司的人，不到丹朱那里去，却来找舜；歌颂功德的人，不歌颂丹朱，却歌颂舜。舜说："这是天意啊！"这以后，他才往都城，登上天子位。这就是舜帝。

虞舜名叫重华。重华的父亲叫瞽叟，瞽叟的父亲叫桥牛，桥牛的父亲叫句望，句望的父亲叫敬康，敬康的父亲叫穷蝉，穷蝉的父亲叫颛顼，颛顼的父亲叫昌意。到舜已经传了七代。从穷蝉到帝舜，都是地位低微的普通人。

舜的父亲瞽叟是盲人，舜的母亲死后，瞽叟又娶了继室，生了个儿子名叫象，象骄纵凶狠。瞽叟偏爱后妻的儿子，常常想杀掉舜，舜都逃避了；遇到自己有小过失，舜便接受惩罚。他恭顺地侍奉父亲、后母和弟弟，每天都用诚恳谨慎的态度对待他们，没有懈怠过。

舜是冀州人，他曾在历山耕过地，在雷泽捕过鱼，在黄河边上做过陶器，在寿丘做过日用家具，在负夏做过买卖。舜的父亲瞽叟不讲道德，后母爱说坏话，弟弟象骄纵凶狠，都要杀掉舜。舜总是很恭顺，不放弃做儿子的职责，对父母尽孝道，对弟弟尽兄道。父母想要杀他，总是办不到；如果有事找他，却常常在身边。

舜20岁时，因为孝顺而闻名。30岁时，帝尧问可任用谁治理天下，四岳都推荐舜，说他可以。于是，尧便把两个女儿嫁给舜，来观察他在家庭里的表现，又派了九个男儿跟舜相处，来观察他在家庭外的表现。舜住到沩水北岸，在家里行为越发谨严。尧的两个女儿不敢凭着显贵的出身骄傲地对待舜的亲属，很遵守做媳妇的礼节。尧的九个男儿更加诚实厚道了。舜在历山耕种，历山的人都互让田地边界；在雷泽捕鱼，雷泽四周的人都互让居住的地方；在黄河边制作陶器，生产的陶器没有粗糙破损的。一年时间，舜住的地方便成了村庄，两年便成了集镇，三年便成了都市。尧于是赐给舜细葛布做的衣服和琴，给他修筑了仓库，赐予他牛羊。

瞽叟还是想杀掉舜，他叫舜上屋用泥涂抹谷仓，自己却在屋下纵火烧仓，舜就拿着两顶斗笠护住自己向下跳，脱了险，没被烧死。后来，瞽叟

又让舜凿井，舜在井壁上另凿了一个可以藏身和外出的空洞。舜凿到深处，瞽叟和象一同倾土填井，舜从藏身的空洞中走出，又脱了险。瞽叟和象很高兴，认为舜已经死了，象与父母分舜的财物，这时他说："原来出主意的是我，舜的妻子——尧的两个女儿和琴，我收取；牛羊、仓库给父母。"于是象留在舜的房中住下，弹着舜的琴。舜前去见他。象惊愕失色，装作不高兴的样子说："我想念你，正想得很苦闷哩！"舜不介意地说："是，你这还差不多哩！"舜以后侍奉瞽叟，友爱弟弟，越发恭谨了。于是尧便试用舜，让他推行五教，到各个官府去工作，舜都办得很妥善。

以前，高阳氏出了8个有才能的子孙，世人得其利，都叫他们作"八恺"；高辛氏出了8个有才能的子孙，世人称他们作"八元"。这16个家族，世世代代发扬他们的美德，没有毁损他们祖先的名声。在尧的时代，尧没有能起用他们。舜任用八恺，让他们掌管水土，他们安排各种事务，没有不办得井井有条的。舜任用八元，让他们到四方传布教化，他们使得父亲有威严，母亲慈爱，哥哥友善，弟弟恭敬，儿子孝顺，国内太平，外族向往。

从前，帝鸿氏有一个不成才的后代，灭绝仁义，阴毒残忍，好做凶暴邪恶的事情，天下人叫他"浑沌"。少皞氏有个不成才的后代，毁弃信义，憎恶忠诚，爱讲邪恶的话，天下人叫他"穷奇"。颛顼氏有个不成才的后代，不可教训，不懂得哪些是对他好的善言，天下的人叫他"梼杌"。对于这三个家族，世人都感到忧虑。在尧的时代，尧没能除掉他们。缙云氏有个不成才的后代，沉溺酒食，贪图财物，天下人叫他"饕餮"。天下人都讨厌他，把他同上面的三凶并列。舜在四门主持接待宾客时，便流放了这四个凶恶的家族，强迫他们迁到四方辽远的边境，用以警戒恶人。于是四门畅通，都说再也没有恶人了。

舜担任管理山林的官，遇暴风雷雨，也从不误事。尧于是知道舜是可以传授天下的。尧老了，叫舜代替他执行天子的政务，到四方视察。舜被推荐担任职务20年，尧便让他代行天子政务。再过了8年，尧便逝世了。

服完三年之丧以后，舜让位给丹朱，天下的人都归服于舜。伯禹、皋陶、契、后稷、伯夷、夔、龙、益、彭祖这班人，从尧在位时起便被推举任事了，但没有分配给专门的职守。这时，舜便来到文祖庙，征询四岳的意见，并大开四门，倾听四方的意见。他命令12州的长官讨论帝王应有的德行，他认为只要实行宽厚的政令，疏远谄媚的小人，那么，即使外族也会相率归服的。舜对四岳说："有谁能奋发用命，光大帝尧的事业的，便让他担任官职，协助我办事。"都说："伯禹担任司空，可以光大帝尧的事业。"舜说："嗯，对！禹，你负责平治水土吧，希望你努力办好这件事啊！"禹跪地拜谢，要让给稷、契和皋陶。舜说："好！你到职去吧！"舜又对后稷说："弃！平民要挨饿了，你这位农官，应教他们播种各种粮食作物。"对契说："契！百官不团结，人们不和睦，你担任司徒，认真施行五教，慢慢去感化他们。"舜对皋陶说："皋陶！外族侵扰中国，盗寇与奸人闹事，你去做主管刑法的长官，判处五刑要轻重适中，判刑后要在三个不同的场所执行；五刑改用流放，应有流放的地点，五种流放处所按远近分为三等。只有公正严明，才能叫人信服。"舜说："谁能为我管教各种工匠？"都说："垂可以。"于是任命垂做共工。舜说："谁管理山泽中的草木鸟兽？"都说益可以。于是任用益作虞官。益拜谢，要让给朱虎、熊罴等大臣。舜说："去吧！你合适。"便任用朱虎、熊罴作益的助手。舜说："唉，四岳！有谁能为我主持三种祭祀？"都说："伯夷可以。"舜说："喂，伯夷！命你作秩宗，朝朝暮暮都要恭敬，还要正直、肃静、清洁。"伯夷让给夔和龙。舜说："好，我任命夔主管音乐，教导贵族子弟。你要正直而温和，宽厚而严格，刚强而不暴虐、简约而不傲慢。用诗表达思想，用歌咏来延长诗的音节，依照歌来制定乐曲，用音律使乐曲和谐。八种乐器的声音都能和谐，互不干扰，这样，神与人听了才会快乐和谐啊。"夔说："啊！我敲打起各种石制乐器来，大家会跳起狩猎舞。"舜说："龙，我痛恨诬害别人的坏话和伤天害理的行为，它蛊惑、惊恐我的民众，我任命你做纳言，你每天传达我的旨意，收集民众的意见，可一定要真实哩。"舜说："啊！你们这22人，认真办事吧，希望及时辅佐

我办理好天下的大事。"舜每三年考察一次大家的工作成绩，根据三次考察的成绩分别给予贬降或提升。于是，无论远近，各种事都兴办起来。又把三苗部族分别作了区处。

这22位大臣，都作出了他们的成绩。皋陶当大法官，判断公平，实事求是，人人真心拜服；伯夷主持礼仪，上上下下的人都讲谦让；垂管理工匠，各种工匠都干出了成绩；益管理山泽，山泽都开发了；弃管理农事，各种谷物都长得茂盛；契主管教化，百官都团结和睦；龙主管迎宾送客的礼仪，远方的诸侯和外族都来朝贡；12州地方长官也尽力办事，因而全国各地没有谁敢逃避、违抗。尤其是禹的功劳最大，他开辟了九条山脉，治理了九个湖泽，疏通了九条大河，划定了九州地界；使各地用自己的特产来进贡，一切都不违背当地的实际。全国方圆5000里，疆域达到辽远的地方。向南安抚了交趾、北发；向西安抚了戎族、析枝、渠、氐族、羌族；向北，安抚了山戎、发族、息慎；向东安抚了长夷、鸟夷。全国范围内，都推崇帝舜的功勋。于是，禹创作《九韶》乐曲，招来了珍奇异物，凤凰飞到国都上空盘旋。天下的文明德政，都在虞帝时代开始出现。

舜20岁时以孝顺闻名，30岁时尧起用了他，50岁时代理天子的政事，58岁时尧逝世了，61岁时接替尧登上帝位。登上帝位后39年，到南方观察，在苍梧境内逝世。葬在长江以南的九嶷山，这里便是零陵。

舜登上帝位时，车上插着天子的旗帜去朝见父亲瞽叟，态度和悦恭敬，很合乎做儿子的礼节。封弟弟象做诸侯。舜的儿子商均也不成才，舜预先便向上天推荐禹。以后17年，舜便逝世了。三年丧服完毕，禹也让位给舜的儿子，像舜让位给尧的儿子一样。但诸侯都归附禹，然后禹才登上天子位。尧的儿子丹朱，舜的儿子商均都有封地，以祭祀他们的祖先；而且让他们穿着各自祖传的服饰，用他们祖先的礼乐。他们以宾客的身份拜见天子，天子也不把他们当臣下看待，以表示自己不敢独占天子的尊严。

八、舜效先贤传帝位，大禹贤能继大统

却说舜自摄位以来，作璇玑玉衡之浑天仪，以占日月五星之七政，祭天地寒暑日月星辰水旱及山川岳渎之神，以时巡狩四方。光阴荏苒，不觉已经过了28年。帝尧游于阳城，忽然沾染疾病，数日之后便去世了。尧在位100年，享年117岁。百姓痛哭流涕，如丧考妣。三年后，舜与天下臣民为帝尧守孝结束，舜把尧子丹朱移居于南河之南。天下臣民不归尧子丹朱而归舜，舜不得已，便于丙戌之年正月上日到文祖庙即天子位，号有虞氏。

有虞氏以土德王天下，崇尚赤色，以蒲坂为都。帝舜明目达聪，以天下视听为视听。他召集12州诸侯之长开会，征求意见。最后决定：禹任司空，掌管百官；弃任后稷，播百谷；契任司徒，敷陈仁义礼智信之教；皋陶任士，掌刑法；垂任共工，掌管百工；益任虞，治山泽河流；伯夷任秩宗，掌管祭祀天、地、宗庙的礼仪；夔任典乐，教子民；龙任纳言，掌管帝命上报下达。这就是当时设置的九官。接着封尧子丹朱于丹渊，以奉侍帝尧，按时祭祖，称为虞宾而不任官。将为国立过功业的长者奉养在大学，将百姓中的长者奉养在小学。行止规范，尊老贵德，恭己无为；弹五弦之琴，歌南风之诗，而天下自治。其歌词为："南风呵，十分芳香，可以解除我的百姓的愁怨；南风啊，

舜

正逢其时，可以使五谷丰收。百姓富足。"又作《九韶》之乐，弹奏声起，吸引凤凰来翔。百工见到景星出，庆云兴，便相互应和唱道："庆云十分灿烂，相互缠绕萦回舒展；日月光华，天天都异常明亮。"八方诸侯，纷纷进见，个个行跪拜大礼，叩头于地，说道："日月在天，灿然星陈；日月光华，广博而集于一人。"舜亦说道："明明在天，星辰有行，四时顺经，万姓允诚，于予论乐，配天之灵，迁于圣贤，莫不咸听。击乎鼓之，轩乎舞之，精华以竭，褰裳去之。"

舜的儿子商均，不如其父贤明。舜便向天推荐禹，让禹代为君王。舜对禹说："天之历数在你身上，你不要推辞。"禹说："推荐继承之人，历来是用占卜，唯吉是从。"舜说："我的主意已定，鬼神都得依从，占卜哪有不吉的。"禹叩头于地，坚辞不受。舜说："你不要如此推辞，你是最合适的人选。"正月初一日，禹在神宗帝尧之庙受命，像舜即位时那样，率百官处理政务。

早先，帝尧将三苗移居于三危。其臣民不服，经常聚众反抗。舜令禹率兵征讨。禹领兵至其地，时过一月，三苗臣民仍然不从。益去见禹，说道："修养道德，能感动天地；心怀赤诚，能感动鬼神。一个小小的三苗，其能如此，是你道德、诚意还不能感动他们的缘故。"禹对益表示感谢，并公开地说：益的话是对的。便班师而回，修文养德。三苗偶尔来斗，禹分辨好坏善恶，区别对待：善者仍居住故土，恶者迁徙到别的地方。

禹摄位17年时，舜南行巡狩，在苍梧之野，忽然染病不起，便召禹及群臣来到苍梧。后来娥皇、女英也一同到来。舜对群臣说："这次南巡，突染风寒，可能一病不起了！我的儿子商均不学好，不能继承帝位。你们可立禹以代帝位。"又对禹说："过去帝尧以重任付我，我今天以此重任付你，你要善自为之！"又对娥皇、女英说："先帝对我十分厚爱，将天下付我，又将你二位许配于我。此恩此德，我牢记于心，没有一天不想着报答先帝。我身染疾病，恐怕没有多少报答先帝的时日了。但我继承帝位之后，整日操劳，不敢贪图安乐，今得天下安宁，这都是二位内助之力。谁料想此一病不起，不能与二位长久相随。我死之后，将天下付禹，二位当善自爱惜。"
话说完而死。娥皇、女英悲痛哭泣，泪流满面。泪洒在竹子上，竹皆成斑痕，
就是今天所说的湘妃竹。禹与群臣即行殡礼，将舜葬于九嶷山，众臣随二
后还朝。禹将舜子商均移居于阳城。天下之人不归商均而归禹，共请禹还
朝即帝位。

　　从黄帝到舜、禹，都同出一姓，但国号不同，以显示各处光明的德行。
所以黄帝号有熊，帝颛顼号高阳，帝喾号高辛，帝尧号陶唐，帝舜号有
虞。帝禹号夏后而另有姓氏，姓姒。契是商代祖先，姓子；弃是周代祖先，
姓姬。

第二章 / 原始部落间的争战与统一

五帝时期，中国社会已由母系氏族社会进入父系氏族社会，部落间的争战反映了这一时期氏族社会已开始向解体发展了。

一、黄帝为民讨诸侯，阪泉之战并炎帝

阪泉之战是中华文明有史以来记载的最早的一次战争，是黄帝在征服中原各个部落的战争中与炎帝部落在阪泉地区进行的一场大战。

在4 000多年以前，在我国黄河、长江流域一带生活着许多部落。传说以黄帝为首领的部落，最早住在今陕西北部的姬水附近，后来沿着洛水南下，东渡黄河，在河北涿鹿附近定居下来，开始发展畜牧业和农业。

黄帝生下来相貌堂堂，他的前额高高隆起，眉宇间如同悬着日月，两条剑眉就像天上的闪电，传说他不到两个月就会说话，聪明无比，几岁时就能言善辩，口若悬河。到了20岁就学到了很多东西，非常有教养，与人友好相处，办事果断有效。由于他出色的才能和威望，很快就被推为华族部落的首领。

他治国有方，重视发展生产，中原地区的生产在他的手里获得了很大的发展；他反对战争，但是当时诸侯之间互相侵伐，老百姓受尽了苦痛，于是黄帝就和他的谋臣在一起商量怎样去讨伐这些诸侯。

黄帝感叹道："从我的本意上看，我是不想打这场战争的，但是如果不进行战争，老百姓就永远没有安宁的日子。"于是他就起兵去与那些喜欢

挑起战争的诸侯征战。

　　黄帝一生共进行了三次重大的战争，这次对诸侯的战争是其中规模较大的一次。经过几年的征战，使得部落诸侯都归顺服从，从此统一了北方的大片土地。

　　另外一次战争是在黄帝和炎帝之间进行的。

　　炎帝与黄帝是同父异母兄弟，他们的父亲都叫少典氏，号神农氏。传说这炎帝是一位火神，传统的五行学说，说黄帝属土，而炎帝属火。炎帝也是个部落的首领，他起家比黄帝还要早，当黄帝还是一个毛头小伙子的时候，炎帝就是北方非常有声望的首领。但是黄帝长大以后，比他更会治国，尤其是征讨诸侯之后，他的力量已远在炎帝之上了，大量的诸侯都归顺黄帝，而炎帝的力量就越来越弱，所以他心里非常不高兴，就和黄帝暗地里较起劲来。

　　黄帝自从战胜了诸侯各国以后，不是躺在功劳簿上睡大觉，而是励精图治，教化万民，让人民安居乐业，在国内推行种植稻、黍、菽、稷、麦等，生产获得了很大的发展，国家也越来越富裕。为了维护安定，他还整顿军队，增加兵力，严格训练，所以部队的战斗力得到了很大的提高。他的手下有很多得力的战将，有熊、罴、虎等。那时候，炎帝和黄帝的矛盾越来越表面化，争斗也就越激烈，终于双方打了起来。

炎帝与黄帝

这一仗就在河北涿鹿县东南的阪泉展开，黄帝命令熊、罴、狼、豹、虎等为前锋，令雕、鹰、鸢等扛大旗，别看这些名字都像兽类、禽类，其实他们都是人。炎黄之间的战争进行了很长时间，双方都有重大伤亡，使得中原血流成河，这是有史以来我国出现的一次最残酷的战争。经过长期较量，黄帝获得了最终胜利，炎帝最终承认失败。炎帝的部落并入黄帝的部落，组成华夏族（部落），黄帝成为中原地区部落联盟的首领。

黄帝为创造远古时代的文明，立下了汗马功劳，在后代人的心目中占有极其重要的地位，所以人们都尊黄帝为中华民族的始祖，自己是黄帝的子孙。因为炎帝族和黄帝族原来是近亲，后来融合在一起，所以我们常常把自己称为炎黄子孙。

二、结联盟炎黄一家，战涿鹿蚩尤被杀

黄帝发起的另一场大的战争是与蚩尤之间展开的。

黄帝与炎帝的战争过后，两个部落就结成了联盟，和好相处，天下一时变得太平起来。但是这安定日子没有保持长久，一场长达数年的大战争破坏了原来的平静。这就是黄帝和蚩尤的战争。

蚩尤本是炎帝一族的，这蚩尤可是中国历史上少有的猛将，他是我们中华民族传说中一位叱咤风云的战神，史书上对他的传说也非常多。他长得非常奇怪，铜头，铁额，长着八条腿，八只手，四只眼睛闪着绿绿的光，头上还竖着两个大铁角，耳朵长长的，就像两把利刃；他的脚也不平常，一个个长得像个牛蹄子，站起来，有几丈高，说出话来，声音就像天上打雷；平常人吃的东西他可不喜欢，他吃的是沙子、石头，喝起水来，咕咚咕咚，小溪中的水一口气能被他喝完。

这个巨人力大无比，在当时的九黎族中，他是个谁也惹不起的汉子，好像他天生就是个战神。他手下有81个弟兄，也个个是好汉，全是猛兽的身体，铜头铁尾，他们在部落中来无影去无踪，来时飞沙走石，去时遮天蔽日，部落中的人一听到他们的名字，都会吓得魂飞魄散。他们也常常结伴去侵略其他部落，但凡他们去过的地方，全部都是以胜利收场。蚩尤

汉代涿鹿之战壁画

还组织人马，制造兵器，他的兵营里，堆着大量的刀枪剑戟。他还常常训练手下的士兵，让他们把兵器耍得得心应手，他自己更是十八般武艺，样样精通。

黄帝打败了炎帝，统一了中原，炎帝是心服口服了，但是蚩尤却不买这个账，不遵从黄帝的命令，他自己把守一块地方，想有朝一日和黄帝较量较量。一天，他看时机已经成熟，就举兵去攻打黄帝。

黄帝早就知道这蚩尤会作乱，所以早有准备，于是大举兴兵，两军在涿鹿这地方摆下了战场。蚩尤命他的81个兄弟为前锋，这81个兄弟个个强悍无比，一个个披着虎皮，骑着大马，头戴铜盔，张着血盆大口，冲上前去。他们齐声叫喊，声音真要震破了天，方圆百里都能听见。他们的马蹄践起的灰尘铺天盖地，使得日月无光。

但是黄帝并不害怕，一因为他手下也是战将如云，熊、豹、罴、狼等战将一字儿排开；二是他自己足智多谋，而蚩尤只是一个猛将。当蚩尤的兵马杀来之时，他并不慌张，而是从容不迫，先命应龙为前锋，上前出战。这应龙也好生了得，他虽然没有蚩尤那样巨人般的身体，但是也长得勇猛无比，他最大的特长是身体灵活得就像只燕子，打起仗来动作神速，把敌人弄得眼花缭乱乱了章法。

双方一交战，蚩尤的81员虎将将应龙团团围在中央，应龙左冲右突，上挡下拦，耍起一把大枪，就像天上的闪电，寒光四溢，飕飕有声，真令日月无光。蚩尤的81员虎将也使着刀枪剑戟，与应龙打起来。应龙打了几个回合，明知道实力悬殊，就虚晃一枪，跳出阵外，81员虎将就跟在他后面追赶上来，黄帝急忙派兵上前掩护，军中乱成一团。黄帝心想，这样要想战胜蚩尤并非容易，必须设计而能获胜。

于是黄帝命令将士后撤，蚩尤哪里知道这是计谋，就命令大队人马向前追去。黄帝的部队逃到了一座深山里，就让将士们躲到林子里去。蚩尤的将士追着追着，忽然人影儿也没有了。蚩尤叫道："大事不好。"匆忙命令部队向回撤退，这时候漫山遍野一片叫喊，黄帝的士兵们一起从四面八方围将上来，熊、虎、狼、罴等将杀在最前头，蚩尤的兵被打得一败涂地。

蚩尤像一根擎天之柱，站到了人们的前面，黄帝就叫应龙去战蚩尤，两人一交手，就打得昏天黑地。论力量，应龙也许不是蚩尤的对手，但是打得巧，偏偏这时候老天也助其声威，他们正打着，只见天上飞沙走石，狂风大作，一会儿又下起了倾盆大雨，这一下使得蚩尤迷失了方向。灵活多变的应龙知道这是杀蚩尤的最好机会，这样的机会千载难逢。蚩尤感到两眼睁不开，就急忙抽身逃跑，应龙紧追不放，他们跑到一个叫凶黎的山谷里，应龙箭步赶上前去，一刀将蚩尤刺死。

巨人就这样倒下了，黄帝也觉得蚩尤是个了不起的人物，就厚葬了他。传说中说蚩尤的兵器落到了地上，化成了一片枫树，每到秋天，漫山遍野像血一样的红，说是蚩尤就死在秋天；又说日明风静的时候，他的坟墓上常常有红色的气体袅袅升起，这或许是巨人的瑞气；祭祀蚩尤在现在民间仍有着传统习俗。

三、战败神勇三神将，统一中原称华夏

黄帝灭掉蚩尤之后，又和共工、夸父、刑天进行了长期的战争。

传说中的共工是一个怪人，他本是炎帝的后人，据说他长着红色的头发，人面蛇身，长期住在水中，是一个水神。炎帝和黄帝之战结束以后，

他就想为炎帝报仇，于是就爆发了他和黄帝的后人颛顼的战争。

共工和颛顼都想争当王，于是双方你来我往，一场战争在所难免。共工战而不胜，大怒，就一头撞在不周山上，这下可不得了，神话中说得非常玄乎，说是天的柱子被撞折了，使大地能够稳稳地立住的绳子也被撞断了，天向西北方向倾斜，这样就使得天上本来不动的日月星辰都一起向西方移动，而地向东南方向坍陷，江河大多向东方流去就是因为这样形成的。

夸父也是炎帝一族的，他曾经随同炎帝一起攻打黄帝。这件事史书上记载得并不详细，但是关于他的死，史书上却有较多的记载。传说当时有一座山叫作成都载天，有一个人长得特别奇怪，他的耳朵上盘着两条蛇，手上拿着两条蛇，就像今天的玩蛇人，这个人叫夸父。夸父不自量力，要和太阳一起赛跑，后来他跑到太阳里面去了。这太阳可不比大地上，里面热得不得了，他渴得要命，就喝黄河、渭河的水，黄河水、渭河水后来被他喝干了，就想去喝北方大海里的水，但是还没有到达大海边，就渴死了。他手上的一把手杖掉下来，在我们大地上化为一片鲜艳的桃林。

传说黄帝也和刑天有一番大战。刑天又称邢天，是炎帝的大臣，炎帝战败，后来刑天也去攻打黄帝，但是也被黄帝打败。黄帝割了他的头，将他的头葬在常羊山下。哪知刑天的身体还是会动，没有了头，他就以两乳为眼睛，以肚脐为嘴巴，拿着一个兵器，在大地上挥舞。晋陶渊明曾经写诗赞道："刑天舞干戚，猛志固常在。"就是说刑天到了死，他的战斗意志仍然非常顽强。

黄帝打败了炎帝以及后来为炎帝报仇的蚩尤、共工、刑天、夸父等，使得炎黄两族和部分九黎族统一为一体，中原在黄帝的时候获得了统一，从此人

刑　天

们过上了安定的生活，各族人民和好相处，逐步融合成华夏族，汉族的前身就这样形成了。于是"炎黄子孙"就成为后代汉族人的统称，也称我们中华民族为"华夏民族"。

四、从善如流英雄舜，将功折过除四凶

舜执政后，天下归心，天下之人莫不从善如流，但就在这样的繁华时刻，却有四个无恶不作的坏人，横行霸道，鱼肉百姓，生性歹毒，左左右右的人无不怕他们。当时人们把他们称为"四凶"。一批又一批的人来报告他们的罪恶行径。舜感觉到不治治这些凶恶的家伙，国家就不得太平，于是就想法子来降伏他们。

话说这"四凶"，一个叫驩兜，是帝鸿氏的儿子。这家伙恶行昭彰，是个骗子，专喜欢说别人的坏话，把自己打扮成一个正人君子，其实他诡计多端，处理起事来，心狠手毒，当时人就把他叫作"浑沌"。说起这外号，神话传说中对这个人有很多记载，"浑沌"是历史上少有的坏人，他长得特别丑，一身红色的毛，四只脚，走起路来，样子十分丑陋，人长得就像一条狗，摇来摇去的，舌头还往外面直吐，有的人说他有肚子但没有五脏六腑，有眼睛但是看不见东西，有耳朵但也只是一个摆设，一点声音也听不到。他和那些坏人在一起时好得很，臭味相投，串通一气干坏事；但是他一遇到好人，反而觉得不自在，就想尽法子和他们作对。他的名字叫"浑沌"，非常贴合他的性格，他糊里糊涂，正像天地浑沌未开的样子。

西周饕餮青铜纹饰

另一个叫共工，他是少皞氏的不肖之子，是一个地道的无赖，他心胸狭隘，妒贤嫉能，陷害忠良，滥杀无辜。由于他的出身，大臣们曾经推举他做一些事，他不但什么事也没做成，反而坏了大事。所以当时人们就叫他为"穷奇"。其实这"穷奇"本来是一只野兽，长相如牛一般，叫起来"汪汪"地，活活就像一条狗，身上长着很多毛，一根根立着，就像刺猬一样，还长着两个翅膀。它就喜欢吃人，它吃人先是一口将人的头咬掉，然后再慢慢地吃。但是它也不是什么人都吃，但凡是好人，它一遇到就会张口将其吃掉，要遇到坏人，它不但不吃，而且还把自己捕到的小野兽送给他们。人们把共工比作"穷奇"，可见人们对共工的态度。

还有一个坏家伙叫鲧，他是颛顼的儿子，说起他的为人，左左右右的人没有不摇头的，他这人性格暴烈，自己尽情地做坏事，从不听任何人的劝告，凡是有什么不如意之事，总是大打出手，人们就给他起个名字，叫作"梼杌"。这本来也不是人的名字，它是西北高原上一种怪兽，它的形状就像老虎，但是它身上的毛有点像狗的毛，头像人，腿像虎，牙像猪，尾巴有一丈八尺，它在山上的树丛中乱跑，扫动着尾巴，能把树木都卷倒。它是个害人精，鲧不但坏事做绝，又喜欢出风头，总是去争着要事做，但是他没一件事能做好。

再一个就是三苗，他是缙云氏的儿子，这三苗在长江、淮河、荆州一带为非作歹，干尽了丧尽天良的事。他非常好吃，食量又大，所以他经常去抢夺钱财，如果稍微遇到抵抗，就会把人活活打死。他积累了很多钱财，但是他还是感到不够，贪得无厌，所以当地的人就叫他"饕餮"。给他起这个名字也是有来由的。饕餮是一个专门图人钱财的怪人，住在西南方的山上，他头上戴着猪头帽，身上长着许多毛，贪婪凶狠，积财而不用，喜欢夺人家的谷物，尤其喜欢欺负老弱病残，专门袭击单个人。三苗看起来十分像这个怪人。

这四个坏人对人民的生活构成极大的危害，舜将他们的情况调查清楚以后，就采取了果断措施，派了许多精兵强将，分头去捉拿这四个坏蛋。别看这四个人平时很凶，但是一看到大兵压境，一个个吓得屁滚尿流，最

后都被缉拿到京都。

舜和别人不同的是，不论遇到什么样的人，他都不是一棍子将人打死，不在于在肉体上消灭他们，而是要在精神上感化他们，对待这四个人也是如此。舜并没有杀了他们，而是将他们将功折过，派他们到边疆去看守国门，将共工发配到幽陵，去抵御北方的夷狄之族；将驩兜发配到崇山，去对付南蛮之人；将鲧充军到羽山，让他去同化东夷；将三苗放逐到三危，让他去抵御西戎。四个人在这些方面还都做出了一定成绩，起到了作用。

从此，国家再也没有凶残的人来捣乱了，而国家的四面边疆也安定了。舜治国有方得到了大家共同的称赞。

五、受命于天涂山会，华夏四夷皆来朝

因为大禹治水有功，得到了人民的拥护，受封于夏地，所以他的部落称为夏。舜晚年的时候，召集各部落的首领，让他们推荐部落联盟首领的继承人，大家一致推荐禹，所以舜就告祭于天，立禹为自己的继承人。后来舜去南方巡游，到苍梧山下（今湖南宁远南部）时不幸病死，葬于附近的九嶷山。大禹在阳城（今河南登封）即位，成为部落联盟的首领，定都阳城，后又迁到安邑（今山西夏县西北）。

当时南方有三苗部落，他们不断向北发展，成为华夏族的严重威胁。尧和舜都曾经率领军队与三苗作战。尧在丹水（今陕西、河南、湖北境内的丹江）打败三苗，迫使三苗求和。舜为伐三苗，一面积极发展生产，一面巩固部落联盟内部团结，训练士卒。经过三年准备，舜亲征三苗，一直打到今洞庭湖一带，大败三苗。但三苗的实力还很强大，时时想复仇。

到了禹时，三苗地区发生大地震，禹决定乘机进攻三苗。出征前，禹隆重地祭祀了上天和祖先，祈求保佑。他在誓师动员时说："三苗不敬鬼神，滥用刑罚，违背天意作乱，上天现在号令我们要对它进行讨伐。"战斗十分激烈，不分胜负。突然，战场上雷电交加，三苗领袖被乱箭射死，三苗军大乱，溃不成军，禹趁机率军反攻，三苗军大败。从此，三苗部落衰落下去，开始向禹进贡，表示臣服。禹按照舜的政策，改变三苗部落的风俗

习惯，三苗逐渐与华夏族融为一体。

征服三苗之后，禹又率兵征伐曹、魏、屈、骜、有扈等不服从号令的部落，也取得了胜利，并使他们与华夏族融合。

当时西北有个以共工为首的部落，共工人面蛇身，吞食五谷禽兽，为害一方。

涂山禹王庙

共工死后，他的大臣相繇继续作恶。相繇是九首蛇身怪物，他呕吐的秽物会变成臭气熏天的沼泽地，人民、野兽都不敢在附近居住。大禹率军征讨相繇，为民除害。相繇被杀后，他的血流成了湖泊，腥臭无比。他的污血流经过的地方，寸草不生。禹多次挖土填埋，但湖泊犹如无底深潭，始终无法填平。天神见到这种情况，施法力镇住邪气，使湖泊变得清澈，不毛之地变得草木茂盛。从此，天下平定。

禹非常关心人民的疾苦。每当看到穷人衣不遮体，食不果腹，被迫卖儿卖女时，禹总是拿出衣服粮食救济他们；见罪人在野外服刑，禹总是哭着问他们犯罪的原因。禹常常反省自己行政的得失，并以尧、舜为楷模。

为了请贤人来帮助自己治理天下，禹四处寻访，先后到过东边鸟谷青丘之乡的黑齿国，南边交趾，九阳山的羽人裸民之国，西边到过三危国和一臂国，北边到过人正国、犬戎国、夸父国、禺强国。

后来禹为了加强自己的权威，经常巡游天下，大会诸侯。涂山大会就是禹以天子身份号令四方的一次重要会议。禹到达涂山（又名当涂山，今安徽蚌埠附近）后，命令华夏、四夷各部落的首领在指定时间内到涂山集会。部落首领们纷纷赶来，络绎不绝，他们都手执玉帛前去朝见禹。

为了表示自己受命于天，禹举行了隆重的祭天祀土仪式，让乐队演奏夏族的音乐，命士兵手持兵器表演舞蹈，颂扬自己的功德，向诸侯显示军

威，到会的各部落首领无不表示臣服。禹将那些没有封号的部落首领封为诸侯方伯，命令他们每年必须进贡物品。为了纪念这次盛会，禹把各部落首领进贡的铜铸成九个大鼎，鼎上铸有各地的山川、道路、鸟兽、草木的图案，象征他统治下的九州，作为镇国之宝。涂山大会是禹力图统一天下的一次尝试。东夷部落首领防风氏由于迟到，被禹杀死（一说是在会稽大会上所杀）。在涂山之会上，禹展现了高超的政治才能，使各个诸侯心悦诚服，增强了他们对夏的向心力。

禹在位 45 年，死后葬于会稽山。

六、禹划九州铸九鼎，神州重器镇华夏

禹帝治国的时候，继承舜帝的遗志，努力地以天下为公的思想去治理国家，力求达到天下人人平等，人们共同承担疾苦，共同享受幸福，没有纷争，没有饥饿，建设一个公正、合理、平等的国家。

然而，历史在发展，社会在进步。禹帝时统领的华夏，已经不再像以前一样贫穷、落后、不开化了。

伴随着生产力的快速发展，这时的少数部族首领已经拥有了很多个人财产。他们不再将这些财物拿出来，与部族的人共同分享，而是将它们据为己有，成为了自己私有的财产。私有制就这样产生了。

尽管禹帝继承先帝遗志，崇尚天下为公，却仍然摆脱不了整个社会大潮流对他的影响。

在很早很早以前，人们生产粮食，采集食物，使用的都是用石头打制出来的石器，这个时候被称为"石器时代"。

在后来长期的生活生产中，人们多次接触到了一种自然界里存在的天然的纯铜块。人们发现这种铜块，经过高温熔炼，可以熔为一种红红的液体，将这液体倒入不同的模型之内，就可以形成不同样式的铜块。

更重要的是，这种铜块在加热以后，可以通过不断地锤打，而使其变成很薄很薄的金属片或是各种你所需要的样式。

经过使用一段时间之后，人们又发现，这种铜制的工具，虽然可熔、

可锻，可是却远远不如石器一样坚硬。在劳作时，经常会发生断裂的情况，所以，人们仍然以石器为主要生产工具，而用红铜制造祭拜天帝的祭器、装饰品和小型的生产工具。

再以后，人们渐渐发现将红铜和少量的锡熔在一起，会达到意想不到的效果。它熔点更低，而硬度却比单纯的红铜要大得多，不易受损。红铜加入锡后，呈青色，因此人们称此为"青铜"。

人们可以用青铜来制造各种生产工具，还可以制造兵器、乐器和工艺品等。

可是，此时的人们所使用的红铜还都只是天然的暴露在地面上的铜块，人们根本不懂得如何去采集这些铜，更没有能力去提炼铜，所以，铜在这时，是非常稀有的金属。

物以稀为贵，因为铜非常稀有，所以平常的老百姓是根本不可能使用得到，甚至大部分的人根本就没有见过铜是什么样子。

青铜器成为了那些私有财产很多的，以及地位很高的人的一种宝物。

首领们都很重视用青铜来造器物，谁拥有的越多，谁的地位就越高，

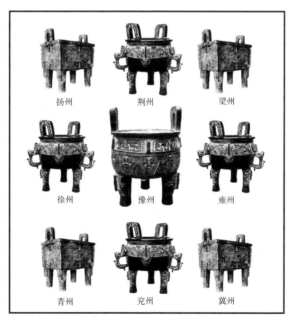

扬州　　　　荆州　　　　梁州

徐州　　　　豫州　　　　雍州

青州　　　　兖州　　　　冀州

九　鼎

就越受百姓的敬畏。就连禹帝也深爱此物。

一次，禹帝到涂山巡视，看到很多部族首领都对他毕恭毕敬，却仍有人不将他放在眼里，于是，他下令将各部族首领贡献的铜凑在一起，铸造成九个大大的青铜鼎，象征华夏九州。

这九个大鼎上都铸有名山大川、珍禽异兽，每一件，做工都非常精美，堪称一流。

然后，禹帝又派人将九座大鼎运到宫中，称其为"镇国之宝"，并且命令各部族首领在每次向禹帝进贡的时候，也都要向这九座大鼎加以朝拜。拥有这九座大鼎的禹帝，也就成为九州大地的主人，这九鼎也就成了王权的象征，以至于到夏、商、周三代，都将它看作是传国之宝，是权力与尊严的象征。

从此以后，天下为公的原始社会一步一步地退出了历史舞台，社会在朝着一个新的历史阶段发展，那就是进入了阶级社会，也就是说财产可以归个人所有了。

大禹的功业实在伟大得很，如果要归一归类的话，大致可归为四类：一是治水，这是众所周知的，可以说，没有大禹领导下的治水工程，也就不会有中华民族的繁荣昌盛。二是"令益予众庶稻"，这是件很大很大的事。中国是以农立国的国家，不搞农业怎么行？搞农业而不种稻子又怎么行？三是道德建设，他自己就是个榜样，"声教讫于四海"，能想到这一点就了不起。四是又一次巡行全国，进行行政区的划定，这就是"九州"。到这时，才能够说是大功告成。

九州是与九鼎紧密关联的，因此，我们有必要对九州问题作一点解释。据《史记》记载，大禹是一面巡行一面进行行政区的划定的。"禹行自冀州始"，这是个入海处，然后是沇州（兖州）、青州、徐州、扬州、荆州、豫州、梁州、雍州。然而，这九州本身也是个远古的历史之谜。九州的地域划分怎样？人们只能说出个大概来，具体的谁都说不清。更为重要的是，是怎样的九州？也有争议。《夏书·禹贡》作上述的九州（《史记》的说法是据《禹贡》的），而在《尔雅·释地》中却有幽、营两州而无青、梁两州；

另外，在《周礼·夏官》中有幽、并两州，而无徐、梁两州。这样，在九州中实际上有五州成了疑案。后来屈原在《离骚》作了十分聪明而得休的处理，把九州统称为全中国，有诗云："思九州之博大兮，岂唯是其有女？"这样一来，许多具体的问题都解决了。后世的人们大多都是这样使用"九州"这个词儿的，龚自珍的"九州生气恃风雷"句，也正是从"全中国"的意义上来理解"九州"的。

"九鼎"的历史命运也是个难解的谜。"九鼎"初铸时，中国社会还处于原始社会时期，鼎的主要意义在于祭祀鬼神，并向周边邦国显示实力，后来进入阶级社会后它就完全成了国家政权的象征了。大禹之后，"鼎迁于夏商"，之后，又为周所据有。周亡后，情况就复杂了。一说是："其后百二十岁而秦灭周，周之九鼎入于秦。"这当然是可能的。但是，同一个太史公，同一本《史记》，又说，周亡后，"周鼎亡在泗水中"，"鼎乃沦没，伏而不见"。之后，多少人都去找过"九鼎"，可谁也没有发现过。

秦汉两朝的找鼎风潮时起时伏。秦始皇是有雄才大略的，他统一了全国以后，当然是很想获取"九鼎"的。一次，他让人到泗水里去打捞"九鼎"，差一点是捞到了，可是在这节骨眼儿上，打捞用的绳子断了，结果没有捞到。有人叹道，这就是历史的命运。汉初诸帝忙于恢复经济和平定叛乱，顾不上那宝鼎。到了汉文帝时代，一切都变了，国力强盛，社会平稳，文帝就又想起了"九鼎"。这时有个叫新桓平的，先是献玉杯，在玉杯上刻"人主延寿"四字，后又说在黄河边汾阴处可有"九鼎"出。不久，新桓平的阴谋被识破，文帝也再无兴趣找"九鼎"了。武帝登极后，四出巡游，目的之一就是寻找"九鼎"。公元前116年，有人在地底下发掘到一只刻有让人看不懂的文字的宝鼎。汉武帝叫内行的人看了看，说是真东西，于是便改元为"元鼎"，但武帝从来没告诉过人是不是"九鼎"。看来不像是，不然不会不几年又改元为元封了。从这以后，就再少有人提起"九鼎"的事了。当然，人们的心里还是想的，只是不敢贸然提出罢了。

"宝鼎出而与神通"，在中国人的心目中，宝鼎是兴盛的象征。《史记·封

禅书》中说："昔泰帝（太昊）兴，神鼎一。一者，一统，天地万物所系终也。黄帝作宝鼎三，象天地人。禹收九牧之金，铸九鼎。"这说明宝鼎不只大禹时有，黄帝、泰帝时代都有。只是人们不容易得到罢了。

宝鼎是神州重器，据说，它是"遇圣则兴"的。这就进一步告诉我们，它不只是一件无价之宝，更是一件吉祥物。哪个人得到了它，就能吉祥如意。

第三章 原始文明与社会文化

一、从猿到人千万年，原始人类有先驱

中国历史悠久，是目前世界上发现原始人类较多的国家之一。下面我们就来简要介绍一下其中较有代表性的原始人类。

1. 元谋人

1965 年中国冰川学家进行考察时，在云南元谋县上那蚌村发现了"元谋猿人"。主要发现有猿人的左、右上内侧门齿两颗，用古地磁测定法检测，这两枚牙齿化石属同一青年男性个体。后来在元谋猿人化石所在的褐色黏土层里，发现用石英岩打制的刮削器四件，在这个地区还采集到其他的石制品 10 余件。在厚约 3 米的三个地层中零星散布着炭屑，还有烧骨，是否人工用火的遗迹，现在尚不能断定。和元谋猿人化石并存的有多种哺乳类动物化石。这些动物有许多是食草类动物。经鉴定，元谋人距今 170 万年左右，是在我国已发现的最早的人类。它确证了中国人的历史起源和存在。

根据化石，我们可以推测出：170 万年以前，云南元谋一带，榛莽丛生，森森郁郁，是一片亚热带的草原和森林，原始狍、爪蹄兽、最后枝角鹿等第三纪残存动物在这里出没。再晚一些，则是桑氏鬣狗、云南马、山西轴鹿等早更新世的动物。它们大多数都是食草类野兽。元谋人使用原始的石器捕猎它们，以保证自己的生存。元谋人制造和使用这些石器，后来中国

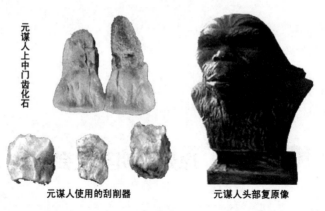

元谋人上中门齿化石

元谋人使用的刮削器

元谋人头部复原像

元谋人

人的文明就这样开始萌动。

2. 蓝田人

1963 年，考古学家在陕西蓝田县发现了中更新世时代的猿人化石，被称为蓝田人，距今约有 80 万至 60 万年了。所发现的化石有头盖骨一具、上颌骨和下颌骨各一具，还有牙齿 10 余枚。头盖骨骨壁极厚，额骨很宽，向后倾斜，眉脊粗壮，脑容量小，估计约为 780 毫升。此外，还发现有打制石器和一些动物化石。

但更重要的是他们已经是完全的直立人，而且是亚洲北部最早的直立人。直立起来，这是成为人的重要标志。

3. 北京人

北京人的发现是 20 世纪考古学和古人类学的重大收获。

1923 年，有人偶然在北京周口店附近龙骨山上的一个天然山洞里发现两颗古人类牙齿化石。这个洞东西长 140 余米，南北最宽达 40 余米，最狭处仅 2 米，高 40 余米。后来，考古工作者从这里发掘出 6 个完整的头盖骨、153 颗牙齿等代表着 40 余位男女老幼个体的骨化石及 1 万多件石器工具。根据第十一号头骨化石复原的北京人头像，是人类学头像复原的首例。据研究测定，周口店北京人的脑容量为 1059 毫升，距现代人的平均脑容量 1400 毫升还有较大距离，但从脑膜上语言区部位隆起的现象分析，他们已经有了简单的思想和语言。

周口店北京人遗址

那时，周口店一带三面有青山环绕，北京人为了在极为艰难的环境中生存，为了对付各种凶残的禽兽的侵袭，经常二三十人在一起，过着群居生活。一个山洞就是一个群体的"家"，"家"内的人们过着没有婚姻禁约的血缘群婚生活。他们之间也没有明显的劳动分工，只是按照习惯，年迈体弱的留在家中照顾幼儿，或者干一些轻微的活儿，不过，他们还有一项十分重要而神圣的任务——看护火种。因为那时的北京人尚未学会人工取火，只能将雷击引起的天然火种引到洞内，安排在一个固定的地方看护，使之不致熄灭。当需要烧烤食物、取暖或照明时，就添加柴火，使火旺盛起来。

在希腊神话里，普罗米修斯为人类从天神宙斯那里偷火，而中国的古史传说则是燧人氏"钻木取火，炮生为熟"，火是人自己发明创造的。从地下的史料发掘看，欧洲人是在4万年前旧石器时代的摩斯特里安期，才有人使用火的确凿证据，而周口店北京人的遗址里，有成堆的灰烬，紫、红、白、黑、黄，五色缤纷，却是50万年以前人使用火的实在遗迹。

人掌握了火，不仅能驱寒取暖，还能用作与野兽搏斗的武器，更重要的是，火使人从生食到熟食，体力和脑力都得到大幅度提高和改善。可以

看出在火光中，人的生活方式变得更积极，走向文明的步伐也大大加快了。

北京猿人有较多的原始特征，头骨低矮，其最宽大的位置在颅骨基部，前额低平，并且明显向后倾斜，眉脊骨粗壮并向前突出，颅骨很厚，平均厚度几乎为现代人的一倍，面骨粗大，眼眶深而宽阔，鼻骨很宽，鼻梁较平扁，颧骨高而向前，上颌明显突出，下颌宽大并向下后方倾斜。牙齿的齿冠和齿根都比较粗大，咬合面有复杂的纹理。北京猿人的肢骨仍然带有一些原始性质，如股骨稍稍向前弯曲、因管壁厚而使髓腔较小、股骨主干上部平扁等，但是其总体特征则与现代人相近。北京猿人遗址所发现的各种石器有 17000 多件，此外还有大量石片和石器。据研究，北京猿人采用砸击、锤击、碰钻等方法制造石核。据考证，北京猿人生活在距今约 50 余万年到 40 余万年之间。

4. 丁村人

从元谋猿人到北京猿人的这一段历史时期，在远古史上被称为旧石器时代前期。这一时期人类的文化成就很多，最突出的恐怕要算用火了。人类在尚不知用火以前，在大自然面前还只能是奴仆，只有到这时，人类才第一次取得了支配一种自然力的能力，开始了人类改造世界的历史。北京猿人已知用火，这是他们在历史上建立的殊勋。可是，从人类取得物质生活资料的主要手段来看，元谋猿人与北京猿人都还不过是一群群采集者。平时主要靠采集野果，挖掘植物的块根填充饥肠，偶然猎获些小的或温驯的动物，吃顿烧烤野味，那就是难得的美餐了。因此，他们也就未能跨越原始人群的历史阶段。

又过了几十万年，到了旧石器时代的晚期，一批批的采集者先后成长为勇敢的猎人了。这在考古发掘方面得到了充分的证实。

"丁村人"是 20 世纪 50 年代初期在山西襄汾丁村一带发现的。这里有旧石器时代早期直至晚期的丰富文化遗存，其晚期文化距今约 7 万年左右。这里发现了属于一个十二三岁儿童的两颗门齿和一颗臼齿化石，其臼齿咬合面结构形态在猿人和现代人之间，齿冠舌面中部低陷呈铲形，与现代黄种人较为接近。另外一个是大约两岁小孩的右顶骨化石，它比北京猿人小孩的顶骨薄，显示了人类体质的进步。发现的石制品有 2000 多件，石片和石器一般都比较粗大，类型有单边或多边砍砸器、石球、三棱大尖状器、鹤嘴形厚尖状器、刮削器等，其中以三棱大尖状器最具特色。从石器类型的多样性和制造技术来看，丁村人的石器已经有了较明显的专业分工。

丁村人用角页岩、燧石和石灰岩制造砍器、斫器、手斧、石球、厚尖状器、小尖状器和多边形石器。最具特色的是大三棱尖状器——三面棱角使其威力大增。

丁村文化与西侯度文化、蓝田文化有密切关系，在类型上更接近于山西省芮城县风陵渡 60 万年前的匼河文化，是华北旧石器时期文化的典型代表。

5. 山顶洞人

山顶洞人是母系氏族公社的早期阶段。

他们是接近现代人的"北京人"。这些公元前 19000 年至公元前 10000 年的化石发现于北京周口店北京人遗址的山顶洞。这是一个洞穴堆积，洞口朝北，里面分上室、下室和地窖。东南部是上室，东西长 16 米，南北宽 8 米，是山顶洞人起居坐卧的地方。洞西北部是下室，深达 8 米，保存

元谋人

北京人

山顶洞人

元谋人、北京人与山顶洞人

着三具完整的人骨化石，可能是葬地。地窖里则有大量的动物化石，看来是贮藏食物等生活用品的仓库。

山顶洞发现的人类化石，属于8个不同的个体，男女老少都有。检测表明，男性身高1.74米，女性身高1.59米，平均脑容量已经有1300毫升到1500毫升。无论身体外形还是智力，山顶洞人都已经和现代人没有太大的差别。对头骨、面骨等作考古测量和分析，发现山顶洞人与蒙古人种比较接近，但也有个别其他人种的特征。

在山洞遗址中发现了一枚骨针，这枚骨针长82毫米，只有火柴棍那样粗，针身微弯，刮磨得很光滑，针眼细小，针尖锐利。山顶洞人要制作这样一枚精致的骨针，是很不简单的。必须经过切割、刮削、挖眼、磨制等一整套复杂技术。这枚骨针的发明，意味着山顶洞人已经有了相当的缝纫能力，能够制作原始的服装了。他们将猎取到的赤鹿、斑鹿、野牛、羚羊、狐狸、獾、兔等野兽皮毛剥下，然后用鹿的韧带作线，拼合缝制成色彩斑斓的衣服，以防御风霜寒流的侵袭。

山顶洞人还使用打制石器，但是已经开始采取磨制和钻孔技术来制造石器、骨器。他们把砾石、兽骨、鱼骨和海蚶壳串起来，并且用赤铁矿粉染在小孔中，作为佩戴在脖子上的装饰品。可见当时人们已经有爱美的观念，生活也丰富起来了。更引人注目的是，山顶洞人在死者的身体上撒上含赤铁矿的红色粉末。红色的赤铁矿粉末象征鲜红的血液，他们显然认为血液就是生命的来源。死者被头朝东、脚朝西放置，可能认为灵魂在东方产生而归于西方。撒铁粉大概也伴随一些简单的仪式，祈祷死者的亡灵在另一个世界永生或再度投胎复活。

有了葬礼，也就有了审美观念和灵魂观念。原始的宗教萌芽了。

山顶洞人的种种文化成就，反映着当时的社会组织已有长足的进步。山顶洞人那充满对死者怀念之情的埋葬习俗，就显然是在氏族制度的长期生活中逐渐形成的。这种人和人的关系表明，那时的氏族制度经过几万年的发展已逐步形成。

二、人类文明初诞生，原始文化放异彩

1. 河套文化

河套文化是约5万年前—3万年前的旧石器时代留下的遗址，在内蒙古萨拉乌苏河六湾沟一带的峡谷峭壁上。在河、湖生成的细沙、淤泥和风成的沙丘底层，发现了丰富的动物化石。其中有晚期智人化石23件，包括额骨、枕骨、肩胛骨、胫骨和牙齿等。还有用石英和燧石打制的刮削器、尖形器、楔形石器、钻具和雕刻器等共500余件。这些石器的特点是器形小巧，因而被命名为"细小石器"。这里的动物化石被称为"萨拉乌苏动物群"，有最晚鬣狗、诺琪驼、河套大角鹿、披毛犀、原始牛、王氏水牛、赤鹿、蒙古野马等30多种，虽然我们已不能亲眼目睹，可是凭想象，我们也能感觉到，那是一个多么壮观的原始草原动物园！

与河套文化基本同时，宁夏灵武县水洞沟文化遗址出土了1000多件石器，它们包括用硅质石灰岩、石英岩、砂岩、燧石等做原料打制的刮削器，以及柱状石核和长石片。

河套文化和水洞沟文化的遗址里都有人工使用火的痕迹，这代表人类的文明已开始持续发展。

2. 安阳小南海文化

1960年，在河南省安阳市小南海附近的岩洞中，发现了大量石器和18种动物的化石，时间约在距今23000年以前。遗址堆积厚达8米，从上到下分为7层，器物主要在第五层和第六层中。

根据动物化石考证，这个岩洞先是斑鬣狗的巢穴，掌握了火的人类强占为自己的居所。

小南海文化石器的制造技术已经比较进步。用石锤打击燧石石料，制作固定类型的石器。细小石核和长条石叶，已经是雏形的细石器。

动物化石表明，洞熊、安氏鸵鸟、披毛犀等，都成了愈来愈强有力的人类的俘获物，人类在自然界中已居于主宰地位。

3. 仰韶文化

1920 年，在河南省西北部的渑池县仰韶村发现了一种原始文化。其中最引人注目的是画有花纹的彩色陶器。依照考古学上的惯例，往往是以最先发现的遗址所在地来命名，这种文化就被称作"仰韶文化"。

仰韶文化是目前所知黄河流域新石器时代较早的一种文化。它的年代约是公元前 5000—公元前 3000 年。仰韶文化主要分布于黄河中游一带，包括陕西的关中、山西南部和河南大部分地区。它西面可到达甘肃洮河流域，东面到河北中部，北面到内蒙古南端，南面到汉水上游。遗址一般都在靠近河流的黄土台地上。

仰韶文化是母系氏族公社兴盛繁荣的时代，已经有发达的定居农耕文化。在各遗址的发掘中就发现了粟、黍、高粱和芥菜、白菜籽等。氏族中人聚族而居，有公共的墓地，村落里的居室大小、内部陈设、墓地的安葬仪式和随葬品，各遗址都大致相同。

仰韶文化内涵丰富，有大量磨制的石器工具发掘出来，在临潼姜寨遗址还发现了黄铜片，是已发现的中国最早的铜质用品。但最能集中表现仰韶文化特征的是彩色陶器，发掘出的主要的陶器类型是手工制作的泥质红陶和夹砂红陶。泥质陶上有绘彩，一般是在陶器外壁上部用黑彩绘出几何图案或者植物和动物花纹。夹砂陶器上则大都拍印着粗的或细的绳纹。陶器的形制也多种多样，有盆、钵、斜沿罐、细颈瓶、深腹瓮、平底碗、小口尖底瓶等，还有少量的釜、鼎和灶。以彩陶为特征，仰韶文化又叫彩陶文化，陶器上的纹彩颜色标志着人的生命愈来愈色彩缤纷了。

约公元前 5000 年到公元前 4500 年间的陕西省西

仰韶文化彩陶盆

安半坡遗址，是仰韶文化的早期代表。遗址出土了丰富的陶器，形状多姿多彩：直口弧形平底或圆底钵、卷唇斜弧腹或折腹圜底盆、平唇浅腹平底盆、直口尖底瓶、蒜头细颈壶、侈口鼓腹平底罐、短唇钦口直腰或鼓腹小平底瓮，等等。这些陶器上绘画着简单朴素而颇有意趣的纹饰，有本色的绳纹、弦纹、线纹、指甲纹、锥刺纹等，也有彩陶上的红底黑彩和红彩的动物纹、植物枝叶纹以及几何图案纹。鱼、羊、鹿、蛙、人的脸，栩栩如生；三角、圆点、折波……耐人寻味。特别是双人鱼面纹，更是优美奇特，已经富有抽象和象征的倾向。是半坡文化中独特的审美特征。

半坡出土的陶器中有一种陶甑，分上下两层，中间有气孔相通，下边起釜的作用，上边起蒸屉的作用。这说明半坡人已懂得利用蒸汽了。半坡人制作的尖底瓶，小口、大腹、尖底，打水时可自行歪倒灌满，巧妙地利用了重心的原理。陶器上的纹饰告诉人们，半坡人已懂得计数，并有了等边三角形和平行四边形的知识，人类向文明又前进了一大步。

半坡遗址中出土了许多磨制的石斧、石镰，以及蚌镰和陶镰，还发现有窖藏的粟（即谷子），在一个小陶罐中还存放着一些菜籽。这些东西是在一个可以居住四五百人的村庄遗址中发现的。这座居住区的中心有一座大型房子，大房子四周分布有几十座中小型房子，小房屋之外有一条深宽五六米的壕沟围绕着，形成一个完整的氏族村落。村庄遗址中除屋室外还有窖穴和栅栏，屋中还放置有许多盆盆罐罐。这种种迹象表明，半坡的原始居民们已在这里长期定居了，人口已比较兴旺了，有计划的种植经济早已成为他们生活的主要来源。这种状况还可以用考古学家的一个统计数字来表明：经历了一百六七十万年的旧石器时代的原始人类遗址，目前被发现的只有60多处；而只经历了几千年的新石器时代的先民遗址，目前被发现的多达6000多处。不言而喻，新石器时代氏族公社已进入繁荣发展的时期了。

半坡遗址的房屋、窖穴等，也都很有特点。半坡的房屋，居住面和墙壁都是用草泥抹成，有一个方形门槛，两侧围起小墙，横在门道和屋室间，屋中有一到6根柱子，屋当中则有一个灶坑。在房子中间，则夹杂分布着

窖穴，窖穴的直径一般在 1 米左右。

4. 河姆渡文化

1976 年，考古学家在浙江省余姚县河姆渡发现了一种新的原始文化——河姆渡文化。它是中国长江流域下游地区古老而灿烂的新石器文化，因首先发现于浙江余姚河姆渡而命名，主要分布在杭州湾南岸的宁绍平原及舟山岛，其年代为公元前5000—公元前3300年。河姆渡文化遗址共分4层：第三四层和一二层分别代表其发展的早、晚期。早期：约公元前5000—公元前4000年，陶器以夹炭黑陶为主，器形有敛口或敞口肩脊釜、直口筒式釜、颈部双耳大口罐、宽沿浅盘等。晚期：约公元前4000—公元前3300年，夹砂红陶和红灰陶占绝对优势，器形有鼎、落地式两足异形鬶等。

河姆渡文化的农业以种植水稻为主。在其遗址第四层较大范围内，普遍发现稻谷遗存，有的地方堆积着0.2—0.5米厚交互混杂的稻谷、稻壳、稻秆和稻叶，稻类遗存数量之多，保存之完整，是中国新石器时代考古史上绝无仅有的，经过科学鉴定，主要属于稻籼亚种晚稻型水稻，它与马家浜文化桐乡罗家角遗址出土的稻谷，年代均在公元前5000年，是迄今中国最早的稻谷实物，也是世界上目前最古老的人工栽培水稻，河姆渡文化的农具除石斧等石质工具外，最有特色的是大量使用骨耜。骨耜是一种翻土工具，它们用水牛等大型哺乳动物的肩胛骨制成。此外，遗址中出土了成堆的橡子、菱角、酸枣、菌类、藻类、葫芦等植物遗存，反映了当时采集业较发达。

河姆渡文化猪纹陶钵

河姆渡文化的骨器制作比较发达，有耜、镞、鱼镖、哨、锥、匕、锯形器等器物，磨制精细，一些有柄骨匕、骨笄上雕刻图案花纹或双头连体鸟纹，堪称精美绝伦的实用工艺品。发达的木作工艺是河姆渡文化手工业的又一特色，已出土的许多建筑木构件上凿卯带榫，尤其是发明了较先进的燕尾榫、带销钉孔的榫和企口板。在第三层出土的一件木质漆碗，瓜棱形圈足，外表涂有红色涂料，微显光泽，经鉴定与马王堆汉墓出土漆皮相似，为生漆，这是迄今中国最早的漆器。

河姆渡出土大量野生动物遗骨，有哺乳类、爬行类、鸟类、鱼类和软体动物共 40 多件，其中鹿科动物最多，仅鹿角即有 400 多件，其他像淡水鱼在遗址中到处可见，生活在沼泽地的鸟、鱼等动物骸骨亦较常见，这些东西是当时主要的狩猎、捕捞对象，使用的渔猎工具有骨镞、木矛、骨哨、石丸、陶球等。

河姆渡文化的主要建筑形式是栽桩架板高于地面的干栏式建筑。在遗址各层都发现了与这种建筑有关的圆桩、方桩、板桩、梁、柱、木板等木构件，共达数千件。干栏式建筑是中国长江以南新石器时代以来的重要建筑形式之一，目前以河姆渡发现的为最早，与北方地区同时期的半地穴式房屋有着明显区别。

河姆渡文化的早期遗存与马家浜文化罗家角类型年代相当，陶器中的六角形口沿的盘盆类和弧敛口双耳钵等形制相接近，表明两者之间存在一定的联系。而河姆渡文化晚期则分别与马家浜文化和崧泽文化大体同时，马家浜类型的素面腰沿釜，在河姆渡文化晚期偶有所见，而河姆渡文化晚期富有特征的垂囊式，在马家浜类型中也有个别发现。河姆渡文化晚期可能受到马家浜文化、崧泽文化的强烈影响。以河姆渡文化为代表的长江下游发达的新石器文化，比同时期的黄河流域毫不逊色，其中某些文化因素，如夹炭黑陶中的鼎、豆、壶为代表的礼器组合，水稻的栽培，为以后的商、周文化所吸收，成为当时最具代表性的特征。因此长江下游地区的新石器文化也是中华文明的重要渊薮，代表中国古代文明发展趋势的另一条主线，与中原地区的仰韶文化截然不同。

5. 大汶口文化

大汶口文化是黄河下游地区的新石器时代文化，因 1959 年发掘的山东省泰安县大汶口遗址而得名。主要分布在山东省泰山周围地区，延及

山东中南部和江苏淮北一带。年代约始自公元前4300年，到公元前2500年，发展成山东龙山文化。大汶口文化分为3个发展阶段。早期约在公元前4300年至公元前3500年，以刘林、王因遗址为代表。中期约在公元前3500—公元前2800年，以大汶口墓地早、中期墓为代表。晚期约在公元前2800—公元前2500年，以大汶口晚期墓为代表。

大汶口文化以农业经济为主，种植适合黄河流域的耐旱作物粟。农业生产工具有石铲、鹿角锄等，木质农具如耒、耜等已经出现。三里河遗址中发现了贮藏的窖穴，表明当时已有较多的剩余粮食，农业经济达到较高水平。

大汶口文化的饲养业比较发达，饲养猪、狗、牛、羊、鸡等动物，渔猎经济仍然占有一定的比重，骨镞、角质鱼镖、网坠等遗物表明当时居民在进行狩猎和捕鱼。当时还出现了一种大汶口文化特有的獐牙刃勾状器，鹿角为柄，可用来捕鱼和切割，为多用途复合工具，是大汶口文化的代表之一。

大汶口文化的陶器制作工艺在不断发展。早期以红陶为主，形状简单，还有火候不足造成的一器多色的现象。中期盛行灰陶，陶制品的种类明显增加。晚期则以黑皮陶为主，陶胎为棕红色，少量为纯黑陶。轮制技术的广泛使用使陶器制作获得长足的进展。晚期出现了快轮制陶工艺，用一种新的制陶原料，产生了一种质地坚硬，胎薄而均匀，色泽明快的白色、黄色、粉红色陶器，统称为"白陶"。大汶口文化制陶工艺最高水平的代表

大汶口文化彩陶

为薄胎高柄杯，造型优美，色泽鲜亮，集实用性和观赏性为一体，成为龙山时代蛋壳黑陶的祖先。制石、制玉、制骨等手工业在大汶口文化中也已经比较发达。

大汶口文化的房屋有圆形半地穴式，屋顶为木质的原始

梁架结构，屋顶呈圆锥形。还有方形平地起建式，墙基挖沟槽，沟内填黄土立木柱砌建而成。当时的房屋大多结构简单，面积不大，为小家庭式住屋。

大汶口文化早期已是母系氏族制度的尾声，而中期和晚期，则已是父系氏族社会了。这时私有制已在氏族公社经济中萌芽，出现了富有家族与贫困家族。这种社会状况可以从大汶口的墓葬中得到证实。

在大汶口墓葬中，明显地分成大墓和小墓群。大墓中，死者往往使用几十根原木横竖咬合，叠成"井"字形棺椁，随葬有大批财物。其他大汶口文化墓葬中也是这样。有的随葬陶器多达 120 多件，远远超过了死者生前的实际生活需要。有的还随葬有镂花象牙筒、鳄鱼鳞板、玉铲、宝贝、龟甲等珍奇物品，以显示其生前的富有。可是其他许多小墓却只挖有才容得下尸体的小坑，除一具白骨之外，别无他物。这表明，大汶口文化晚期已经出现了严重的贫富分化，原始社会已经逐渐走向解体。

6. 龙山文化

山东龙山文化是在大汶口文化的基础上发展而来的。主要分布在山东省中部、东部和江苏省的淮北地区，时间在公元前 2500—公元前 2000 年。

黑陶是山东龙山文化的典型象征。这些陶器采用轮制技术，造型中规中矩，壁很薄，同时很均匀，陶器表面多素面磨光，有各种花纹和附饰，最常见的有画纹、弦纹、竹节纹、镂孔、盲鼻和乳钉等。器型则以袋足器、三足器和圈足器等最发达。最珍贵的陶器是蛋壳黑陶和灰陶制品，器壁仅仅厚 0.5 厘米，还有镂孔和纤细画纹的美丽装饰。这种陶器达到了中国古代制陶史的峰巅。

最典型的山东龙山文化遗址是章丘龙山镇城子崖遗址。在这里出土的陶器有碗、杯、豆、罐、瓮、三足盘等，都是精良的黑陶和灰陶制品。其中的蛋壳陶，是用 1000℃左右的高温烧成，像上了一层黑漆，又光又亮，是稀世珍品。

而河南陕县三里桥遗址则是河南龙山文化的重要类型，也是仰韶文化王湾三期类型中的一个重要类型。该遗址出土的陶器表现了不同类型文化的彼此过渡和互相影响。王湾遗址从下到上，地层分为三期：王湾一期是

龙山文化陶器

仰韶文化，王湾二期是仰韶文化和龙山文化的过渡时期，王湾三期是河南龙山文化类型。

河南龙山文化的白营遗址中有早、中、晚三期的房基。早期是 9 座半地穴房基，中期是 8 座房基，分半地穴和地面建筑两种，晚期是 46 座地面建筑房基，已经是中国早期的土坯房屋。从出土的各种工具来看，那时人们已经对房屋涂抹和打磨白灰。遗址上还发现了一口深达 11 米的水井，口大底小，圆角方形，井壁上有 46 层用木棍凿榫交叉扣合成的井字形木架。这是迄今为止中原地区发现的年代最早、结构最复杂的水井。白营遗址出土的陶器，早、中、晚三期都有，其中晚期的一件高圈足盘，上面刻着两个裸体人像，圆圆的脸盘，伸着臂，露着乳，是原始线刻的珍贵艺术品，体现着原始先民的丰富智慧。

能够取代仰韶文化的是在大约公元前 2600 年以后，晋陕一带的龙山文化，山西龙山文化以约公元前 2500—公元前 1900 年的陶寺遗址为代表，陕西龙山文化则以约公元前 2300—公元前 2000 年的客省庄遗址为代表。

陶寺遗址位于山西省襄汾陶寺林南，于 1978 年至 1983 年由中国社会科学院考古所进行发掘。遗址面积有 6000 平方米，发现了小型地面、半地穴式和窑洞三种形式的住房和 1000 多座氏族墓葬，出土了大量陶器、玉器、木器和生产工具。生产工具有很发达的磨制石器，如三象犁形器、石铲、石斧、石刀、石镰等，此外还有骨铲、双齿木耒等工具，说明当时的农业生产较为发达。陶器多数是黑陶，器表多有彩绘，纹饰有龙纹、变纹、动物纹、圆点纹、涡纹等。陶器中以彩绘蟠龙图形盘最具特色，是目前中原地区发现最早的蟠龙图案。彩绘陶器和彩绘木器构成了陶寺龙山文化的两大特色。出土的一件小铜铃，是迄今所知中国最早的金属乐器，也是最早的一件用复合范铸造的金属器，标志着生产领域中冶炼金属业的重大进步。

陶寺墓地说明了陶寺龙山文化时期社会已经分化。在陶寺墓地发掘的1000多座墓葬中，大型墓仅有9座，墓主都是男性，使用木棺，内撒朱砂，随葬品多达100—200件，有彩绘陶器、彩绘木（漆）器成套玉器和石器等，还有整只猪骨架。中型墓较多，也使用木棺，随葬品有成组陶器、玉器和少量彩绘木器，或者有几副至几十副不等的猪下颚骨。小型墓最多，墓坑窄小，除少数有骨笄等小件随葬品外，绝大多数没有任何器物。由此可见，当时极少数首领人物执掌大权，独占龙盘、石磬、鼍鼓等重要礼器，私有财产十分丰富，此外，陶寺人已经使用了木器和玉器，具有较高的工艺水平和审美意识。在陶寺遗址上发掘的龙山文化的1000多座墓葬中，出土了大量的朽木和成套玉器。根据朽木的痕迹复原了数十件木器标本，主要有家具和饮厨用具，其中一件仓形器高24厘米，底径15厘米，上面有蘑菇形盖，下部为圆柱体。制造木器的方法多种多样，如枋木挖凿、榫卯插合、板材拼接等。木器上面多数施彩绘或喷漆，以红色为主，也辅有其他颜色，图案有条带纹、几何形纹、回纹、云纹等。彩纹木器和彩绘陶器一样，都是陶寺型龙山文化的一大特色。

根据古史传说，晋西南有"夏墟"之称。从遗址显示出的年代、生产力水平以及龙盘提供的族属信息诸方面分析，有人认为，陶寺遗址很可能就是夏人遗存，不过，由于没有文字材料可资佐证，这还只是一种推测。但陶寺遗址所代表的这支具有鲜明特色的文化遗存，无疑是探索"夏文化"的重要研究对象之一。

在陕西省西安市客省庄发现的龙山文化遗址，它的时间可以追溯到公元前2300年到公元前2000年间。客省庄遗址上发现了10座房屋遗址，都是半地穴式的建筑。建筑的典型结构是一间内室和一间外屋，内外室之间是过道，外室挖有一个龛形壁炉，内室中部有一个炊爨取暖的灶面，有的房屋还在外室挖一个窖，并修一节台阶式的门道或斜坡，一直通到室外。

这里出土的陶器主要是泥质灰陶，黑陶很少。陶器表面的花纹以篮纹和绳纹最为普遍。有一种折肩小平底瓮，是陕西龙山文化独有的陶器。用内模制造陶器袋足的制陶工艺，也是其他地方没有发现的，山东寿光县边线王村北于20世纪80年代中期发现有龙山文化时期的城堡遗址，面积达57000平方米，为迄今所见龙山文化城堡之最大者。山东龙山文化的房屋建筑普遍采用挖槽筑墙和原始夯筑的技术，多为长方形土台式建筑，居室地面往往分层筑成。农业已经成为龙山文化氏族公社的主要经济部门，渔猎经济的比重比仰韶文化已经显著地下降了。更重要的是，在龙山文化遗址里，还发现了一些为仰韶文化所没有的新型农具。例如半月形的双孔石刀，有柄的石镰、蚌镰，及双齿木耒，等等。这些新型农具的发现，充分说明了龙山文化的农业生产技术已达到了很高的水平。

三、原始社会三阶段，财权私有趋解体

中国的原始社会，起自大约170万年前的元谋人，止于公元前21世纪夏王朝的建立。原始社会经历了原始人群和氏族公社两个时期。氏族公社又经历了母系氏族公社和父系氏族公社两个阶段。

原始社会大致可分为三个阶段。

1.旧石器时代

旧石器时代距今约2.5万—约1万年以前，分早期、中期和晚期，大体上分别相当于人类体质进化的能人和直立人阶段、早期智人阶段、晚期智人阶段。

旧石器时代的人类经济活动，主要是通过采摘果实、狩猎或捕捞获取食物。当时人们群居在山洞里或部分地群居在树上，以一些植物的果实、坚果和根茎为食物，同时集体捕猎野兽、捕捞河湖中的鱼蚌来维持生活。在山洞中的遗迹和遗物，已留下了很多，但树居生活却很难留下什么遗迹。从古代的文献中，依稀可以寻觅到远古时代树居和采集的影子。从旧石器时代晚期到中石器时代，人类的生活特点就是洞居或巢居，采集和狩猎。

通过在旧石器时代早期和中期，人们通过血缘关系维持着家族内部的

关系。在血缘家族内部，婚姻按照辈数来划分，同一辈分的人互为夫妻。而在不同辈分之间则不通婚。这样一个家族就是一个社会集团和生产单位。内部两性有分工，男性狩猎，女性进行采集和抚育小孩。

到了旧石器时代晚期，随着生产力的发展，人类转入了相对的定居生活。人口逐渐增多，同时认识到家族内部同辈之间近亲婚姻对人类体质的危害，原先的原始人群为氏族公社所取代，同时形成了族外婚制。互相通婚的两个氏族就形成了部落。一个氏族的成员必须和另一氏族的成员通婚。在这种情况下，人们只知有母不知有父，氏族的世系只能按母系计算，所以叫作母系氏族。

2. 中石器时代

中石器时代距今 15000—10000 年至 8000 年，以石片石器和细石器为代表工具，石器已小型化，是旧石器时代和新石器时代之间的人类物质文化发展过渡性阶段，直接取之于自然的攫取性经济高涨并孕育向生产性经济转化的时期。

这一时期细石器被大量使用。广泛使用弓箭；已知驯狗；在一些地方还发现了独木舟和木桨。

3. 新石器时代

新石器时代始于距今 8000 年前的人类原始氏族的繁荣时期。以磨制的石斧、石锛、石凿和石铲，琢制的磨盘和打制的石锤、石片、石器为主要工具。

新石器时代母系氏族达到了全盛。婚姻制度由群婚转向对偶婚，形成了比较确定的夫妻关系。在氏族内部，除个人常用的工具外，所有的财产归集体公有。有威望的年长妇女担任首领，氏族的最高

新石器时代的彩陶艺术

权力机关是氏族议事会，参加者是全体的成年男女，享有平等的表决权。

每个氏族都有自己的名称、共同信仰和领地。当氏族内部的成员受到外人伤害，全族会为他复仇。

在新石器时代，产生了农业和畜牧业，磨制石器流行，并发明了陶器。

世界各地这一时代的发展道路很不相同。有的地方在农业产生后的很长一段时期里没有陶器，因而被称为前陶新石器时代或无陶新石器时代；有的地方在1万多年以前就已出现陶器，却迟迟没有农业的痕迹，甚至磨制石器也很不发达。

四、财权私有大分工，军事民主趋解体

1. 社会大分工带来财产私有化

原始社会后期，随着生产的发展，产品出现了剩余，集体劳动逐渐被个体劳动所取代，由此产生了私有制，随之也出现了阶级。氏族中出现了贵族阶层和平民阶层。到了末期，以血缘关系结成的氏族开始破裂，一些氏族成员脱离自己的氏族，到别处和与他们没有血缘关系的人们杂居，同时氏族也不断接纳外来人，于是出现了按地域划分的农村公社。到了这时，原始社会基本上就已经瓦解了，不同阶级之间出现了斗争，随着情况的深化就出现了国家来对人民进行有效的统治。许多文明的原始社会解体后都进入了奴隶社会。事实上，阶级思想在更早就已经产生。

在新石器时代末期，人类已使用天然金属，后来学会了制作纯铜器。

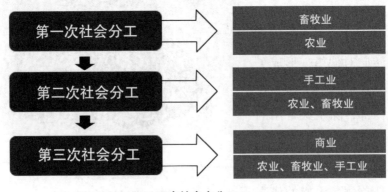

三次社会大分工

但是由于纯铜的质地不如石器坚硬，不能取代石器，这一时期也称为金石并用时代。到了公元前3000—公元前2000年左右，人类学会了制造青铜，进入了青铜时代。到了公元前1000到公元初年，随着铁器的使用，人类进入铁器时代。

从金石并用时代到铁器时代，是原始社会的解体时期，也是阶级社会形成的时期。世界各地阶级社会的出现几乎都和金属出现的时代相关，唯一例外的是美洲的玛雅文明。不同文明其原始社会解体的过程也不一样，在埃及和两河流域，原始社会在金石并用时代就已经解体，而在其他一些地区，则是在青铜时代或铁器时代才发生解体。

这一时期，生产有较大发展。出现了三次社会大分工。

第一次社会大分工是畜牧业和农业的分工，发生于原始社会后期。这次社会大分工促进了劳动生产率的提高，引起了部落之间的商品交换，为私有制的产生创造了物质前提。第二次社会大分工是手工业和农业的分工，发生于原始社会末期。这次社会大分工促进了劳动生产率的进一步提高，促使私有制的形成。第三次社会大分工是出现了不从事生产、专门从事商品交换的商人阶级，它发生于原始社会瓦解、奴隶社会形成的时期。

随着农业和畜牧业在生产中的地位的提升，男性逐渐取代女性取得了社会的主导地位，父系氏族公社形成了。在父系氏族公社内，出身和世系按男子的系统计算，实行父系财产继承制。夫居妇家制度变成了妇居夫家制，不稳定的对偶婚逐步向一夫一妻制或一夫多妻制过渡。妇女的地位逐渐下降，父系氏族首领改由男子担任，氏族议事会由各大家族的族长组成，原来由全体成年男女参加的氏族议事会，如今由全体成年男子参加。

2. 氏族社会末日的来临

尧和舜生活在4000多年以前，是原始社会向阶级社会过渡时期。这时候，在氏族公社里，虽然生产资料如土地、牧场等仍归全氏族公有，但是，以前那种全氏族成员集体农耕、集体打猎的制度，渐渐被以家庭为单位的劳动生产所代替。生产由公共的事变成了个人的事。氏族内的私有财产日

益增多,特别是氏族、部落的首领凭着手中的权势占有大量财富,成了贵族。阶级分化出现了。在战争中抓到的俘虏不再杀掉,而被留在氏族里从事劳动,作为父系大家庭的家内奴隶。奴隶制度开始萌芽。

随着私有制的发展和阶级分化,部落之间的掠夺战争频繁。氏族部落的贵族经常通过对外战争掠夺大量财富和奴隶,从而扩展他们所控制的地盘。这种掠夺战争成了氏族贵族发财致富的主要手段。据史书记载,尧率领各氏族部落对三苗进行了长时期的战争。三苗活动在长江、汉水之间,可能是三个部落。有一个部落的首领叫驩兜,一度参加了以尧为首的部落联盟。舜也对三苗进行过战争,"分化三苗","更其俗",把驩兜放于崇山,对三苗做了全面的整顿。到禹的时候,举师动众,大举进攻三苗。在一次交战中,禹射中了对方的一个首领,"苗师大乱"。三苗吃了败仗,退到江南去了。不少战俘,做了奴隶。

由于战争的需要,一些近亲的氏族部落结成了部落联盟。各部落联盟设有军事首领。因为这时氏族公社里的生产资料还没有完全变为私有,旧日的氏族还具有一定的势力。所以,在氏族部落的部落联盟里还在实行民主制度。

部落联盟的首领在决定重大事件和准备进行战争的时候,首先要召集部落联盟会议,由各部落的首领参加,共同议事。这是部落联盟的最高权力机关。军事首领必须服从并执行这个会议的决定。部落联盟军事首领的任命和改选,也要经过部落联盟会议的民主评议和推举。这种制度叫军事民主制。这是原始社会向阶级社会过渡的社会组织形式。

军事民主制虽然保留着氏族公社的民主色彩,但是已经同原来意义上的全氏族成员的民主平等有了区别,只是供少数贵族享受的"民主"了。这种制度的出现,标志着氏族社会末日的来临。

五、氏族社会早中期,以母为系主分配

母系社会又称母系氏族制社会。氏族社会的早、中期为母系氏族,即建立在母系血缘关系上的社会组织,是按母系计算世系血统和继承财产的

氏族制度，是氏族社会的第一阶段。

在母系氏族制前期，人类体质上的原始性基本消失，被称作"新人"，属于考古学上的旧石器时代的晚期。到母系氏族制后期，现代人形成，属于新石器时代的早期。中国境内的新人化石和文化遗存遍及各地，一般认为中国的仰韶文化处于母系氏族社会阶段，其主要代表有河套人、柳江人、峙峪人和山顶洞人等。

由于狩猎采集群体从根本上限制了个人私有财产的积累，财富无法决定人的社会等级，因此母系氏族实行原始共产制与平均分配劳动产品。早期母系氏族就有自己的语言、名称，同一氏族有共同的血缘，崇拜共同的祖先。氏族成员生前共同生活，死后葬于共同的氏族墓地。随着原始农业及家畜饲养的出现，作为其发明者的妇女在生产和经济生活中、在社会上受到尊敬。

在氏族社会的早期阶段，女性在社会中享有很高的地位，掌握氏族的领导权。世系按女性继承，子孙归属母亲。氏族成员死后，其财产归同氏族的人所有。同氏族的人有互相援助、保护和共同复仇的义务。氏族首领是推选出来的，一个是负责公共事务的酋长，一个是军事首领。

距今约1万年的旧石器时代中、晚期，远古社会由原始人群阶段进入母系氏族社会。

现已发现的旧石器时代中期主要人类化石和文化遗存有：陕西大荔人、山西襄汾丁村人、山西阳高许家窑人、广东曲江马坝人、贵州桐梓人、湖北长阳人、北京周口店新洞人，以及辽宁喀左鸽子洞等文化遗存。

旧石器时代晚期重要的人类化石和文化遗存有：山西朔县峙峪人、北京周口店山顶洞人、辽宁建平人、广西柳江人，以及宁夏灵武水洞沟、河南安阳小南海、河北阳原虎头梁等文化遗存。

原始人群阶段过渡为母系氏族社会，是在生产力水平提高的推动下完成的。血缘内婚制向氏族外婚制的转化是社会性质变革的关键因素。原始人的血缘家族，经过几代繁衍之后，由于人口不断增加，引起食物来源匮乏，生活受到影响，因而必然分裂出新的血缘家族。新的血缘家族依然施

原始彩陶

行内部的血缘婚。内婚制虽然能保持原始人群的相对稳定，但婚配的男女之间血缘关系太近，致使繁育的后代易患先天性疾病，或体质不良，智力低下，与自然界抗衡的能力因而减弱。诚如《左传》所言："男女同姓，其生不蕃。"内婚制在人类历史上延续的时间甚长，这正是原始人群阶段生产力发展缓慢的症结所在。

内婚制对人类进化的危害极大，其严重后果逐渐引起人们的重视。血缘家族分裂后，又不断产生新的血缘家族。这些血缘家族之间仍保持着千丝万缕的联系，各血缘家族的男女之间也难免发生婚配现象。人们逐渐发现，各血缘家族之间男女通婚所生子女，无论在体能和智力上多优于同一血缘家族男女婚配所生子女。人们终于觉悟到，婚配男女的血缘关系越远，生育的子女越强健。但由于传统观念强大的影响，内婚制向族外婚的转变是十分缓慢的。开始，只排除血缘最近的同胞兄弟姊妹间的婚配，以后又排除血缘较近的旁系兄弟姊妹间的婚配。最后，血缘家族内的男女，不论是否同辈皆禁止婚配。这样，一个内部不能婚配的血缘亲属集团——氏族便产生了。

族外婚，就是一个氏族的一群兄弟和另一个氏族的一群姊妹之间的交互群婚。男子外婚到另一氏族，死后埋在本氏族的公共墓地里。这种婚姻关系虽然还不稳固，但毕竟使氏族明显有别于过去的血缘家族。在这种群婚的形态下，子女仍然是只能确认生母而不能确认生父，氏族成员的世系也只能根据母系的血统来决定。同一始母祖生下的若干后代，便形成为一个氏族。母系血统是维系氏族存在的纽带。氏族扩大之后，再分离开来，另建立新氏族。彼此通婚的氏族则组成部落。

古代的风俗中仍残留母系氏族社会初期的族外群婚痕迹。这种群婚多是以野合形式进行的。《周礼·地官司徒下》载："中春之月，令会男女，于是时也，奔者不禁。"《贵州通志》卷七云："花苗每岁孟春，会男女于野，谓之跳月。择平壤地为月场，鲜花艳装男吹芦笙，女振响铃，旋跃歌舞，谑浪终日，暮挈所私以归，比晓乃散。"

族外群婚制曾普遍存在，使我们得以窥知母系氏族社会初期的婚配形态。这种婚配的特点是，以集体方式进行，没有一定的场所，多在野外结合，亦无固定的配偶，年龄和辈分的限制也不严格。但是氏族成员之间的婚配则是严格禁止的。

族外婚是人类婚姻关系史上的重大进步，较之内婚制下的同辈婚配具有更深远的意义。实行族外婚的氏族，其成员的智商高、体质强，整体实力明显优于依然实行内婚制的血缘家族。在当时的社会发展进程中，起着无可置辩的主导作用。

母系氏族社会的初期，生产力水平仍然十分低下。自然界为人类提供生活的资源，同时也使他们面临严峻的环境。氏族是人类向自然界谋求生存的依靠。人类的生产活动——采集、狩猎和捕鱼依然必须集体进行，否则就不能有效地抵御野兽、饥饿和疾病的威胁。他们还没有私有财产观念，共同劳动，平均分配，是氏族的宗旨。

在母系社会，当时的妇女是备受尊崇的。在原始社会中，低下的社会生产力使主要由男子从事的渔猎业难以满足稳定的最低限度的物质生活需要，而主要由女子从事的采集倒较为稳定，这种经济上的优势再加上分娩、哺育又主要是妇女的事，而繁衍人口又关系到氏族和部落的存亡，这些情况都确立了女子的崇高地位。中国古代关于女娲氏炼石补天、积灰止水的传说，生动地反映了母系氏族社会受人尊敬的妇女领袖带领先民对自然界进行艰苦卓绝斗争的情景，歌颂了妇女在社会活动中的重要作用。在山顶洞人的墓葬中，对于去世的老年人，尤其是妇女，将其生前使用的装饰品随葬，反映氏族成员对妇女及老年人的爱戴。

但也有观点认为，由于原始社会的人类没有任何婚姻规则，处于群居、

杂交、群婚的状态。这就导致了一个问题，家庭中的子女只认识自己的母亲而不知道自己的父亲，在这种情况下，妇女的家庭地位会比男子高，出现以老祖母为家长的家庭组织形式的确是有可能的。但母系社会的原则仅仅局限于家庭或血缘氏族范畴，很难扩散到整个社会领域。

母系氏族公社时期，人们"只知其母，不知其父"。母系氏族的存在主要是因为当时人类对于自身生理现象还没有足够的了解，没有把两性关系与繁衍后代联系起来，只知道子女与母亲有血缘关联，而不知道父亲的存在，更不知道与父亲的血缘关联。当人类发现两性关系与生儿育女之间的必然联系时，再由于男性生理条件更容易获得生产生活资料，能承担家族责任，男性也就逐渐担负起当家做主的责任，母系氏族社会就逐渐消亡了。

六、母权削弱男权兴，父系社会成主导

约5500年至4000年前，母系氏族社会为父系氏族社会所取代，我国远古人类进入了父系氏族社会，从此，男权的时代开始了。后期仰韶文化、黄河下游的大汶口文化、山东的龙山文化、长江中游的大溪文化和下游的良渚文化等均属于父系氏族社会文化的代表。

父系氏族社会是一种新的社会文化体系，也是人类历史发生的最深刻的变革之一。这种变革是同当时生产力的发展相适应的。由于农业和手工业的进一步发展，男子在生产中的地位和作用越来越大，社会中心自然发生偏移，因此，从母系氏族社会发展到父系氏族社会，是社会生产力发展的必然要求。

在父系氏族社会中，男性的财产权和社会地位高于女性，家庭婚姻关系也由母系氏族社会的"从妻居"改变为"从夫居"，子女自然不再属于母系氏族的成员而成为父系氏族的成员，成为父亲财产的继承者。在父系氏族社会中，随着社会生产力的发展和劳动成果的有所剩余，一些人能够占有他人的劳动成果，并利用已占有的劳动财富役使他人，于是，贫富现象出现，私有财产开始萌芽。贫富悬殊的变化是阶级产生的基础，到父系

原始彩陶图案

氏族社会的后期，氏族社会开始走向瓦解，阶级社会开始出现。

男子在农业、畜牧业和手工业等主要的生产部门中逐渐占据主导的地位，于是母权制自然过渡为父权制。父系氏族公社逐渐形成了。从此，以父权为中心的个体家庭成为与氏族对抗的力量，原始社会逐渐趋于解体。男子依靠经济上的优势，在社会生产和生活中占据了统治地位。

大约在距今 5000 年左右，遍布中国大陆的氏族部落，先后进入了父系氏族社会。相当于这一历史时期的文化遗存，主要有黄河流域的大汶口中、晚期文化，龙山文化，马家窑文化的马厂类型；长江流域的屈家岭文化，良渚文化；以及珠江流域的石峡文化等。

父系氏族社会仍延续母系氏族社会的生产资料公有制。父系氏族社会按男方血统计算世系，则是与母系氏族社会的本质区别。在父系氏族社会里，男子成为社会和家庭的主宰，财产由确定生父的亲子继承，妇女沦为男子的附庸。

生产的发展和私有制的出现，是促使母系氏族社会向父系氏族社会转

化的关键因素。父系氏族社会和母系氏族社会是前后衔接的两个发展阶段。农业、畜牧业的迅速发展，以轮制陶器为代表的手工业技术水平的提高，是母系氏族社会过渡为父系氏族社会的物质基础。

黄河流域的氏族部落使用石、骨、蚌、木等多种质料的农业生产工具。河北邯郸涧沟遗址出土穿孔蚌锄和扁平长方形的石铲。河南陕县庙底沟遗址曾发现双齿木末的痕迹。长江流域则流行石制的农业生产工具，有石耜、石锄、石犁等。这些进步的耕耘工具，提高了开垦土地的能力。各地收割工具的种类很多，有石刀、陶刀、石镰和蚌镰等。收割工具的广泛使用，表明农作物的收获量有较大的增加。

农业的发达促进了家畜饲养业的发展。饲养的家畜有猪、狗、牛、羊等，尤以猪的数量最多。邯郸涧沟的一个灰坑中就有 21 个猪头骨。河南陕县庙底沟遗址，26 个龙山文化灰坑中发现的家畜骨骸比 168 个仰韶文化灰坑中的家畜骨骸还多。家畜饲养业的发展，使北方草原地区出现了游牧部落。

制陶业技术的进步最为显著。在过去慢轮修整陶器的基础上又发明了快轮的新技术。不仅制造的陶器形状规则，厚薄均匀，而且大大提高了劳动生产率。窑室扩大，可以容纳更多的陶器，火膛加深，火口缩小，支火道和窑箅孔眼增加，使热力能够充分利用。人们已经掌握了封窑技术，因而烧制出大量的灰色陶器。

随着农业和畜牧业的发展，渔猎在社会经济中所占的比重下降。此外，因为耕地不断扩大，狩猎的范围日趋缩小，收获也就更少。于是，男子就逐渐参加农业劳动。农具的改进，尤其是犁耕的出现，增加了劳动强度，使男子在生产中日益发挥更大的作用，最终成为农业生产的主力军。男子全力投入农业劳动，使农业生产发生了巨大的变革。男子身强力壮，既没有生育的负担，又无家务之累。他们改进种植技术，创造新的工具，使农业生产较母系氏族社会时期有了更快的发展。畜牧业是北方游牧部落经济生产的主要部门。男子在参加畜牧业生产之后，也很自然地居于主导地位。

制陶业生产程序多，工艺复杂，尤其是采用新技术以后，逐渐发展成颇具规模的独立手工业生产部门。从事制陶业的劳动者也脱离农业生产日益专业化。制陶业技术性强，体力消耗又大，已非妇女力所能及，一般都由男子承担。制陶业是父系氏族社会最重要的手工业部门，从而确立了男子在手工业生产中的主导地位。

男女社会分工的变化，使妇女在社会经济生活中处于从属地位。除生儿育女之外，妇女仅从事纺织、炊煮等烦琐的家务劳动。

经济地位决定社会地位。男子是经济生产的中坚，成为社会财富的主要创造者，因而他们在财产的分配上就具有较前为大的发言权。但是，在母系氏族制度下，子女的世系按女方计算，男子无子女可言。他们不论投入多么巨大的劳动，创造多少财富，也仍由母系成员继承。所以，男子必须确认自己的子女，并改变世系的女性血缘传统，最终按男性世系，将财产传给自己的亲生儿子。男女在生产中所处地位的变化，直接引发了男系与女系财产继承权的矛盾，乃是导致父权制取代母权制的社会原因。

私有制的产生加速了母系氏族社会过渡到父系氏族社会的历史进程。

在原始人群和母系氏族社会的初期，社会生产力极端低下，人们必须集体协作，才能勉强维持最低的生活水平。当时，没有剩余产品，亦无私有观念。人们过着生产资料公有，集体劳动，平均分配产品的生活。自母系氏族社会的繁盛时期开始，农业、畜牧业、制陶业、纺织业的产生，以及缝纫、皮革加工业的发展，使人类的生活条件大为改善。人们劳动所获的产品，除维持自身基本的生活需求之外，已略有剩余。当时属于个人私有的物品，已不限于简单的生产工具和一般的装饰品，而是包括粮食、牲畜等。剩余产品开始属于母系氏族或亲族集体所有，但是随着对偶婚逐渐向比较稳定的一夫一妻制婚姻转化，剩余产品最终成为家庭的私有财产。此外，氏族、部落的首领也利用职权，将集体的剩余产品占为己有。可见，剩余产品是私有制出现的物质基础。

私有制的产生，使男子面临的问题不仅限于氏族或亲族的财产继承权，属于他个人的私有财产，也涉及继承权的问题。鉴于男子在生产劳动中发挥日渐重要的作用，属于他们的私有财产也就愈益增多，所以男子迫切需要改变以女性计算世系的传统观念，以确保财产由父系亲子继承。

父系制取代母系制首先是通过婚姻制度的变革逐步实现的。

在母系氏族社会的繁荣时期，婚姻形态已由群婚转化为对偶婚，男子主动到女方家过婚配生活，这种形式或可称之为从妻居。因为配偶关系不固定，男方可以另寻女伴，女方亦可别觅新郎。男子为博得女子的欢喜，常送些生活用品、装饰物等。此外，也往往为女方亲族进行服务性的劳动，以示对女方的酬谢。

到母系氏族社会的晚期，由于男子在生产中的作用增大，社会地位日益提高，他们迫切需要与婚配的女子保持长久稳定的关系，以确认自己的亲生子女。于是，他们千方百计地改变从妻居的不利处境。采取的形式主要有两种：一种是武力抢婚，另一种则是交换婚。

武力抢婚，首先开端于氏族或部落的首领以及勇敢善战的武士。他们利用部落间发生战争的机会，掠夺敌对部落的妇女，作为自己的妻子。以后，男子们纷纷效法，不仅从敌对部落掠夺妇女，而且对传统通婚的氏族，也采取抢妻的手段，以改变从妻居的处境。于是，抢婚逐渐发展成为某些部落的一种婚姻形态。我国许多少数民族曾流行抢婚习俗，甚至到近代仍遗风不绝。交换婚又有互送女子为妻，以及支付实物等不同形式。

互送女子的交换婚，早在母系氏族社会初期即已存在。通婚的两个氏族，甲氏族的女子必为乙氏族男子之妻，反之，乙氏族的女子亦必为甲氏族男子之妻。这种交换婚，是甲乙氏族彼此以一群姐妹与一群妻子的互换，并未改变男方从妻居的处境。即使到对偶婚阶段，因婚配的男女双方关系不稳定，婚姻形态仍保留一定程度的群婚性质。男方到女方居处过婚配生活的局面也未变化。但是到母系氏族社会向父系氏族社会过渡阶段的交换婚，则有根本的改变。男子随着经济地位的提高，不愿意到女方居住，也不愿意再为女方从事服务性的劳动，为了换取妻子来男方居住，而又不减少女方的劳动力，于是，男子就以本氏族的一个女子交换通婚氏族的女子为妻。交换来的妻子必须从夫而居。这样的交换，对通婚的氏族双方均无不利之处。

一夫一妻制家庭，是父系制战胜母系制的产物。妇女从夫居住，因而失去了原氏族的依托。男子是生产的主持者，并掌握了经济大权。女子陷于烦琐的家务，被排斥于社会生产之外，从此失去了昔日崇高的地位，成为丈夫的奴婢和生儿育女的工具。在父权的支配下，妻子必须履行生儿育女的义务。不育子女的妻子随时可以为丈夫所遗弃。因为儿子要继承父亲的财产，所以有无子嗣，便成为决定妇女命运的头等大事。在父系氏族社会出现了象征男子生殖器的陶祖和石祖。陕西、山西等地的龙山文化遗址中多有发现。已婚妇女对陶祖或石祖顶礼膜拜，祈祷自己能生儿育女，子孙绵延不绝。

与一夫一妻制婚姻相对应的生活单位是一夫一妻制家庭。一夫一妻制家庭由一对夫妻和若干子女组成。一夫一妻制家庭建立在父权的基础上。家庭成员之间关系并不平等，丈夫居于绝对的统治地位。他不但掌握经济大权，也具有对妻子和子女的控制权。

在父权的统治下，母亲虽是子女最亲近的人，但在父权的淫威下，失去了母系氏族社会时期的尊贵地位。妻子必须严守贞操，以确保子女的父系血统。丈夫却可以在外任意寻欢作乐，妻子无权干涉。亲生儿子是家庭财产的直接继承者。一夫一妻制婚姻远较对偶婚巩固，夫妻关系稳定，家庭也不易破裂。一夫一妻制家庭建立在丈夫奴役妻子的基础上。阶级对立最早萌芽于一夫一妻制家庭之中。家内奴隶制是阶级矛盾的初期形态。婚姻制度的变化和一夫一妻制家庭的出现，使丧葬制度也发生了重大的变革。女子从原来的娶夫变为出嫁。居住方式也自过去的男子从妻居，变为妻子从夫居。所以妻子已属于夫方氏族，亦成为夫方氏族的成员。因而夫妻非同氏族成员不能埋葬一处的障碍已被拆除，夫妻合葬合法化。大汶口、柳湾等氏族墓地都出现了年龄相若的男女合葬墓。这是社会已进入父权制阶段的重要标志。

父权制的确立，表明远古社会已自母系氏族社会过渡到父系氏族社会。在父系氏族社会，世系计算，财产继承，都按父系血缘确定。

父系氏族是以父系血缘为纽带组成的社会集团。氏族成员，包括同一个男性始祖所生的子孙及其配偶。妻子虽然与丈夫非同一血统，但仍属丈

夫所在氏族的正式成员。这是父系氏族与母系氏族的重要区别。每个氏族都有一定的地域。氏族成员共同占有，并集体耕种土地。随着私有制的产生，个体家庭虽然已经开始积蓄粮食、牲畜等私有财产，但是对于集体劳动所获的产品，基本上还是平均分配。氏族的财产由集体继承。氏族成员彼此有互相救助的义务。男女择偶均实行族外婚。每个氏族都有自己的公共墓地。

母系制转化为父系制，是一个相当长的历史阶段，其间充满错综复杂的矛盾和激烈的斗争。在这场社会大变革中，妇女是失败者，她们蒙受了巨大的损失。无论是在世系计算，财产继承，还是在婚姻关系诸方面，妇女都失去了昔日崇高的社会地位。导致这一变革的根本原因，是男子取代妇女成为经济生产的主要承担者。随着私有制的产生，男子更把持了家庭的经济大权。男子主宰社会和家庭，妇女则处于被歧视、受奴役的地位。广大妇女不甘心屈辱的命运，她们奋起斗争，以各种手段进行顽强的反抗。

母系制向父系制的过渡，始于婚姻关系的改变；妇女与父系制的斗争，也主要表现在婚姻形态方面。这种斗争的遗迹，仍长久残留在许多少数民族的婚俗中。

"不落夫家"，是母系制向父系制过渡时期，妇女们斗争所采用的一种重要形式。所谓"不落夫家"，就是新娘在婚后相当长的一段时间里住在娘家，而不在夫家久住。不落夫家的时间，长短不等。少者二三年，长者竟达七八年以上。在此期间，逢年过节，或农事大忙时，由其丈夫的母亲或姊妹亲自接她回去住几天，便又转返娘家。直至该女子怀孕后，快要生育时，才到夫家居住。妇女在娘家期间，仍可参加男女之间的社会活动。父系制时期，从妻居改为从夫居。丈夫在家中主宰一切，妇女变为丈夫的奴隶。妻方的家族也减少了一个劳动力。这对于妇女及其家族都十分不利。失去自己娘家的依托，又无力与夫家直接抗争，于是就采取不落夫家的手段。男子为了缓和矛盾，最初也被迫接受不落夫家的做法。

尽管母系制对父系制进行了长期顽强的抗争，却无法阻挡历史发展的潮流。经过反复较量，父系制最终确立了统治地位。父系制代替母系制虽然残酷无情，但毕竟是在促进社会生产力发展的前提下完成的，因而具有进步意义。

七、远古活动生外交，征战巡狩相并重

1. 征战与巡狩并重的外交策略

在黄河流域文明产生的同时，我国其他地区的文明也在以各自的方式发展着，并随着文化、经济交流而相互影响。但是，传统上仍然把黄河流域视作中华文明的主要发源地，是当今"中国"的起点。根据《尚书·禹贡》记载，当时的全国分为九州，其中黄河中下游地区作为华夏政治、经济和文化的中心，称为中国。这个地区相当于今天的河南北部、山西和河北南部、陕西东部和山东西部，面积只有大约 50 万平方公里。但是，就是这大约 50 万平方公里的土地，孕育、发展成了连绵不绝 5000 多年的中华文明，是世界上少有的古代文明中心之一。作为中国古代文明的主体，古代中国正是从这里出发（至少是以这里为主），开始了古代中国与外部区域的政治、经济和文化交流，从这里开始有了真正的国家外交与国礼的赠送，从而促进了中外物质文化交流的发展。

公元前 2183 年，禹即帝位于阳城（今河南登封）。禹本姓姒，曾被舜封为夏伯，因占有了大夏故地，故氏曰有夏，国号"夏"；又因禹治水有功，声望远播，深受百姓爱戴和诸侯尊崇，是为"华"，故后世有"华夏"之说。

根据《史记·夏本纪》记载，夏原是部落联盟的名称，由 12 个姬姓氏族组成，包括有夏氏、有扈氏、有男氏等等。夏王朝的创建者禹是黄帝的玄孙，也是原始社会末期氏

《尚书·禹贡》书影

族部落大联盟的最后一位领袖。夏王朝建立之前，原始氏族社会的最高组织形态是部落联盟，参加联盟的各个部落是平等的和独立的，相互之间没有后世所谓的行政隶属关系。

禹在位末期，曾到东方巡狩，并在会稽山（原称苗山，今浙江省绍兴市）召见各部落首领，之后大会诸侯于涂山。当时执玉帛而来与会的有"万国"之多，即《左传·哀公七年》记载："禹会诸侯于涂山，执玉帛者万国。"其中执玉的是大诸侯（氏族部落），执帛的是小诸侯（氏族部落）。在大禹的安排下，演奏了中原地区的大夏之乐，表演了干戚之舞，仪式隆重，规模宏大，令各方诸侯无不惊讶、佩服和畏惧。参加会盟的各方诸侯当场向大禹进献了礼物，其中九夷因世代与三苗通婚，没有随大禹讨伐三苗，一直惴惴不安，此次也当场进献了玉帛等贡品，表示愿意臣服于夏。

后来的涂山会盟进一步巩固了大禹的地位和在诸侯中的威严，之后，各地纷纷按照九等贡赋的规定，向大禹所在的夏部落进贡。

2. 积极开展与域内外部族的外交关系

为了寻求治国贤才，更为了与夏王朝周边地区的部族搞好关系，大禹曾积极开展对各个部族的外交关系。东边到达了鸟谷青丘之乡的黑齿国，南边到过交趾、九阳山的羽人裸民之国，西边到达三危国，北边到达令正国、犬戎国、夸父国和禹强国。显然，这些国都不是在夏王朝势力的实际控制范围内。

在这样的开展外交关系的过程中，禹是否与这些"国"有礼物交换，或者说，是否得到过这些"域外"赠送或朝贡的物品，我们不得而知，但根据帝舜时的事例推断，在大禹时也是应该有的。他在拓展外交的过程中，与各方国、诸侯国建立了良好的关系，情况极为熟悉，对天下"万国"诸侯，"大禹皆知其体"。而且，大禹还积极推行夏的先进文化和政治制度，包括"颁夏时于邦国"等。

禹时期的夏并不是完全意义上的国家，但却进一步完善了黄帝时期开始建立的国家的雏形。

八、尝尽百草辨植物，原始农业靠耕作

1. 尝百草尝出的农业

神农，是传说中远古时代的"三皇"之一。他勇尝百草，教民农耕，是我国医药业和农业的始祖。

远古时期，五谷和杂草长在一起，药材与百花开在一处。哪些植物可以做粮食，哪些药草可以治病，谁也分不清。随着人口的不断增长，人们越来越需要更多的食物。

当时，科学发展水平十分落后，人们对满山遍野的植物不是十分了解，经常因为饥饿而误食有毒的植物，又因没有药来治疗而死掉。

伟大的神农看到了黎民百姓的疾苦，他下定决心要亲口尝一尝各种野生植物的滋味，以确定哪些植物可以吃，哪些植物不能吃，哪些植物好吃，哪些植物不好吃。虽然他心里非常清楚，他很有可能会吃到有毒的植物而死掉，但是为了百姓从此不再忍饥挨饿，为了人民以后不再吃到有毒的植物，他挺身而出。

关于神农尝百草，民间流传下来许多美丽的传说。据说有一次，他把一棵草放在嘴里一尝，不一会儿就感觉到天旋地转，栽倒在地上。随从慌忙把他扶起来，他心里知道自己中了毒，可是嘴巴却不能说话，于是他就用最后的一点力气，指了指身边一棵红亮亮的灵芝草，又指了指自己的嘴。随从就摘了灵芝放在嘴里嚼了之后，喂到他嘴里。神农吃了灵芝草，毒就解了。从此，人们都说灵芝草能够起死回生。

神农每天不停地尝百草，不可避免要中毒，他一天之内最多曾遇到70多次毒，所以他的身边也备有一种解毒的药草。他一吃到有毒的植物，就马上服用这种解毒药草，把毒排出体外。神农最后一次尝到了一种叫断肠草的剧毒植物，中毒而亡。他死的时候120岁。

从这些动人的传说中，我们也可以体会到神农尝百草所经历的种种艰辛和危险。他攀山越岭，尝遍百草。功夫不负苦心人！他尝出了稻、麦、黍、

稷、豆能够充饥，这就是后来的"五谷"；他尝出了各种能吃的蔬菜和水果，都一一做了记录；他也尝出了365种草药，写成了《神农本草》。

在尝百草的过程中，神农通过细心的观察发现，植物随季节变化枯荣交替以及不同的植物喜欢不同的土壤。于是他利用天气的变化指导人们种植农作物，这样就可以有计划地收集果实、种籽作为食物，这就是我国农业的起源。

事实上，神农是我国原始种植业和畜牧业发生初期的一个人物。所有有关神农的传说，都是中国农业从发生到确立的整个历史时代的反映。

2. 原始耕作技术

刀耕火种是原始农业的耕作技术。我国长江流域在唐宋以前还保留着这种原始的耕作方式，称之为"畲田"。刀耕火种的方法特别简单，一般是人们在初春时选择森林边缘隙地或是树木稀疏的林地，将林木砍倒，然后在春雨来临之前，纵火焚烧，灰烬用作农田肥料，第二天乘土热下种，以后就等着收获。种植两三年后，土肥就已枯竭，需要另觅新地重新砍烧种植，农史学家称之为"游耕"。

除了有关神农的神话传说和史料记载以外，我们已有越来越多的考古学证据表明：中国是世界上从事农业生产最早的国家之一，是世界农业的起源中心之一，也是世界农作物的起源中心之一。早在七八千年前的新石器时代早期，我们的先民就在长江流域种植水稻，在黄河流域种植耐干旱的粟。到了新石器时代晚期，在中国已有苎麻、大麻、蚕豆、花生、芝麻、葫芦、菱角和豆类等农作物种植。中国新石器时代的农业遗址更是星罗棋布，不胜枚举，分布在从岭南到漠北、从东海之滨到青藏高原的辽阔大地上，尤其以黄河流域和长江流域最为密集。

中国农业产生之初是以种植业为中心的，主要方式是对野生植物进行栽培。人们在长期的采集生活中，对各种野生植物的利用价值和栽培方法做过广泛试验，逐渐选育出了适合人类需要的栽培植物。中国农业早期的耕作方法是刀耕，后来进入以"锄耕"或"耜耕"为主的"熟荒耕作制"。

为确立农业经济，需要相应的农业工具。原始农业的工具有石铲、石铲、石耜和骨耜等翻土工具，石锄、蚌锄和有两翼的石耘田器等中耕锄草工具，还有骨镰、石镰、蚌镰、穿孔半月形石刀等收割工具，以及石磨棒之类的谷物脱壳工具。

中国早期农业生产的出现，使人们找到了稳定可靠的衣食之源。人类几千年以农业为传统经济的时代序幕就此拉开。

九、原始武器巧加工，文明之火钻木取

1. 石器的利用

当人们在山林中受到野兽袭击时，情急之下会本能地捡起木棍抢劈，或拾起石块抛掷砍砸。我们可以在许多战争故事片中，看到弹尽之后用石块当武器的镜头。而在果树下，人们还可以经常看到小孩们手持木棍、竹竿敲打果子，投掷石块击打果子的情景。人类的这种本领可以说是最原始的本能的体现。

当人类在地球上刚出现的时候，就是使用这样的工具在大自然中求生存的。渐渐地他们学会了对木棒和石块进行加工，出现了人造的工具——木器和石器。随着时间的推移，木器、石器的种类逐渐增多，加工工艺也逐渐精细，还发明了把石器捆绑在木棍上的复合工具。同时，人们也对兽骨和贝壳进行加工，制成工具。人类就是在加工和制造工具这一活动中，逐步地脱离了动物界，并不断进化的。

由于木器无法长期保存，传诸后世，故遗留到现在的只有石器、骨器、贝壳器等。当我们走进历史博物馆参观时，最先看到的往往就是这些人类早期所使用的工具的遗物。

早期石器的加工非常简单、粗糙。最原始的方法，是用天然砾石进行敲击或碰击，使之破裂出现刃口，选取合用的就成石器了。每件石器通常都兼有砍、砸、劈、刮等多种用途。其后，为了得到刃部较薄较锋利的切割器，就发明了新的加工工艺，先从石块（石核）上打下所需要的石

良渚石刀与石箭头

片，再对石片的刃口进行修整。随着人类的进化，石器的加工工艺也不断进步，出现了不少新式石器，如多边砍砸器、三棱尖状器、刮削器、石球等。而且，利用石器对兽骨、贝壳进行钻孔加工的技术也已出现，制造出骨针以及钻孔的石球、砺石、兽牙、鱼骨、海蚶壳等器物。

大约在 10000 年前，石器的加工技术有了质的飞跃，进入了磨制加工的时期。其工艺过程是：选取适宜的石料，打制成石器的雏形，把刃部或整个表面放在砺石上加水或沙子磨光。经磨制的石器表面平整，刃部锋度提高，用途趋于专一。为了使用方便，还利用钻孔技术钻孔，使其能比较牢固地捆扎在木柄上，成为木石复合工具。工具的改进，促进了生产力的提高，加快了迈向文明的步伐。

2. 弓箭的发明

弓箭今天已成为人们娱乐和运动的一种器械，但是在枪炮发明之前，却是人们打猎和作战的重要远射武器。弓箭由弓、弦和箭三部分构成，人拉弓弦做的功转化成为拉开了的弓弦的势能，起着动力的作用；拉开的弓弦弹回，势能转化为动能，把箭弹出，射到一定的距离，这起的是传动的作用；箭镞则起了工具的作用，它射到猎物或敌人身上，等于人用工具打击猎物或敌人。因此，可以说弓箭已具有机器的三大要素：发动机、传动机构和工具机。在这一意义上，也可以说弓箭是人类最早发明的机器。

弓箭到底发明于何时，现已无从考证。我国考古工作者在山西朔县峙峪旧石器时代的人类生活遗址中，发现有石箭头，一端具有较锋利的尖头，另一端两侧经过加工，形成稍窄的箭座，以便与箭杆捆缚在一起。这一发现表明，至迟在28000年前我国就已经有了弓箭。

弓箭的使用，使人手的作用范围大大增加。从此，人就可以弥补奔跑不如野兽快的不足，猎取较远距离或奔跑中的猎物，甚至飞禽，也可以用来射鱼，因而促进了渔猎生产的发展。同时，弓箭也可以更有效地抵御野兽的袭击，保护自身的安全。无论从技术史的角度看，还是从社会发展史的角度看，弓箭的发明和使用，都可以称之为一次重要的革命。当然，对于弓箭本身所包含着的复杂的科学道理，当时的人们是完全不理解的。

3. 钻木取火

可能是雷电引起的山林火灾，也可能是林中厚积的枯枝烂叶自燃引发的山林大火，使人类接触到火，并逐渐认识到火的意义。火改变了人类"茹毛饮血"的习惯，变生食为熟食，并扩大了人类的食物范围；火带给人类以光亮和温暖，可在夜间照明，冬天取暖；火可有效地防止野兽侵袭，也可用来围猎；火可用来开垦荒地，扩大耕地面积，发展农业生产；火可用来烧制陶器，烘烤竹木，烧裂石块，从而制造出更多的用具和工具；……可以说人类自身体质的进化，人类文明的进步，都是离不开火的。

170万年前的云南元谋人，90万—70万年前的陕西蓝田人，可能已经用火了。在50万—40万年前的北京人居住的洞穴里，发现有几层灰烬，其中一层最厚处达六米，反映了当时已经长时间点燃过篝火，具有了保存火种和管理火的能力。

从自然界取得火种，并长时间加以保存，这是非常不易和不便的。人类的技能和智慧毕竟在进化着，他们在制造石器时，发现击砸石块会溅射火星；在磨、钻石器和木器时，更发现了摩擦生热的现象，由此终于发明了钻木取火的技术。我国古代把这一功劳归之于"燧人氏"，说他"钻燧取火，以化腥臊"（《韩非子·五蠹篇》），实际上燧人氏可能是较早发明钻

木取火的部落。除钻木取火外，先民们可能还发明有其他取火方法。如用敲击石块时溅出的火星取得火种，我国历史上长期使用的用火刀敲击火石以产生火花，点燃艾绒的取火方法，可能就是由此发展而来的。在20世纪四五十年代，我国一些兄弟民族还保持着原始的人工取火方法，如黎族的钻木取火法，佤族的摩擦生火法，傣族的压击取火法，德昂族的锯竹生火法等。

人工取火方法的发明，标志着人类第一次真正控制和利用了一种强大的自然力。它对于人类文明发展的作用是无法估量的。

十、千古奇书《山海经》，旅游地理小百科

《山海经》撰者不详。自古号称奇书，影响颇深。

《山海经》全书18篇，约31000字。中有《藏山经》5篇、《海外经》4篇、《海内经》5篇、《大荒经》4篇。该书主要记述古代地理、物产、神话、巫术、宗教等，也包括古史、医药、民俗、民族等方面的内容，保存了不少远古的神话传说，对古代历史、地理、文化、中外交通、民俗、神话等研究，均有参考价值。其中的矿物记录，为世界上最早的有关文献。

在古代文化、科技和交通不发达的情况下，《山海经》是中国记载神话最多的一部奇书，也是一部旅游、地理知识方面的百科全书。

两大部分中，《山经》5篇为一组，以四方山川为纲，记述内容包括古史、草木、鸟兽、神话、宗教等。依南、西、北、东、中的方位次序分篇，每篇又分若干节，前一节和后一节又用有关联的语句相承接，使篇节间的关系表现得非常清楚。

《海经》中的《海外经》4篇为一组，主要记载海外各国的奇异风貌；《海内经》4篇为一组，主要记载海内的神奇事物；《大荒经》4篇为一组，主要记载了与黄帝、女娲和大禹等有关的许多重要神话资料，反映了中华民族的英雄气概。《海经》以上每组的组织结构，皆自具首尾，前后贯串，有纲有目，除著录地理方位外，还记载远国异人的状貌和风格。第18篇《海

内经》是《山海经》地理状况的总结，总结中国境内地理形势分野、山系、水系、开拓区域分布；农作物生产；井的发明；乐器制作；民族迁徙；江域开发以及中国洲土安定发展形成的基本格局。

　　《山海经》传本较多，除各种单行本外，收入丛书者有《道藏》本、《四库全书》本《格致丛书》本《二十二子》本《百子全书》本《四库备要》本、《龙溪精舍丛书》本等。现存最早的注本是晋郭璞《山海经注》。清郝懿行采前人注释之长，撰《山海经笺疏》18卷，别为《订论》1卷，贡献甚大。今人袁珂《山海经校注》集诸家之长而又时有发明。

第四章 / 远古神话与传说

一、创世神话出众神，女娲造人补天窟

在南方人民的心目中，盘古是宇宙的开辟神。他生于宇宙中，经历18000年之后开天辟地，阳清为天，阴浊为地，而盘古则身化为山川日月江海草木，产生风云雷电。在北方神话中，女娲则是创造人类的女神。她用黄色泥土揉成了人类，并且在天崩地陷、洪水泛滥的时候，炼成了五色石块修补苍天，以巨鳌的足代替坍塌的天柱支撑起天。女娲还屠龙堵水，造福人类。

后来出现了女娲与伏羲是夫妇的说法。伏羲是汉民族中流传最广的神话人物，是雷神之子，其形象是蛇身人首，来往于天地之间，创造了八卦以及其他一些事物，后来成为三皇之一。相传伏羲做天下之王的时候，野兽很多，他就教人们用绳子结网，用来狩猎、捕鱼。

神话是上古人民根据自己的能力对自然的理解，具有强烈的想象性和艺术性，反映了上古人民生活水平和生活环境的特征，中国神话中的女神人物如女娲、羲和、西王母等被认为在很大程度上带有母系氏族社会的色彩。中国母系氏族社会在新石器时代中晚期发展成熟，进入全盛时代，女性在氏族生活中的核心地位使得这些女神成为人类甚至万物的创造者。

有传说称，天神女娲本为人身龙尾。她用泥土依照自己的模样捏成了许多小人，之后嘴巴对着那些小泥人吹口气，因而出现了最初的人类。女

娲希望人们可以分布在大地的任何一个地方，因而她甩动蘸上泥浆的藤条，泥点掉落在地上同样变成了人类，造人的速度也大大加快。

女娲还把人区分成男女，将他们配作一对对夫妻，用以繁衍后代。所以，在中国先民的认知中，女娲就是人类的始祖。就这样，女娲捏造的人类在大地上幸福美满地生活着。

相传水神共工和火神祝融吵架，两人大打出手，最后祝融打败了共工，共工因打输而羞愤地朝西方的不周山撞去。不周山是撑天的柱子，被共工撞折后，天出现了一个大窟窿，地也

女娲补天

陷成一道道大裂纹，山林着起了大火，洪水喷涌出来，人类面临着空前的大灾难。

女娲目睹人类遭到如此奇祸，感到无比痛苦，于是决心补天。她选用各种各样的五色石子，架起锅将它们熔化成浆，用这种石浆将残缺的天窟窿填好，随后又斩下一只大龟的四脚，当作四根柱子，把倒塌的半边天支起来。经过女娲的一番辛劳整治，人们又重新过上了安乐的生活。

但是这场特大的灾祸还是留下了一些痕迹：从此天向西北倾斜，因此太阳、月亮和众星都很自然地归向西方；又因为地向东南倾斜，所以一切江河都往那里汇流。而天上的彩虹，就是女娲的补天神石发出的彩光。

二、嫘祖教民养蚕织，御寒避暑遮身体

远古之时，未立君长，天下无所统摄，人们聚居的地方即推一人为长。蜀地有一个首领，被邻近部落掠去，过了一年，也未见放还，只有他乘坐的马还在。女儿想念父亲，竟致茶饭不思。母亲劝慰女儿无效，乃向众人

嫘 祖

发誓："有谁能把父亲找回来，就把女儿嫁给他。"下面的人虽听得明白，却无一人能把父亲找回家。那匹马听了母亲的话，惊跃而起，挣脱绳索而去。几天以后，父亲就骑着马回来了。从此马儿嘶鸣不已。父亲询问缘故，母亲将誓言相告。父亲说："向人发誓，不能向马发誓，哪有人配马的？"只是增加了马的草料，马不肯吃，每当见到女儿出入，就怒目相向，奋蹄而击。父亲大怒，将马射死，把皮剥下来挂在庭院里晾晒。女儿从旁边经过，马皮突然疾飞而起，将女儿卷走。10天以后，在大树上发现了马皮，女儿已变成了蚕，吃树叶，吐丝成茧，因而把这棵树称为桑树，桑就是丧的意思。父母非常悔恨，思念女儿不已。忽然看到蚕女骑着这匹马，踩着流云，在几十名侍卫的护从下，从天而降，对父母说："上帝因我能舍身尽孝，心不忘义，让我作了九宫仙嫔，可以永居天国，长生不老，请你们不要再想念我了。"说罢冲天而去。父母于心不忍，年年取出蚕茧，待其出蛾生子，而收养之。有人将此事上报朝廷。西陵氏听说后把蚕茧取来亲自养育。有一天，偶然将数枚蚕茧放在热水中抽丝，其丝拉之牢不可断。用丝织成绢，比苎麻织成的布柔软娇嫩，披在身上可以御寒避暑。又能染成各种颜色。蚕茧又能煮成棉麻以保暖。西陵氏教民间女子，各自收养蚕茧，抽丝以织成衣服。后世奉西陵氏为先蚕。

嫘祖教民养蚕织丝的故事，是充分神话化了的。据传，有一次黄帝打了大胜仗，为了庆祝胜利，特地举行了盛大宴会。宴会上，黄帝妻子嫘祖捧出两绞蚕丝献给黄帝。那两绞蚕丝一绞黄得像金子，一绞白得像银子，黄帝十分喜爱，便让人织成绢，再制成衣服。从此，"嫘祖始蚕"。嫘祖又要养蚕丝织，又要陪黄帝出巡，十分辛苦，"帝周游行时，元妃嫘祖死于道，帝祭之以为祖神"。这当然只是一则神话传说故事，在历史上，嫘祖怕未必实有其人，它只是先民发明织造艰难历程的一个人格化缩影而已。

三、为生存山洞穴居，有巢氏构木为巢

据史书记载：上古时人类少禽兽多，人类在地面上居住，经常受到禽兽的攻击，每时每刻都生活在危险中。

由于受到恶劣环境的逼迫，部分人类开始向北迁徙。

他们来到今山西和陕西一带，学习鼠类动物的生存方法，在黄土高原的山坡上打洞，人居住在里面，洞口用石头或树枝挡住，于是安全了许多。

但是北方气候寒冷，许多人宁愿留在南方的危险环境中生存，也不肯往北迁移。

这时候有巢氏在九嶷山以南的苍梧出生了，传说他曾经游过仙山，得仙人指点而有了超人的智慧。他看到鸟类在树上筑巢，最先发明了"巢居"。他教给人们用树枝和藤条在高大的树干上建造房屋的方法，用树枝将房屋的四壁和屋顶遮挡得严严实实，既能挡住风雨，又可防止禽兽的攻击，人们从此便不用再在担惊受怕中过日子了。

人们对他非常感激，便推选他为部落酋长，尊称他为有巢氏。

有巢氏成为部落酋长后，为大家办了许多好事，很快，他的名声便传遍了中华大地。各部落的人都认为他德高望重，具备圣王的才能，于是又推选他做总首领，尊称他为"巢皇"，也就是部落联盟总部的大酋长。

传说有巢氏掌权后，将都城迁到了北方圣地石楼山。

有巢氏

石楼山位于今山西吕梁市兴县东北，当时有巢氏命人在山上挖了一个洞，供他居住在里面处理事务。所以这里被称作有巢氏的皇都。

四、原始人茹毛饮血，燧人氏钻木取火

在我国古代，有许多关于原始人群到氏族公社初期人类生活进化的传说。这种传说大多是古人根据远古时代的原始人生活情景进行的一种想象。

最早的原始人，不知道怎样利用火，不仅生吃植物果实，就是捕到的野兽，也连毛带血地吃了。后来，人们在不断的实践中发明了火。

其实自然界中，火的现象早就有了。火山爆发，会喷出火；打雷闪电的时候，树林里也会起火。起初，原始人看到火时，不会利用，反而非常害怕。后来偶尔拾到被火烧死的野兽，拿来一尝，味道挺香。渐渐地人们学会用火烧东西吃，并且想法子保存火种，使它常年不灭。

很久以后，人们把坚硬而尖锐的木头，在另一块硬木头上使劲地钻，钻出火星来；也有的把燧石敲敲打打，敲出火来。至此，人们学会了人工取火（从考古材料发现，山顶洞人已经懂得人工取火）。传说这种做法是一个名叫"燧人氏"的人发明的。

燧人氏

又过了很长时间，人们又用绳子结成网，用网去捕猎，还发明了弓箭，这比用木棒、石器打猎又有了很大进步。使用弓箭，不仅可以射杀平地上的走兽，就连天空中的飞鸟，水里的游鱼，也可以捕捉到。捕捉到的动物，如果吃不完，人们并不急于将它们杀死，而是将其养起来。这种结网、打猎、养牲口的技能，都是人们在劳动中日积月累起来的。传说中，这些事的发明人是"伏羲氏"，或者叫"庖牺氏"（庖

是厨房，牺是祭祀用毛色纯一的畜生的意思）。

经过了漫长的渔猎时期，人类的文明又有了新的进步。人们发现撒在地上的野谷子，到了第二年，会生出苗来，一到秋天，又结出了更多的谷子。于是，人们就自觉地栽种起来。传说中把这些发明种庄稼的人叫"神农氏"。

从构木为巢，钻木取火，一直到渔猎、畜牧，发展农业，充分反映了原始人生产力发展的进程。

五、人文之祖创八卦，仓颉造字惠万代

1. 伏羲创八卦

伏羲，又称宓羲、庖牺、包牺、伏戏，也称牺皇、皇羲、太昊、太皞，《史记》中称伏牺。

伏羲氏是中国文献记载中最早的一位智者。他观察力很敏锐，又拥有超人的智能。伏羲氏用一种数学符号将他观察的所得描述了下来，这就是八卦。

那个时候，孟津的东部有一条图河，这条河与黄河相接，龙马负图就出于此河，《汉书·孔安国传》曰："龙马者，天地之精，其为形也，马身而龙鳞，故谓之龙马，龙马赤纹绿色，高八尺五寸，类骆有翼，蹈水不没，圣人在位，负图出于孟河之中焉。"伏羲氏依照此图画出了以乾、兑、离、震、巽、坎、艮、坤为内容的卦图，这就是伏羲八卦图。

伏羲氏仰观象于天，俯察法于地，对于天地万物的演化规律和人伦秩序，他用阴阳八卦来解释。伏羲氏也因此被后人称为中华民族的"人根之祖""人文之祖"。

我国古代多将圣人神化，传说伏羲能建造天梯以登天。根据《山海经·海内经》记载："南海之内，黑水、青水之间，有木，名曰建木。太皞爰过，黄帝所归。""太皞爰过"，即伏羲上下于建木之意。《淮南子·时则训》中也说："东方之极，自碣石山，过朝鲜，太皞、句芒之所司者万二千里。"高诱注："太皞、伏羲氏，东方木德之帝也；句芒，木神。"

2. 仓颉造字

仓颉造字是中国古代神话传说之一。仓颉，称苍颉，复姓侯刚，号史皇氏，轩辕黄帝史官。曾把流传于先民中的文字加以搜集、整理和使用，在汉字创造的过程中起了重要作用，他根据野兽的脚印研究出了汉字，为中华民族的繁衍和昌盛做出了不朽的功绩。但普遍认为汉字由仓颉一人创造只是传说，不过他可能是汉字的整理者，被后人尊为"造字圣人"。

传说中仓颉生有"双瞳四目"。目有重瞳者，中国史书上记载只有9个人，虞舜、仓颉、项羽、重耳、高洋、吕光、鱼俱罗、关羽、还有李煜。

仓颉造字处

相传，仓颉"始作书契，以代结绳"。在此以前，人们结绳记事，即大事打一大结，小事打一小结，相连的事打一连环结。后又发展到用刀子在木竹上刻以符号作为记事。随着历史的发展，文明渐进，事情繁杂，名物繁多，用结和刻木的方法，远不能适应需要，这就有创造文字的迫切要求。黄帝时是上古发明创造较多的时期，那时不仅发明了养蚕，还发明了舟、车、弓弩、镜了和煮饭的锅与甑等，在这些发明创造影响下，仓颉也决心创造出一种文字来。

传说仓颉从绳结记录的史书给黄帝提供错误的史实，致使黄帝在和炎帝的边境谈判中失利。事后，仓颉愧而辞官云游天下，遍访录史记事的好办法。三年后他回到故乡白水杨武村，独居深沟"观奎星圜曲之式，察鸟兽蹄爪之迹"，整理得到的各种素材，创造出了代表世间万物的各种符号，并且定下了每个符号所代表的意义。他按自己的心意用符号拼凑成几段，拿给人看，经他解说，倒也看得明白。仓颉把这种符号叫作"字"。

仓颉造字为中华民族的繁衍和昌盛做出了不朽的功绩。他也被后人尊为"造字圣人"。

六、尧帝当政访名士，许由务实拒虚名

尧帝当政时期，人才济济，但他还是怕有的人才没有被发现，于是到处查访，这其中最著名的就是他访许由的故事。

许由字巢父，为当时的名士。他不贪求名利富贵，崇尚自然无为，坚持自食其力，生活简朴，与世无争。他得知尧帝要来访他，就躲开了。恰巧碰到了啮缺，啮缺便问他为什么要离开，他说："为逃避尧。"啮缺又问："为什么要躲着他呢？"许由说："尧这个人啊，轰轰烈烈地推行他的仁义，我怕他以后会被天下人耻笑，后世会发生人吃人的事。笼络老百姓并不是很难的。爱护他们，他们就会亲近你；给他们利益，他们就会聚在你周围；做他们喜欢的事，他们就会勤奋；做他们厌恶的事，就会使他们逃散。爱护百姓，给他们利益是出于仁义，缺乏真诚实行仁义的事，大多是借仁义取利。这样，不仅不能真正实行仁义的行为，还会变得虚伪。想用一个人的决断来使天下获利，只是一种一刀切的做法。尧只知道贤人对天下有好处，而不知贤人对天下也有坏处。只有那不重用贤人的人，才能明白这一点。"

一段时间后，帝尧去拜访许由。尧对许由说："太阳出来了，火把还在燃烧，在光照宇宙的太阳光下放光，不显得多余吗？大雨过后，还去灌溉，不是徒劳吗？作为天子，我感到惭愧，已不适合再占着帝位，请允许我将天下交付于先生，以使天下太平。"许由回答说："天下在你的治理下，已经升平日久，既然你已经把天下治理好了，为什么还要让我代你去做一个现成

许由巢父故事镜

的天子，难道是我喜欢好的名声吗？名，从属于实，我对虚名从来都不感兴趣。鹪鹩即使在很大的林中筑巢，也不过占上一枝就够了；鼹鼠就算去黄河边喝水，也不过喝满肚子就足够了。你还是请回吧！天子于我没有什么用处。"许由于是来到箕山之下，颍水之阳，自己耕种，生活得自由自在。

七、大禹治水利万民，三过家门而不入

文命是大禹的名字。禹的父亲叫鲧，算起来，他还是炎帝的后代。他是我国古代最有名的治水英雄。

当尧还在世的时候，中原地带洪水泛滥，无边无际，淹没了庄稼，淹没了山陵，淹没了人们的房屋，很多人无家可归，背井离乡。水患给人民带来了无边的灾难。在此种危难时刻，尧决心要消灭水患，于是就开始访求能治理洪水的人。

一天，他把手下的大臣找到身边，对他们说："各位大臣，如今水患当头，人民受尽了苦难，必须要把这大水治住，你们看谁能来当此大任呢？"

于是群臣和各部落的首领都推举鲧。尧素来觉得鲧这个人不可信，但眼下又没有更合适的人选，于是就暂且将治水的任务委任给鲧。

鲧治水治了九年，大水还是没有消退，鲧不但毫无办法，而且消极怠工，拿国家这一艰巨的任务当儿戏。后来舜开始操理朝政，治水是他面临的首要问题，他首先革去了鲧的职务，将他流放到羽山，后来鲧就死在那里。

舜也来征求大臣们的意见，看谁能治退洪水，大臣们都推荐禹。他们说："禹虽然是鲧的儿子，但是比他的父亲德行能力都强多了，这个人为人谦逊，待人有礼，做事认认真真，生活也非常简朴。"舜并不因他是鲧的儿子而轻视他，治水的重任就交给了禹。

大禹实在是一个贤良的

大禹治水圣地涂山

人，他并不因舜处罚了他的父亲就记恨在心，而是欣然接受了这一任务。他暗暗下定决心："我的父亲因为没有治好水，而给人民带来了苦难，我一定努力再努力。"

但是他知道，这是一个多么重大的职责啊！他哪里敢懈怠分毫。考虑到这一特殊的任务，舜又派伯益和后稷两位贤臣和他一道，协助他工作。

当时，大禹刚刚结婚才四天，他的妻子涂山氏是一位贤惠的女人，同意丈夫前去，大禹洒泪和自己的恩爱妻子告别，就踏上了征程。

禹带领着伯益、后稷和一批助手，不畏道路的艰辛，他们跋山涉水，走遍了当时中原大地的山山水水、穷乡僻壤，人迹罕至的地方都留下了他们的足迹。大禹感到自己的父亲没有完成治水的大业而空留遗憾，而在他的手上这任务一定要完成。他沿途看到无数的人民都在洪水中挣扎，他一次次在那些流离失所的人民面前流下了自己的眼泪，而一提到治水的事，相识的和不相识的人都会向他献上最珍贵的东西，当然他不会收下这些东西，但是他感到人民的情意实在太浓太浓，他更加有决心和信心能够解决水患。

大禹左手拿着准绳，右手拿着规矩，走到哪里就量到哪里。他吸取了父亲采用堵截方法治水的教训，发明了一种疏导治水的新方法，其要点就是疏通水道，使得水能够顺利地东流入海。大禹每发现一个地方需治理，就到各个部落去发动群众来施工，每当水利工程开始的时候，他以身作则，带头劳动，吃在工地，睡在工地，挖山掘石，披星戴月地干。

他生活俭朴，住在很矮的茅草小屋子里，吃得比一般百姓还要差。但是在水利工程上他又是最肯花钱的，每当治理一处水患而缺少钱，他都亲自去征取。

他治水三过家门而不入。有一次他治水路过自己的家，听到小孩的哭声，那是他的妻子涂山氏刚给他生了一个儿子，他多么想回去亲眼看一看自己的妻子和孩子，但是他一想到治水任务艰巨，只得向家中那茅屋行了一个大礼，眼里噙着泪水飞奔而去了。

大禹根据山川地理情况，将中国分为九个州，就是：冀州、青州、徐

州、兖州、扬州、梁州、豫州、雍州、荆州。他的治水策略是把中原大地当作一个整体来治理，他先治理九州的土地，该疏通的疏通，该平整的平整，使得大量的地方变成肥沃的土地。

然后他治理山，经他治理的山有岐山、荆山、雷首山、太岳山、太行山、王挝山、常山、砥柱山、碣石山、太华山、大别山等，就是要疏通水道，使得水能够顺利往下流去，不至于堵塞水路。山路治理好了以后，他就开始理通水脉，长江以北的大多数河流都存留他治水走过的足迹。

他治水讲究的是智慧，如治理黄河上游的龙门山就是如此。龙门山在梁山的北面，大禹将黄河水从甘肃的积石山引出，水被疏导到梁山时，不料被龙门山挡住了，过不去。

大禹察看了地形，觉得这地方非得凿开不可，但是面对偌大一个龙门山又该怎么办呢？大禹选择了一个最省工省力的地方，只开了一个80步宽的口子，就将水引了过去。因为龙门太高了，许多逆水而上的鱼到了这里，就游不过去了。许多鱼拼命地往上跳，但是只有极少数的鱼能够跳过去，这就是我们后人所说的"鲤鱼跳龙门"，据说只要能跳过龙门，鱼马上就变成了一条龙在空中飞舞。

大禹治水一共花了13年的时间，正是在他的手下，咆哮的河水失去了往日的凶恶，驯驯服服地平缓地向东流去，昔日被水淹没的山陵露出了峥嵘，农田变成了米粮仓，人民又能筑室而居，安居乐业。

后代人们感念他的功绩，为他修庙筑殿，尊他为"禹神"，我们的整个中国也被称为"禹域"，也就是说，大禹曾经在这辽阔的土地上精心治理过。

起初，禹奉命治水时，娶妻涂山氏。完婚才四天，就外出治水，三过家门而不入。涂山氏自丈夫离去后，生子名启。当启4岁时，听说丈夫治水要路过家门，便抱着启出门等候。启见其父，呱呱而哭，禹仍前行而不回头。禹在外13年，所到之处，皆欢声载道。水患平息，百姓可耕种谷物以为食。禹便按照土地的不同情况制定贡赋，以在岷山生长的黑玉作为礼物，献给帝王，并告以治水成功。舜帝十分高兴，心中暗暗佩服禹的功劳。

后来禅位于禹，其因正在于此。

八、后羿神箭射九日，嫦娥奔月化玉兔

当时冀州有一仙狐，原系洪荒时期的妖物，神通广大。因狐狸众多，散居于宇内。伯益放火，后羿射猎，狐狸之辈，死伤过多。老狐狸为之愤愤不平，便心生一计，以为大禹能治水，未必能治火。遂以九只乌鸦精，各衔一块大琉璃，借日之光，映照于地，其光亮与太阳略同，连真正的太阳一起，俨然犹如十日并出。如此一来，遍地如着大火，禾稼干槁，草木焦枯，百姓个个惊惶，甚至还有的百姓被太阳晒死，房屋也有无故自焚自烧的。帝王对此十分忧虑，召集群臣商量灭灾的办法。后羿说："我看天上有九日，随着太阳运行，虽然光焰如火，但不甚高，日边又有飞鸟的形状。待我登高去射，看是否能够射中。"帝王说："若能射中，是百姓之福，你先去试试看吧。"羿便登上三山，见九日过来，都有一鸟衔着。后羿看得真切。一箭射去，只见坠下一只乌鸦，口衔一块琉璃，如太阳一样。后羿射中一日，精神倍增，接连射了八箭，八日皆落。后羿试着将真正的太阳射了数箭，丝毫不动。遂走马复命。帝王十分喜悦，当即封后羿于穷，这就是有穷后羿。其子孙袭爵，方有帝相时的祸乱。

后羿既屡立大功，以得封赏，喜气洋洋。朝散回家，见妻子出门迎接，手中拿着一个药丸，闪闪发光，香气喜人。后羿问："你手里拿的什么？"妻子回答道："我拿的是长生不死药丸。"后羿又问："这可是宝贝，你从哪里得到的？"妻子回答："自你奉命公干去后，仙人西王母可怜我孤身一人独宿，每天晚上都来相伴。遇月明时，则呼唤侍女搓药。我试探问

后羿射日

她搓的是什么药？西王母说："搓的是长生不死药。每一百年搓成一丸，吃了后可长生不老。'三天前，恰好搓成一丸，让我收藏，她去蓬莱探望东王公，大约半月后来取此药。我见今晚月明如昼，便拿出来欣赏。"后羿说："你为什么不把它吞服了呢？"妻子答道："西王母来讨取时，我怎么交代？虽说吞服此药可望长生，但西王母怪罪我，把我杀了，岂不是短命！"后羿说："既然是长生不死药，吞服之后就会不死，别管那么多。你若不敢吞服，我代你吞服，你觉得怎么样？"后羿见妻子沉吟不语，接着说："我过去跟随大禹治水，曾去过西王母家，王母答应给我丹药，可能就是这丸长生不死药。我应该吞服。"妻子见其夫想吞服此药，而且态度坚决，便暗自思忖："我若自己吞服，有此灵药，也可能不会死；若让丈夫强服，王母向我索取，我是凡人之身，必死无疑！"主意打定，便自己吞服。顿时，身轻如云，习习欲飞，遂慢慢地奔入月宫之内。后羿见此情状，急忙抓住妻子的衣裳，随着妻子飞去。妻子为嫦娥，后羿为蟾蜍。这时正是帝尧八十年甲辰八月十五日夜。那时，明辅佐大禹在东方治水有功，封于卯地，曾与嫦娥相好。明的八世孙需，在段时居住在中山，得神仙之术，能进入月宫约会嫦娥。蟾蜍将此事告到天帝那里，天帝急命擒捕，遂变为兔。

第二编

大夏风云，家国天下

夏朝（约公元前 2070—公元前 1600 年）是中国史书中记载的第一个世袭制朝代。夏朝共传 14 代，17 后（夏朝统治者在位时称"后"，去世后称"帝"），延续约 471 年，后为商朝所灭。后人常以"华夏"自称，使之成为中国的代名词。

历史的误会：大禹并没有顺理成章地废除禅让制。

时代的里程碑：夏启确立家天下，世袭制取代禅让制。

文明的发展：国家政权取代原始部落，奴隶制度确立。

夏朝脱胎于旧的原始军事民主制，雏形的国家政体难免带来社会的动荡，权力的争夺从此开始。

第一章 权力私有，世袭制取代禅让制

一、古代中国第一朝，王权变革十七后

根据文献记载和古代传说，随着中国原始氏族社会组织的逐渐解体，聚居在中原地区黄河中下游两岸的夏部族，通过与周围地区其他部族联盟的形式，首先建立了中国历史上第一代王朝，史称夏。

夏王朝的奠基人是治水英雄大禹。尧、舜时期，黄河中下游洪水泛滥成灾。尧曾经任命禹的父亲鲧治水，没有成功。舜继尧以后，又任命禹治水。禹率领中原各部落人民辛勤劳动 13 年，终于疏通了河道，排除了水患，安定了民生。禹又曾奉舜的命令，率领华夏族各部落打败了三苗族各部落，把他们驱往边远地区，从而稳固了华夏族各部落在中原的地位。舜死以后，禹受禅继位，曾会诸侯（原先的各部落首领）于涂山，据说与会者有"万国"。又会诸侯于会稽，并处死了迟到的诸侯。禹命令各地诸侯进贡方物和铜，由铜铸成九鼎。鼎上刻着各州应贡的产物，这些都表示夏王是位在诸侯之上的"天子"。禹死后，其子启夺得王位，"世袭制"代替了禅让制，约在公元前 21 世纪，建立夏朝。中国开始进入阶级社会。

夏代三足盘

夏启夺得王位以后，以为自己的政治统治已经牢固，因此，整日沉醉于骄奢淫逸、田猎无度的生活中。在启死了以后，他的儿子太康即位。太康比启更为荒淫无道，整日游玩田猎，时间一长，又嫌在都城附近打猎游玩已不能尽兴，于是"畋于有洛之表，十旬弗反"（《尚书·五子之歌》）。也就是打猎的地方已跨过洛水以南，而且越玩越远，一直去了100天都没有返回都城。

本来在太康即位以后，整天只知"盘游"又"不恤民事"，人民就有怨恨之言，诸侯、方国也开始产生离心。当他这次跨过洛水去打猎，而且长时间不返国都，就给地处黄河以北有穷国的方伯后羿造成了进攻的机会。有穷氏部落首领后羿趁此良机把自己的部落从有穷迁到穷石（今河南境内洛阳附近），利用夏民对太康的不满，夺取了太康的政权。太康在洛水南边打猎尽兴归来时，已不能还朝，只得率领打猎的少数兵员，暂住洛水南岸，大约10年后在夏阳死去，史称"太康失政"。

太康死后，仲康继位，政权掌握在后羿的手中，仲康当了一个时期傀儡。仲康死，后羿赶跑了仲康之子相，自己正式当了国王。这就是"后羿代夏"。

相被赶跑后，逃到同姓斟灌氏那里，依靠斟灌氏和斟寻氏的力量，在那里避居起来。

后羿担任国王后，统治并不稳固，内部矛盾重重。

后羿死后，寒浞取而代之，担任了国王。寒浞有二子，长子名浇，次子名豷。这时，相还避居在外，这对寒浞政权是很大威胁。为免除后患，寒浞派其子浇灭掉了斟灌氏和斟寻氏，杀死了相。相妻后缗为有仍氏之女，这时已怀孕，在紧急中从小洞逃跑。

后缗逃至其母家有仍氏处，生子少康，少康长成后，任有仍氏牧正。

这时寒浞的政权为浇所掌握。浇又欲杀少康，少康逃奔有虞氏，任有虞氏庖正，并娶有虞氏女为妻。少康在这里积极积蓄力量，做复国的准备。

夏的遗臣靡，在后羿死后逃奔有鬲氏。少康和靡以及有鬲氏联合起来，并聚集了夏的势力，经过长期准备，最后消灭了浇和豷，恢复了夏王朝的统治。少康继任夏的国王。太康失去帝位，经过几十年，又被少康恢复，

被称为"少康中兴"。

经过这场动荡之后，夏王朝又重新建立起来了。自此，夏朝的统治得到了巩固。

夏王少康从小就经历过一段流离的生活，接触过平民和奴隶，深知要保住祖业就必须得到人民的拥护，因此少康即位后，由于关心生产，治理水患，使社会生产有了较快的发展，王朝的统治也得到巩固，但东夷诸部落、方国时服时叛，少康欲对东夷征伐，未及而死。

少康死，其子杼继位为夏王，杼为了扩大夏王朝的统治范围，即位不久就将王都由斟（即太康所居之地今河南巩义市）迁到黄河北岸的原（今河南济源市西北）。当其完成征伐东夷的准备以后，为了战争的需要，又迁都于老丘（今河南开封市祥符区陈留镇北），然后出兵征伐东夷。

杼率兵征伐东夷的过程中，得到沿途各地诸侯、方国的支持，所以较顺利地征服了分布在今河南东部、山东和江苏北部一带的夷人部落，而且一直打到大海之滨。这样，夏政权的统治继续稳固下来。经过杼征东夷的胜利，夏王朝的威望在各地诸侯、方国中大大增高，此后，夏王朝政权经历了长期的发展。到了后期，自孔甲开始，由于统治阶级日趋淫乱腐化，使夏王朝逐渐走向衰落。孔甲喜好鬼神，淫乱无度，原来臣服于夏后氏的部落便开始脱离夏的统治。

孔甲传四世是履癸，履癸即夏代最后一个国王夏桀。桀是中国历史上著名的暴君之一。在桀即位以后，夏王朝的统治已经摇摇欲坠，王畿以内的民众怨声载道，那些原来与夏后氏结盟的部落也纷纷叛离。面对这样的情形，夏桀不但不修明政治，施恩于民众，相反，却赋敛无度，竭尽民力物力，修筑宫室台榭，劳民伤财。现存的汉代武梁祠石刻就有夏桀把人当坐骑的浮雕，象征了夏桀对人民暴虐的事实。不仅如此，夏桀还频繁地对周边部落用兵。桀兴兵讨伐有施氏，获得了有施氏的女子妹喜，桀对妹喜极其宠爱，生活也愈益荒淫无道。桀为了加强对各部落的控制，召集各部落首领在仍会盟。居住在山东一带的有那氏公然反叛，于是桀又发动了讨伐有那氏的战争，这一举动更加剧了各部落的不满和反抗。夏桀的残暴统治，也使王畿以内的民众更加离心离德。人民咒骂桀说："时日曷丧？予及汝偕亡。"夏桀的统治再也无法维持下去了。

就在这个时期，临近夏王朝东部边界的商族，已经兴盛起来。商族是个古老的民族，经过长期的发展，这时候，在商汤的领导下，逐渐强盛起来，积极做灭夏的准备。

商的兴起对周围各小国的影响很大，一些不满夏王朝统治的部落和方国，都聚集在商的周围，商族成为东方反对夏政权的一面旗帜。甚至夏政权内部的一些臣僚，由于对夏桀不满，也纷纷投奔商汤。

夏桀的忠臣关龙逢因进谏被杀，此事在统治阶级内部引起很大不满，以致"众庶泯泯，皆有远志，莫敢直言"。

助汤灭夏的伊尹，原来也是夏桀的臣属。这时，他也弃夏奔商，后来成为商汤的重要辅臣。

二、各持己见众说异，夏族起源千古谜

我国历史上最早相继的三个王朝——夏、商、周，目前关于这三个朝代的存在，被史学界和考古学界所公认。而三代之首的夏代，人们只能从保存在先秦典籍中极少的、零散的甚至相互矛盾的关于夏代历史的记载中对夏代有一个大体的认识。夏代，对人们来说始终是一个解不开的谜。关于先夏族的起源，就是一个千年的历史疑案。春秋战国时的人在回顾历史的时候，对夏族就觉得茫然。自汉代以来，今古文学派之争大盛，各家从自己的学术立场出发，各抒己见，形成了诸多不同的说法，一直影响到今天。关于先夏族的起源众说纷纭，主要有以下三种说法：

1. 中原说

有学者认为先夏族居住在以河南嵩山为中心的黄河中游地区，主要是伊洛汝颍流域。《国语·周语上》曰："昔夏之兴，融降于崇。"史书常把夏的始祖称为"崇伯鲧""崇禹"，在古代崇、嵩通假，崇即嵩。又因为夏人"禘黄帝而祖颛顼，郊鲧而宗禹"，就是说夏人与黄帝、颛顼有着直接的血缘关系。据《帝王世纪》和《吕氏春秋》载黄帝世居"河南新郑"，颛顼

生在汝水，所以先夏族亦不出这个范围。也有人提出禹因封在夏地而称夏国。至于夏地的地望虽有不同说法，如有人认为夏是指"夏水"，有人认为是指山西的夏墟，也有人考证是古代的雅山、阳翟，但这些地方都在今河南的嵩山附近。另有人提出了"发展"的中原说，他们认为夏后氏这一部落联盟的活动区域首先在较西的陕、晋一带，逐渐向东发展最后到达河南。在洛阳西南的甘泽与有扈氏部落发生战争，得胜以后便在今郑州西南登封市定居下来，都阳城。

2. 西羌说

持西羌说的本身也有两种意见：一种认为先夏族与西羌有着密切的关系。相传禹出生于西羌的茂州汶川县石纽乡。《史记·六国年表》说"禹兴于西羌"。《集解》和《正义》都说"伯禹夏后氏，姒姓，生于石纽，长于西羌，西羌夷人也"。另一种意见则以为夏族本身就是羌人的一支。鲧与西方羌人集团有莘氏妇女修己（又名女志）结婚，生禹于羌地，文献中常见"戎禹""戎夏"并称。有人考证夏人与羌人都奉"白石"作为本族的崇拜对象。从周族与夏族的关系来看，周族祖先弃为西羌人姜嫄所生，故周人常称"我有夏"。据近人考究，周与夏可能是西羌族下的两派分支。

3. 东夷说

东夷说源于《山海经》《竹书纪年》等上古文献的记载，据说夏后氏与东方夷人部族关系密切，提出了夏为东夷说。据史载，鲧、禹曾"教乎九夷"，鲧因治水无功而被流放到东方的羽山，"以变东夷"。在先夏历史上一些重大事件都发生在东部地区。如大禹治水在今山东境内，禹在会稽山即今浙江省境内会诸侯，"执玉者万国"，而且与夏族有交往的部落涂山氏、有扈氏、有羿等都属于东夷族，所以夏应起源于东方。至于夏人为西羌说，依据的材料都是晚出的，不可靠。

三、夏启立国家天下，长子继承开先河

帝舜的年纪很大了以后，就把国事交给大禹掌握，而且大禹也确实把国事牢牢地掌握住了，舜就带着自己的妻子到别处去"巡狩"。这大约是

原始社会时的规矩，老的领导人让贤之后，自己就离开都城，让民众把心转移到新领导身上。据说舜巡游到鸣条（今河南封丘东）的时候，就病死在那里。人民怀念着为大家辛劳一世的帝舜，编出了很多美丽的神话来纪念他。

帝舜去世之后，大禹正式即位，他把都城建在阳城（今河南登封县东南），也许这时就开始有了"夏"这个称号。

据说夏禹刚即位不久，到民间去巡视农业生产的时候，忽然看见一个人被几个农民扭着，吵吵嚷嚷地要去见官。禹上前一问，才知道原来这人偷割了别家的稻谷。禹忙叫众人停步，自己要亲自审问这件事。那个小偷满心羞愧，一边说一边哭起来。不想大禹不但没有发怒，反而也随着掉下了眼泪。他感慨地说："以前尧、舜为帝的时候，人们都不自私自利。现在人们却开始干起损人利己的事来，这都是我治理不好的结果呀！"

大禹哪里知道，由于财产私有制的出现，人们的自私自利之心就必然会滋长起来。对外族的掠夺最后总要发展为本族内部的自相掠夺。大禹再伟大，他也挡不住这个历史潮流呀！

禹一向是以俭朴出名的，现在当了帝王，自然要讲究些服饰排场，吃的喝的也不能像过去那么马虎了。这时有个叫仪狄的臣子，很会造酒，比别人造的淡酒要醇美得多。过去他只是自己喝一喝，现在看禹王爷也不喜欢清淡的吃食了，就特意酿了一瓦罐好酒贡献给禹，这自然难免有些讨好的意思。大禹一喝，果然觉得醇香无比，就一杯接一杯，越喝越爱喝，不知不觉就把一罐子酒喝光了。这时他觉得脑袋晕乎乎，身上软绵绵，一会儿就进了梦乡。

仪狄见自己的孝敬没有落空，满心高兴地回到家，等着明天的夸奖和赏赐。谁知第二天一大早，大禹就派人把仪狄传进宫里，铁青着脸，劈头就是一句："以后你不许再造这东西了！"仪狄吃了一惊，不知是怎么回事，大禹又道："这酒越好喝，越招引人多喝，喝了之后就让人昏天黑地的百事不知了。要是喝上了瘾，还不把正经事都耽误了！这种害人的东西我要是不赶快禁止，早晚会有人要因此亡国的！"

大禹果然不愧为大禹，他始终没有忘记自己治国的责任，不肯让过分的享乐影响自己的政事。据说，从此大禹就疏远了仪狄。

大禹即位不久，就召集各部落首领到涂山（在今安徽省怀远县）举行大会。这一来可以显示自己做天子的威风，确立凌驾于各部落首领之上的权力；二来也是对南方尚未臣服部落的一种示威，所以大禹这次更是格外讲究排场。他穿上丝织的袍子，袍子上画着日月星辰、江海山岳和鸟兽百虫，头上戴了垂着珍珠美玉的冠冕，再加上满面威严，真有些像天帝降临到人间。各国的国君要进入会场了，这时钟鼓齐鸣，丝竹盈耳，乐队奏起了大夏乐。大禹的臣子和卫队都肃穆庄严地侍立两旁，各色旗帜哗啦啦随风飘舞。各部落的首领哪里见过这种场面？心里早矮了半截。会场是就着山坡开辟的，大禹自然坐在最高处，各部落首领毕恭毕敬地朝见完毕，才在两旁入座。

大禹早在治水的时候就踏遍了天下，很熟悉四方的山川土地、物产人情，就把天下划分成九个州，叫作冀州、兖州、青州、徐州、扬州、荆州、豫州、梁州和雍州。这时禹便根据各州的不同情况，规定了各州每年应上贡的土产和应交纳的田赋。田赋按多少分成九等，土产则因地制宜，有的贡漆、丝，有的贡皮革，有的贡海货，有的贡金银，这些东西都要按时送到夏都，当然归大禹来支配使用。这种事情在以前可从来没有过。

这时，人们掌握了初步的冶铜技术。九州各部都带来这种宝贵金属，把它当礼品贡献给大禹。大禹气派真大，也真有心路，就用这些铜铸造了九只大鼎，每只鼎都铸上各州的珍禽异兽、山神水怪。他把这九只大鼎当成镇国之宝摆在朝廷上，象征着他是天下九州的主人。

随着生产力的发展和这种发展的不平衡，各部落首领间的平等关系这时已经被破坏，各部落内部首领与百姓就更谈不上平等了。部落首领成了真正的一国之主，社会的发展，也使大禹成了万王之王。经过漫长的历程，原始社会终于逐步演变成阶级社会了。

又过了几年，禹为了进一步巩固对万国的控制，又在苗山（今浙江省绍兴）召集大会。这一次大会的肃穆庄严、华贵铺张自然要胜过涂山大会。

天下万国的君主们都带着随从，盛载着宝货贡品，一队队如期赶到。大禹高踞首座，俯视着服饰各异的万方诸侯，以及陈列在座前的八方贡献的珍宝，更觉得需要摆出天帝般的威风来。

这时又偏巧有一个让他大显威风的机会。原来就在苗山不远的地方有一个部落，叫"防风氏"。这里离中原较远，只是近几年才被拉进华夏联盟中的，所以对大禹有些离心离德。特别是防风氏一向自由自在惯了，现在硬让他顺从一个大禹王，心里着实窝火，偏偏不肯按时赴会。大禹见防风氏来迟了，还大模大样地满不在乎，心里顿时腾起怒火，心想：我要是不使出点儿威风来，不光东南方新归顺的诸侯要背叛我，就是中原的诸侯也要有二心的。于是大禹就下令把防风氏拿下，以延误会期、蔑视天子的罪名，当众处死。各国诸侯见天子如此厉害，个个都心惊胆战，觉得天子的尊严是万万冒犯不得的。当然，他们回国之后也要学学大禹的样儿，对自己的臣民们也要显出些威严来。

大禹命令自己的臣子把各国贡献的珍宝、土产和交纳的租赋都注册登记，总计核验。这可是一项史无前例的创举。因为当时的部落太多了，号称"万国"，每国该贡纳什么，贡献多少，都要进行核实，所以这项工作也真麻烦，搞了好些日子。大禹为了纪念这个伟大的创举，就把苗山改名为"会稽"，会稽就是会集统计的意思。从此，一盘散沙似的天下万国，开始逐步从政治上和经济上走向统一了。

苗山大会之后，万国诸侯陆续回国了，年纪已经很大的禹劳累多少天了，对南方的气候也有些不适应，便生了病，而且越来越沉重。没过多久，中华民族的一个伟大祖先，就在他的事业发展到顶峰的时候，永远闭上了双眼。

大禹也曾遵照尧、舜时的传统，安排过皋陶做自己的继承人。但不久，皋陶就去世了。后来，大禹又选定伯益来接班。早在治理洪水的时候，伯益就是大禹的主要助手。他熟知山林中各种鸟兽的习性，哪一种对人有益，哪一种有害，他都一清二楚。据说，那部记载着天下四方珍禽怪兽的《山海经》，就是伯益帮助大禹编成的。伯益的这些丰富的动物知识，对生活

夏 启

在山林、奋斗在洪水中的人民太有用了。他还教会大家用焚烧丛林的办法驱赶猛兽，挖地掘井以取得甜水。大家都把伯益看成是仅次于大禹的治水英雄。所以，伯益做王位继承人是当之无愧的。

可是随着私有制的产生，人们早把王位和官职也当成可以私有的东西了。帝舜选用的大臣几乎全是夷人部落的首领，只是为了治平洪水，才起用有治水经验的戎人禹和羌人四岳。不料想，大禹却以惊天动地的伟大功绩，振兴了戎人在华夏各族中的威望和势力，而且自己还当了华夏的领袖。现在社会进步了，人们的私心自然更重了。那时华夏内部各种族之间的隔膜还没有完全消除。伯益是夷人，羌人和戎人就担心伯益继位后对自己不利。而大禹，虽然他同意伯益做继承人，但暗地里却培植儿子启的势力，把和启关系密切的人都安插到重要职位上。

如今大禹死在会稽，伯益见启势力大，就带领拥护自己的一些部落把都城迁到了箕山南麓（在今河南登封）。启当然不甘心让伯益为王，就索性会聚起拥护自己的部落，出兵攻打伯益。伯益猝不及防，被启轻而易举地击败，自己也死在乱军之中了。

启做了国王，选举制为世袭制所代替，中国历史上开始了"家天下"的局面，国家、政权、土地、人民，现在都成了一家一姓的私有物。后人把这一历史事变看作中国从原始社会转变成阶级社会的标记。

四、夏启出兵灭有扈，钧台璃台会诸侯

对这样一场大变化，当然有不少部落不服气，但他们眼看着夏后（后

就是王的意思）启的势力那么大，连声望赫赫的伯益都惹他不起，所以也只好都把气憋在肚子里。而这时偏偏有一个部落不肯忍气吞声，而要和这个变更老传统的启斗一斗，它就是夏后氏的同姓——有扈氏（在今陕西鄠邑区一带）。

这个有扈氏，在启聚兵攻打伯益时拒不派兵，在启登上王位时拒不朝贺，这可是大大伤害了夏后启的尊严。夏后启便把各部落组成六军，亲自统率着前来讨伐。大军会聚在甘之野（在今陕西鄠邑区附近，也有人研究说在河南境内），启举行了誓师大会，声色俱厉地发表演说道：

"我要向大家声明：这个有扈氏不敬天地，不遵王命，是天帝命令我来剿灭他的！我现在替天行道，你们都要服从我的命令，奋力出击，不许懈怠。谁服从我的命令，我要重重地奖赏他，谁要是违抗我的命令，我就要处死统帅，把他的部落都变成奴隶！"（《尚书·甘誓》）

六军听了这番"义正词严"的训诫，谁还敢违抗命令？结果在甘地一战，把有扈氏打得大败。有扈氏被灭了国，全部人民都被当作战利品分给了功臣。这个氏族本来很善于畜牧，从此他们就变成了替人放牛牧马的奴隶。

灭掉了有扈氏，夏后启果然收到杀一儆百的效用，从此再也没有人敢给他惹麻烦了。夏后启见自己的王位稳固了，就学着父亲的样子，在钧台大会诸侯。这时夏朝的都城早已从阳城迁到了阳翟（在今河南禹州市），这钧台就是夏后启在都城郊外建造的一个高台。过去，大禹亲自到涂山、苗山与诸侯相会，还多少保留了过去的这种诸侯集会的形式上的平等，可是，这次钧台大会就成了诸侯千里迢迢跑来朝见国王了。

这次大会的排场自然

禹州古钧台

远远超过了苗山大会。启一出生就是大少爷，不光讲究吃喝穿戴，还特别喜欢音乐舞蹈；他在这方面的鉴赏才能，是他辛劳一世的父亲远远比不上的。夏后启坐在高高的钧台正中的尊位上，各国诸侯按照国的大小分成级别列坐两旁，珍贵的铜鼎里盛着整个烹煮的猪羊，黑亮黑亮的漆木脰（一种高脚的盘子）中盛着各种美味佳肴，香喷喷的热雾蒸腾而上，盘旋在钧台上空，弥散到钧台四周，惹得老远的人都流口水。诸侯们都穿上最好的衣服，举起美玉琢的、牛角雕的、青铜铸的各种酒樽向夏后启祝寿。夏后启就命令乐队奏起新编的曲子，让舞女们跳起新排练的舞蹈，一时间香风弥漫，彩袖翻飞，笙歌回绕，把万国来宾看得目瞪口呆，头脑也不禁晕乎乎的了。

大宴之后，夏后启又乘上华丽的钧车，驾着黑鬣的白马，让大旗开路，甲士护从，带着万国诸侯，浩浩荡荡进了都城，让他们瞻仰了一下夏启的巍峨宫殿。

后来，夏后启又在璃台举行了一次规模更大、场面更豪奢的朝见大会。这两次大会倒是让各国诸侯大开了眼界，使他们学习了一些华夏中心的文化，可是也让他们学会了夏启的豪华奢侈的享乐作风。很多诸侯为夏启的豪华奢侈气派所震惊，佩服得五体投地，但也有一些诸侯对夏后启的地位艳羡不止，产生了"取而代之"的野心。

华夏是由很多种族部落组成的部落联盟，为了巩固这个联盟，使各部族的关系融洽起来，帝舜和大禹都经常到各地视察，看看当地的风俗，听听百姓的呼声，问问有什么困难或纠纷需要解决。这种巡游视察就叫"巡狩"。夏后启是个精力充沛、一天也不肯闲着的人。两次万国大会开过之后，他觉得有些冷清清的，再召集一次大会吧，趣味也不会太新鲜。于是他便想起帝王的巡狩来：旌旗蔽日，金鼓喧阗，在千百名武士前呼后拥地卫护下巡游天下，所到之处，诸侯们毕恭毕敬地顶礼膜拜，献上珍宝和美女，这该是多么气派呀！

夏后启想起什么就干什么，不久，就带着一大队人马出发了。这一大队人马简直是个活动的王宫：军队卫士、乐工舞女、厨师巧匠、巫卜医祝，浩浩荡荡，总有几千人；马驮，车载，凡是享乐时离不开的东西全都装上了。夏后启舒舒服服地坐在华贵的车子上，乐队不停地奏着美妙的曲子，他自在地观赏着大自然的风光，那份儿惬意劲儿可比关在王宫里强多了。遇上丰林茂草的所在，他的猎兴大发，就叫武士们拉起猎围，恣意地猎取起飞禽走兽。看到哪里的景色迷人，他就扎下帐篷，就地摆起宴席。反正车上载着喝不完的美酒，厨师又总是能奉上可口的佳肴，音乐舞蹈又那么赏心悦目，他常常喝得醉醺醺的才肯罢休。每到一个国家，那里的诸侯自然早提前备好丰盛的礼品，远远地前来迎接大驾。那时夏后启就让卫队摆开威严的阵势，旗甲鲜明，戈矛森列，他自己做出天帝下凡的样子，以显示一下最高统治者的威风。

夏后启巡狩了一天，觉得果然好玩，便接连不断地巡狩起来。这可苦了沿途部落的百姓。那些部落的诸侯们为了接驾，总要对老百姓搜刮一下，牲畜粮食，金银珠宝，都要拿出来供这位天子享用。百姓们的怨气越来越大，对夏后启的统治已经很不满了。可是夏后启才顾不上这些呢，他父亲给天下建立了那么大的功业，谁能不感恩戴德？他自己有天下无敌的强大军队，谁敢不俯首听命？

夏后启平定了有扈氏，觉得自己的"家天下"是稳如磐石了，便更加肆无忌惮地淫乐不休。

五、浪荡公子失国位，后羿夺位逐太康

夏后启做了几十年天子，把夏王朝搞得危机四伏，自己就归天了。王位的继承权是应属于启的长子太康的，但是太康的几个弟弟早就各自拉拢党羽，盘算着要夺取王位了。这时启刚刚咽气，几位王子就撕破了脸皮，混战起来。夏人各部落分成了几派，每派都想把自己拥护的王子扶上王位，而把其他部落的人变成奴隶。夏后启的嫡系部落分裂了，夏王朝赖以存在的武装力量大大削弱了。最后太康把都城迁到支持他的斟寻氏那里（在今河南嵩山西北的巩义市一带）。斟寻氏是夏人12氏族之一，力量比较强大，太康总算勉强维持住了天子的位子。可是那几位王子也都各自占据了一块

周口太康县太康陵

地盘。

这个太康是个最没出息的浪荡公子。他从未见过祖父大禹创业的艰辛劳苦，只见过父亲启的奢靡无度；而他又没有启的政治才能和手腕，只长了吃喝玩乐的本领。太康每日不是饮宴，就是打猎，国家的事根本就不往心里想。没有多久，国政就乱得一团糟，弄得原来拥护他的部落也有了怨气。

东方的夷人部落自从禹继承了帝舜的王位之后，在华夏联盟中的势力就渐渐削弱，等到启杀死了伯益，就使他们振兴的最后一线希望破灭了。夏后启所用的大臣都是自己的亲信，夷人自然更加不满，便时刻留意着夺取王位的机会。这时夷人的一个强悍部落"有穷氏"的国君，是个勇猛善战的神箭手。他的祖先就是传说在帝尧时射掉天上九日、为民除害的英雄羿。射掉九日当然是神话，所谓"十日并出"很可能是有 10 个部落的首领同时称王，而英雄羿就靠他的勇猛征服了这些部落。由于羿有了这样大的功劳，帝喾就赐给他彤弓素矢（红色的弓和系有白丝线的箭），封于穷，允许他征伐有罪的部落，所以这个有穷氏部落在华夏中很有些影响。现在有穷氏的这个国君，由于也像他的祖先那样射技高超；别人赞美他是神羿再世，所以也叫他"后羿"（后也是工的意思）。后羿参加过夏后启举行的钧台、璃台两次大会，对夏王的富贵权势早就垂涎三尺，打着"取而代之"的主意了。起先，后羿还只是在夷人部落中扩大势力，树立党羽，如今发现夏人各部已经与太康离心离德，就决定西进夺取王位。

可笑的是，昏庸的太康游兴正浓，对正在迫近的危险竟然毫无知觉。以前他打猎还只是在洛水这面的原野上，这回他觉得有些不过瘾了，索性拉着队伍渡过了洛水。洛水那边的野兽倒是真多，风景也真优美，太康越玩越高兴，一路走去，早忘记回都城的事了。

太康这一去就是一百来天，后羿看准了这个大好时机，便迅速聚集训练有素的军队，日夜兼程向西方挺进。后羿首先袭取斟寻，占据了太康的老窝，然后派兵守住洛水河岸。太康在围猎场上看着堆积如山的猎物，正得意非凡，忽然接到都城失陷的报告，这才慌了神儿，立刻气急败坏地往回赶。可是等他赶回洛水，才发现对岸早已布满了后羿的军队。太康明白，靠手下这些人马是无法和后羿较量的，没别的办法，只好派使者向后羿说好话，请他让条路自己好回都城。后羿对天子可不客气，他说："太康一向不理朝政，何必回都城呢？他既然喜好游猎，不如就在河那边住着吧！"

太康听了这个答复，气得半天说不出一句话，过了半晌，才想起到各部落请求援兵。夏人各部本已经四分五裂，太康的几个兄弟对他这个下场正求之不得，这时又都畏惧后羿的强大势力，谁肯出头找死？结果太康盼了好久，一支援军也没有赶到。这一下他可成了有国难归的丧家犬，只好在洛水一带过起流亡生活了。说起来也怪，过去太康一天也不愿意在都城中住，恨不得成年累月地四处游逛。现在他倒是用不着回都城了，可是游猎的兴致再也提不起来了。他整天愁眉不展，唉声叹气，过了几年，就在忧郁中死在了异乡。

后羿既然占据了夏的国都，也就不客气地以天子自居，把朝政全揽到自己的手中。

太康死了，他的弟弟仲康就继承了王位。其实这个王位，不过是他自己定下的一个虚名。国都还在后羿手里，后羿正以天子的身份号令天下。仲康虽然挂起了"王"的牌号，也不敢回都城去自投虎口。他和他哥哥一样，只能在洛水一带流浪着。

六、后羿当国无从治，仲康复国空成恨

后羿掌握了国政，却不想把国家治理得好一些。他想：我占的是夏人

的地盘，就应该毫不怜悯地征调贡赋，让夏人奉养我的军队！只要我的军队强大无敌，就不怕各部落反叛！于是，后羿渐渐地也把朝政抛到一边，整日热心于打猎和饮宴了。

后羿用自己的暴政代替了太康的暴政，而且还加剧了夏人部落和一些夷人部落之间的矛盾，真叫夏人大失所望。仲康在洛水一带了解到这些情况，心中暗暗高兴，就想利用这种矛盾给自己捞些便宜。夷人中有一个羲和氏，它的祖先就是帝尧时期掌管天文历法的羲和，由于这个部落精通历法，从此世代以此为职。羲和氏就凭着这方面的知识，在华夏联盟中有些地位，所以后羿就把它当成自己的重要党羽。但这个羲和氏可不像他们的祖先那样忠于职守。后羿取得大权之后，羲和氏自然占了不少便宜，从此就骄妄起来。他看夏人酿的酒不错，就每日喝得酩酊大醉，天象也顾不得认真观察，历法搞得一团糟。那个时代历法一编错，对农业的影响就太大了，很多部落为此耽搁了农时，减少了收成，结果对羲和氏恨得要命，都要求后羿严惩羲和氏的失职之罪。

后羿只顾着自己饮酒作乐，哪里管人民的疾苦？再加上羲和氏是自己的亲信，就更不肯治他的罪。这样一来，后羿也越发失了人心。仲康看准这是个收拢人心、重振家业的机会，就派遣胤国的国君起兵讨伐羲和氏。仲康为此还以天子的名义向各部落发出通告，历数了羲和氏酗酒失职、搅乱天时的罪状，表示要重整纲纪、严惩不贷。胤侯率领军队很快地讨灭了羲和氏。后羿知道羲和氏罪有应得，也无话可说，白白地让仲康捡了一个树立威信的便宜。

可是后羿也不肯咽下这口窝囊气：既然仲康想剪除我的羽翼，我

仲　康

也要砍掉你的爪子！他决心找个机会出出这口闷气，而当时很多贵族都开始腐化，这种机会是不难找到的。

却说当时有个很出名的美人，是有仍氏国君的女儿，嫁给了后夔。这后夔就是在帝舜时当乐正的夔的后代。这个美人生着一头漆黑发亮的头发，盘成的发髻如一团墨云，挽在脑后直垂到地面，这一头黑发真是远近知名，所以她出嫁后，别人就称她"玄妻"。玄妻生了个儿子，叫伯封。这伯封长得一点儿也不像他美丽的母亲，又肥又蠢，一身横肉，像头野猪，而那贪婪粗野的性格也和野猪差不多，结果落了个很不雅的绰号，叫"封豕"。伯封一向对后羿不太服气，仲康对他这一点很是满意，又看他勇猛过人，一直想把他当成复国的帮手。后羿当然恼恨极了，再加上早就垂涎于玄妻的美色，一直想把她搞到手，就正好借题发挥，出兵去攻打伯封。伯封仗着蛮勇，根本不把后羿放在眼里，拉起人马就来迎战。可是后羿手下的兵卒都射得一手好箭。两军相对，后羿一挥手，一阵箭雨扫过去，伯封的人马就倒了一片。伯封穿着犀牛皮的厚甲，倒没有受伤。可见势不妙，回头就跑。后羿不想放过他，拉起那张硬弓，奋力一箭，竟然穿透了重甲，把伯封射了个透心凉，登时就丧了命。

后羿率兵攻进伯封的封邑，把全部男女老幼都变成了奴隶，那些由伯封四处搜刮来的粮食财物也一股脑儿装上了大车，城邑房屋一把火烧个精光，后夔这一族从此就断绝了香火。当然，后羿不会忘记那个黑发美人，他早预备下一辆装饰华丽的小车，载上玄妻和珍宝，一直拉回自己的宫里。

后羿灭掉了伯封之国，自然是志得意满。但他还要得寸进尺，把仲康再气一气，因为听说仲康近来又大树党羽，公然任命"昆吾氏"为夏伯了。后羿命人把伯封那一身肥肉割下来剁了个稀烂，蒸了一大盆肉酱，然后派人送到仲康那里，说请他尝尝"野猪肉"。

仲康听说后羿灭了伯封，心中已很恼怒，这时突然收到一大盆肉酱，使者还说这是后羿特来献捷的，不觉一阵痰火攻心，连气带恼，昏了过去。左右侍从赶忙七上八下地抢救，过了半晌，仲康总算苏醒过来。他脸色发青，四肢乱抖，哆哆嗦嗦地说："后羿这样灭绝天理，我不能再忍耐下去啦！只

要我有一口气在，一定要铲除这个残忍的家伙！"

仲康命人把肉酱埋了，可是只要一闭眼，就仿佛看到那盆肉酱又变成了血肉模糊的伯封。从此他一病不起，没过多久就呜呼哀哉了。他临死之前，还切切叮嘱儿子相要报这个大仇。

夏后相虽然年纪不大，但一直随父亲在外漂泊，没有过上几天享受的日子。这样，他一面尝着流亡生活的艰辛，一面经常接受着国仇家恨的熏陶，倒比他的父辈更有志气。他即位之后，认为现在住的离后羿太近，后羿两眼盯着自己，绝对不会让自己的羽毛丰满、爪牙尖利起来。夏后相打定主意到别处发展势力，然后再杀回来。于是他就带着自己的部下，东行到帝丘（在今河南濮阳），把国都定在那里。他为什么要离开夏人的根据地去帝丘呢？原来，早在后羿攻占了斟寻的时候，原先住在那里的斟寻氏受不了后羿的欺凌，就和附近的斟灌氏一起迁到了帝丘。斟灌和斟寻都是夏的同姓，夏后相就想依靠他们振兴夏室。

夏后相很有些政治才能。他迁到帝丘不久，就整顿夏人部落，训练出一支很不错的军队，向淮夷（淮河流域的一支夷人部落）发动进攻。这一仗掳掠了一些奴隶和财物，充实了自己的力量。第二年，夏后相又征讨风夷和黄夷。这几个夷人部落较弱，所以夏后相都轻易得了手。连续几年的征伐，使得一些夷人部落胆战心惊，到了第七年的时候，于夷就主动来表示臣服了。夏后相的战略就是陆续征服东方的夷人部落，挖掉后羿的东方根据地，待到自己力量壮大的时候，就回师西向，从后羿手中夺回政权。

七、后羿侵国整八载，寒浞继之卅二年

后羿其实是个粗鲁无文之辈，只懂射击，对于治理国家却一窍不通，他手下有一批很能干的人，如武罗、伯因、熊髡等，但后羿不能重视这些人才，没有给以他们重用。

他不重用好人，那些小人可就得势了，这其中有一个人就是寒浞。

寒浞专门喜欢在背后进谗言，惯于使奸计。对待后羿，他采取的战略是，对方喜欢什么他就说什么，古书上说他"行媚于内而施赂于外，愚弄其民

而虞羿于田",就是这个人,日后坏了后羿的大事。

寒浞看到后羿到了夏宫,得到了那么多好东西,自己的嫉妒心情就油然而生。后羿是个大粗人,要想对他下手易如反掌。一次,后羿喝醉了酒,寒浞感到时机已到,就一刀将后羿杀死了。寒浞篡夺了王位,霸占了后羿的妻子。寒浞将后羿在锅里烧熟了,叫后羿的儿子吃,后羿的儿子不吃,寒浞就杀死了他。

后来,寒浞就娶了后羿的妻子,和后羿的妻子生了两个儿子,一个叫浇,一个叫豷,长大后皆勇力过人。寒浞这时拥有了一切,别提有多高兴。

但是他所担忧的就是太康的夏后相,这帝相是个十分能干的人,品德高尚,很得人心,寒浞感到夏后相只要还在世,说不定哪天要出事。

由于相迁居帝丘,得到斟灌氏和斟寻氏的帮助,也影响了一些原来忠实于夏王朝的诸侯和方国,他们都对相表示拥护,这就引起了寒浞的恐惧。

寒浞仗恃着自己的奸诈,善于用作伪缺德的手段欺骗人民,而不是对人民真正地施以恩德。为了扩大有穷国的势力,统治天下。把大儿子浇封在过(今山东莱州市北),小儿子豷封在戈(今河南杞县与太康一带)。虽然如此,但对相的存在,总觉得不放心。因为相自从迁到帝丘以后,也在斟灌、斟寻两个诸侯的协助下,尽力地扩充实力,准备消灭寒浞,夺回失去的政权。

在禹建国以前,分布在祖国东部地区的是一些古夷人氏族、部落,因各自所处的地方不同,名称也不一样。夏王朝建立以后,都先后臣服于夏。但是自"夏后氏太康失德,夷人始叛"(《后汉书·东夷传》)。也就是太康的所作所为丧失了人心,东夷的各氏

寒 浞

族、部落就开始叛夏。有穷国的后羿本来就是东夷中的一个氏族，在夷人中有很大的影响。后羿夺取夏王朝的政权以后，东夷中的一些部落就拥护有穷国。相被逼迁至帝丘，斟灌、斟寻二国又与夷人为邻相处。相在二斟的协助下扩充实力，首先就与夷人发生了矛盾。相传在夏相到帝丘以后的初期，就发生过"征淮夷"和"征风夷及黄夷"的战争。

淮夷是族居在淮河流域一个较大的部落。风夷和黄夷都是族居在现在山东和江苏北部的所谓"九夷"中的两种。这两个都是靠近海边的部落，就其力量来说，当然敌不过斟灌和斟寻的联合军队。由于对风夷和黄夷的战争的胜利，有的夷人又恢复了对夏的臣服，所以又有"后相七年，于夷来宾"的情况。于夷也是九种夷人之一。到了商代，于夷被称为孟方，其族居地在今河南睢县一带。"来宾"就是来向夏相致礼朝贺，表示臣服。

由于相在初期对东夷的征伐取得一些胜利，引起寒浞的恐惧，于是寒浞命他的大儿子浇"率师灭斟灌"。第二年浇又率师伐斟寻氏。斟寻氏虽势孤力薄，但还是和浇"大战于潍"。斟寻氏凭借着潍水之险与浇大战。因浇兵多而勇猛，结果被浇"覆其舟，灭之"。

浇灭了斟灌氏和斟寻氏之后，即挥师直抵帝丘。相因"二斟"被灭，势孤无援，结果被浇杀死。相自迁居帝丘到被杀20多年。此后有穷国的势力又有所壮大，寒浞愈加骄横。但各方诸侯、方国灭寒浞、恢复夏王朝统治的势力也同时在壮大。

虞城少康像文化墙

在后羿逐太康代夏政时，夏王朝中有不少臣僚，服侍后羿为有穷国的臣僚。其中有一个叫伯靡的臣子，见后羿被家众杀了以后，寒浞夺取了有穷国王位，就弃官逃走，逃到一个叫有鬲的诸侯国（今山东德州北），依附于有鬲氏。当相被逼迁于帝丘后，伯靡在有鬲氏的帮助下，也在积蓄力量，准备灭寒浞，恢复夏王朝的统治。

八、少康灭敌终复国，励精图治创大业

寒浞命浇杀相时，相的妃子后缗已怀孕在身，见相被杀，就从城墙一个洞中逃了出来。后缗是夏王朝诸侯有仍氏之女，所以逃出来后就直奔有仍（今山东济宁）。后缗回到娘家不久便生了个儿子，这个相的遗腹子就是少康。有仍氏因少康是夏后氏之遗孤，对他特别爱护。少康长大后，有仍氏便命他作了牧正，也就是主管畜牧的官。少康长大以后，知道了自己的身世，对寒浞和浇满怀仇恨。同时又随时警惕着，怕浇知道他是相之子而加害于他。

因为有仍是一个较小的诸侯，少康在那里作牧正之事，没过多久就被浇得知。派了一个叫椒的人前往有仍寻找少康。椒还没有到有仍，少康得到了消息，就从有仍逃奔到有虞（今河南虞城）。有虞的诸侯叫虞思，是有虞氏之后，世代与夏后氏亲善，得知少康是夏相之子，就热情接纳。命少康作有虞国的庖正，也就是掌管膳食的官，这样安排少康是为了避免浇来杀害。

虞思不但命少康作了庖正，而且还把两个女儿（二姚）嫁给他，又把纶（今河南虞城东）这个地方分给他住。在此地，少康有10里见方（一成）的土地，有500个（一旅）人供其使用。因此，少康广泛施恩布德，团结群众，准备复国，并且暗中收集夏王朝的人，又安抚在夏王朝中作过官的人，还派了自己身边一个叫女艾的人混到浇城中去打探情况，派自己的儿子季杼到戈城去诱惑。

就在少康准备灭浇、豷的同时，依附于有鬲的伯靡也在积极地准备行动。所谓"靡自有鬲氏，收二国之烬"（《左传·襄公四年》），就是将斟灌、

斟寻二国的残余部队招抚到有鬲，重新武装起来。此二国流散的人，与浇有亡国之仇，不但易于招抚集中，而且还十分勇敢。伯靡得知在有虞的少康是相的遗子，夏后氏之根苗尚存，就以禹之功德来鼓动人们参加灭寒浞的队伍。因此很快就组织了一支很有战斗力的武装。他率领这支队伍一路未受什么阻力就攻入有穷国都穷石，寒浞未及防避就被众军所杀。伯靡又率师直奔有虞迎少康回到夏邑。少康又命伯靡助女艾在过城诛杀了浇，灭了过国。浇一死，在戈的豷也就孤立无援。季杼见时机已到，就乘机杀了豷，灭了戈国。自此建立了约有40年的有穷国也就被灭亡了。

伯靡和夏后氏的贵族们拥少康继位为夏王"复禹之迹，祀夏配大，不失旧物"（《左传·哀公元年》）。各地的诸侯、方伯得知少康回到了夏都，恢复了夏禹的业绩，奉祀夏的祖先和天帝，维护了夏朝原有的统治，又都纷纷带着贡物前来朝贺。

至此被有穷后羿取代约八年，寒浞杀后羿继续约32年，共40年左右的夏王权，经三世三王又得以在全国恢复行使。

少康复位后，为安定民心，先是"复田稷"。稷是管理按时播种五谷之农官。《国语·周语上》载周穆王时祭公谋父说："昔我先王世后稷，以服事虞、夏。及夏之衰也，弃稷不务，我先王不用失其官，而自窜于戎、狄之间。"韦昭注："弃，废也。衰，谓启子太康废稷之官，不复务农。"周族始祖后稷，尧舜时任稷官，助夏禹治水。太康"不恤民事"，废稷官，故少康恢复其官。少康又"使商侯冥治河"，治河即治水。《国语·鲁语上》有："冥勤官而水死。"韦昭注："冥，契后六世孙，根圉之子也，为夏水官，勤于其职而死于水也。"契是商族始祖，尧舜时为掌五教之"司徒"，助夏禹治水。入夏后契子孙封为商侯，故少康使冥治水。自此夏王朝渐兴旺，后世史家遂称"少康中兴"。

九、亡国君昏庸无道，商汤王顺时灭国

少康以后，夏朝又经历了杼、槐、芒、泄、不降几位国君，这几代国君也都是父子相传，他们的才智与能力虽然比不上少康，但也不能算是昏

庸无道之辈。

这几位国君在位的时候，国家依然太平安定，社会也就这样稳定地向前发展。

但是，好景不长，到了不降的儿子孔甲的时候，他又重蹈祖先曾走过的覆辙，整天沉迷于酒色之中，而且，孔甲还特别迷信，经常装神弄鬼，结果，也是因为迷信而被吓死了。

自孔甲开始，夏王朝就开始走向没落了。

荒唐昏庸的孔甲死后，又经过了皋、发两代国君，就这样，夏王朝的江山颠颠簸簸，延续了一段时间之后，就传位到履癸手里，这个履癸就是历史上有名的暴君——桀。

桀这个人身材高大魁梧，粗野无比，而且力大超群，他能徒手把鹿角折断，赤手与猛虎和雄狮搏斗。同时，桀才智过人，聪明无比，尽管如此，他却没有把他的这种聪明才智用在正途上。他根本不爱学习，一点治国的知识和方法都没有，就是这样一个人当上了夏朝的君王。桀自从当上国君之后，就把夏朝的都城迁到了斟寻这个地方。

桀虽然不会治理国家，却非常喜欢打仗。他觉得打仗是一件非常有意思的事情，如果打了胜仗的话，既可以开拓自己的国土，又可以掠夺他国的金银珠宝，多刺激呀！

于是，他就率领士兵四处征战，凭着强大的军事力量，他占领了很多边远小国的国土，掠夺了很多财物。

每次打了胜仗回来，他都

夏 桀

要在王宫里大摆酒宴，来庆祝他的胜利。

桀还非常能喝酒，因此，宫廷里夜夜喝酒声、干杯声不断，凡是那些整日能和他泡在一起喝酒的人，都受到了重用。

桀还十分喜欢美女，每年，他都要派大臣到各地去选美女，然后将这些美女带入王宫，供他享用。

许多诸侯大臣都知道他们的大王有好女色的嗜好，为了巴结这位君主，他们也总是送来美女。对于那些送美女进宫的人，桀也总是给予重重的奖赏。就连那些周围弱小的国家，也时常为桀献来美女，为的就是免于遭受桀对他们的武力进攻。

有一次，桀要攻打有施国，年老体衰的有施国君自知本国国小力弱，根本无法抵抗桀的强大军队，但他不愿意抛弃苦心治理了这么多年的国家，于是终日惶恐不安。

后来，有施国中的一个大臣向国王提出一个建议，给桀送一个美女，也可免去一场杀身之祸。有施国君便听从他的话，将国中最漂亮的妹喜献给了桀。

桀见妹喜眼大而有神，唇红而丰盈，简直是天生丽质，心想：真是绝代佳人啊！我到现在都没有见过这么漂亮的女人！当即，桀就带领将士们回宫了，攻打有施国的事早已忘到九霄云外了。

桀把妹喜接回王宫，第二天就封妹喜作了王后。他整日与妹喜厮守在一起，对她百般宠爱。

为了与妹喜的花容月貌相配，桀招来国内最优秀的工匠，动用了大批的人力，建了一座巍峨高大的宫殿。

这座宫殿是当时都城内最高的建筑，高耸入云，人们仰头看去，就好像宫殿要倾倒一般。因此，人们给它起了一个名字，叫倾宫。

桀每天都陪妹喜登上高高的倾宫，共同欣赏远处的风光；他还叫宫女在倾宫前的庭院中表演歌舞，以讨妹喜的欢心。可是，没过多久，妹喜就对这一切失去了兴趣。

桀又别出心裁地在倾宫庭院的树林中，建了一个"肉林"，也就是在每棵树上都挂满了肉，同时，又在庭院中挖了一个大大的池子，里面装了满满的一池酒，并将此池称为"酒池"。

接下来的生活就可想而知了。每日桀与妹喜在倾宫上观赏宫女的舞蹈，看累了，玩累了，就会在肉林中尽情地食肉，在酒池中纵情地饮酒。

一天，正当桀和妹喜在倾宫里尽情玩乐的时候，突然鸡鸣狗吠，山摇地动，整个倾宫也随着摇晃起来，难道倾宫真的要倾倒吗？

大地摇晃了好一阵，才平静下来。桀立刻带着妹喜离开了倾宫。

刚一出倾宫，就见诸位大臣跪倒在自己面前，桀很是奇怪。

只听王公大臣们纷纷向他上奏道：

"大王，城中房屋倒塌严重，百姓死伤无数。"

"外面有人传言，说大王修建倾宫，劳民伤财，引起了天帝的震怒，所以才……"

桀实在是听不下去了，大声吼道："别说了！大地晃动，根本就没有什么关系，只要太阳不掉下来就行。我就像是天上的太阳一样，只要太阳不陨落，我就永远不会灭亡。"

可是，要知道这一场震动，给老百姓带来了无比巨大的灾难。人民都生活在水深火热之中。由于地震，城中的房屋已经大量倒塌，很多人流离失所，无处安身，同时，地震使大量的田地被毁，城中的粮食越来越少，由于饥饿，开始出现了人吃人的现象。

在有仍大会。这有仍在夏朝的东方，四周都是夷人方国，夏桀选择这个地方大会诸侯，就是想镇服一下东方夷人诸国。那时，诸侯们虽然对桀的荒淫暴虐很不服气，可是惧怕夏桀的武力，谁都没敢不来赴会。

夏桀一看诸侯们还是惧怕自己，就更加趾高气扬起来，便摆着天帝老子的架势，公布了他召集这次大会的目的：增加贡赋。夏桀这几年把国库快折腾光了，老百姓的油水也榨得差不多了，就打起各国的主意，让诸侯们以挖些自己的肉来填他这个无底洞。诸侯们硬被压上这么一个大包袱，心里有苦，嘴上却不敢反对，只有一个有缗氏不肯认账，没等大会开完，就驾起车回国了。

有缗国君这一走，可把夏桀惹得七窍生烟。他马上草草结束了大会，号令诸侯调集兵力，由他率领着去攻打有缗氏。有缗氏开初以为，只要他带头抵制征派，总会有不少诸侯随着他走，谁知诸侯们都各自打着保全自己的主意，反而随着夏桀来征伐他了。他一个弹丸小国，当然不是夏桀的对手，有缗国君就赶忙在国内搜罗了一大堆金玉宝物，又物色了两名美女，送来请和。这两个美女生得真是花容月貌，皮肤白得和羊脂美玉一般，所以一个叫"琬"，一个叫"琰"。相形之下，夏桀觉得后宫的美人都和粪土一样了。他算计着就凭这两个姑娘，也抵得过有缗一国的财产和人民，这次出兵真是划算，便欣然撤回了人马。

夏桀得了两块"美玉"，那颗"明珠"妹喜就受冷淡了。后来索性把她赶出都城，让她住到洛水边上去。夏桀为了讨琬、琰的喜欢，又在倾宫里盖了一座瑶台。这瑶台全用美石砌成，楼梯、栏杆和台顶则用白玉雕砌，金铜镶嵌。奴隶们没日没夜地琢磨玉石，铸刻金铜，稍不合意，就要鞭抽棍打，甚至割鼻刖足。平民们也比奴隶们强不了多少，征这个，派那个，家中的东西全搜罗光，自己还要放下营生，去干奴隶的活儿。这样一来，天下百姓简直快没有活路了。

有个大臣叫关龙逄的，过去曾多次向夏桀进谏，夏桀总是听也不听。近日来他在城内、郊外常听到百姓们的怨言恨语，觉得连国中的百姓都这样，四方各国不就更怒气冲天了吗？如此下来，夏王朝的末日可就要到啦！他忧心忡忡，为国家的前途食不进、寝不安。有一次，他偶尔到郊外散散闷气，几个农民看见他走来，故意指着天上的烈日骂道："你这个太阳怎么还不快点灭亡！你要是灭亡了，我们就是跟着一起死也情愿！"

关龙逄一听，知道这是指着太阳骂夏桀，心中大惊，想："原来百姓们的怒火这样旺！形势比我想象的还要严重得多，看这样子，百姓们就要铤而走险啦！"他想走过去劝慰百姓几句，那几个百姓却只白了他一眼，愤愤地走散了。

关龙逄回到家里，越想越心焦，最后打定主意："我就是死了，也不能看着夏朝被暴民推翻！今天我要冒死切谏，非把我王说得心回意转不可！"

关龙逄进了倾宫。夏桀正在瑶台上和琬、琰二女寻欢逐乐。关龙逄也顾不得等侍臣们通报，一口气跑上瑶台，趴在夏桀面前就放声大哭。夏桀正玩在兴头上，见这情景，顿时火冒三丈，强忍着怒气，问道："你哭哭啼啼，败坏我的兴致，还想不想活！"

"大王的国快要亡了，怎么还有玩乐的兴致？老臣忧国忧君，实在不忍心看着大夏江山和大王一起灭亡呀！"关龙逄一面哭泣着，一面把想了好久的话和盘托出，从伏羲、神农，讲到唐尧、虞舜，说着一桩桩古代帝王勤俭爱民的故事。

"你这个老不死的还知道些什么？这些陈词滥调我早听腻了！你干脆让我像有巢氏那样住在鸟巢里，像燧人氏那样吃烤干鱼算了！"

关龙逄又磕着响头，讲着大禹开国创业的艰难，少康复国中兴的不易，哀求夏桀珍惜大夏的基业，不要做败家亡国的罪人。这把夏桀更惹恼了，他怒喝道："我早就说过：天上的太阳千秋万代不会熄灭，我的江山社稷也要永世长存！我念你老迈昏聩，这次宽容了你，如再饶舌，定斩不赦！"

夏桀喝令卫士把关龙逄赶下瑶台。关龙逄双手攀住栏杆，声嘶力竭地叫道："现在百姓们都指着太阳骂大王，说如果太阳熄灭，他们宁肯同亡共尽！老臣不忍见大王被百姓推翻，大王如不肯听从臣言，臣就死在这里啦！"

"什么百姓？分明是你编派着诅咒我，恨不得我早死！也罢，让我成全你这个忠臣吧！"说罢，就吩咐卫士把关龙逄处死，然后割下脑袋挂在宫外示众，让大臣们知道：这就是多嘴多舌的下场！

夏桀杀死了直言敢谏的关龙逄，别的大臣果然学乖了，正直的卷起舌头不哼不哈，一心想着升官发财的小人就拿出溜须拍马的本事，一面唱着赞歌，一面出些歪门邪道的主意，哄夏桀高兴。这样一来，夏朝的国势就越发不可收拾了。

尽管如此，桀仍然向人民征收很高的赋税，无数的财富都填进了这个暴君的欲望之口。

就在桀鱼肉百姓，实施暴政之时，在黄河的下游，有一个诸侯国渐渐地发展起来了，这就是商。

当时，商的国君名叫汤，是一个很贤良的人，他以仁义治国，以礼貌待人，百姓认为他是一个很英明的首领，周围的诸侯国也都和商和睦地共处着。

在商汤的领导下，商一日比一日强大，引得各地贤能之士都纷纷投靠于他。

有一日，桀知道商部落的首领居然比自己贤良，而且大部分的诸侯都与他修好，于是，桀感到自己的地位受到了严重的威胁，就派人把商汤抓回国都，并将商汤关在了钧台。

商汤的大臣伊尹得知这个消息，想方设法将汤给救了出来。

商汤回国后，继续以仁政治国，积蓄自己的实力，以图将来能够在战场上打败夏桀。

最后，终于时机成熟，汤举起了反夏大旗，决心替天行道，与桀的军队交战于鸣条。

由于人心所向，桀众叛亲离，最终大败，而被软禁在南巢，三年以后，终因郁郁寡欢而去世了。

昏庸无道的桀就这样让夏王朝毁在了自己的手中，夏王朝自启建国，传了17个国王，延续了400多年，从此也就彻底灭亡了。

第二章　夏王朝的外争与内政

一、有夏以来征战多，军事斗争初显名

夏朝当时为了维护统治，会在部落征召青壮年男子来建立军队。而夏朝 400 多年里，也爆发过不少大大小小的战役。

1. 夏禹攻有扈氏之战

相传帝禹时期（约公元前 21 世纪），帝禹部落联盟进攻有扈氏（今陕西鄠邑区一带）的作战。

禹在完成治水及战败三苗后，实力更强，威势益增。曾在涂山（今安徽蚌埠西，一说今浙江绍兴境）召集中原各族系部落首领聚会，以确立其最高领导地位。有不从者，如曹、魏、屈、骜等族，俱被禹以武力征服。此际，禹的权力已超出部落联盟领袖具有的公共权力范围。在会稽山召集部落首领集会时，防风氏后至，竟被禹杀。与禹同为姒姓的有扈氏，是位于禹所在地阳城（今河南登封告成镇）西方的强大部族，对禹的权力膨胀，颇为不满。禹遂召集所属部落进攻有扈氏。经多次交战，终未能将其彻底征服。

伯　益

123

2. 夏启攻益之战

禹任部落联盟领袖时，因治水及战败三苗，得到各族系多数部落首领的拥戴，"方行天下，至于海表，罔有不服"（《尚书·立政》）。禹生前向联盟会议推荐伯益为联盟领袖继承人。伯益（亦称益、伯翳或大费）是东夷的部落首领，曾佐禹治水，但时间不长。禹死后，禹子启受到大多部落首领的支持。益则"辟居箕山之阳"（《史记·夏本纪》）。启凭借其氏族远远超过其他氏族的强大实力，立即率部向暂居于箕山的益进攻，将其杀死，夺取了中原地区的领导权，并迁居于夏（今山西夏县西北）。

3. 夏启攻有扈氏甘之战

启击杀益后，积极组建军队、加强统治机构，获取中原各部族首领的承认，使子承父位及君主专制合法化；并在钧台（今河南禹州市南）召开首领大会，将首领转化为诸侯、贵族，以巩固其统治地位。原先就对禹的领导不满的西方大族有扈氏，此时对夏启的夺权及改变制度更为不服，起而反抗。启遂调集配属战车的王室卫队及诸侯族军数千人，西渡黄河，进攻有扈氏，双方对阵于甘。启在交战前，对军、政六卿及部队下达动员令进行誓师。借口"威侮五行，怠弃三正"，作为有扈氏的罪行，宣布"天用剿绝其命，今予惟恭行天之罚"。规定作战纪律："左不攻于左"，"右不攻于右""御非其正"，即为"不恭命"；"用命，赏于祖，弗用命，戮于社"（《尚书·甘誓》），然后下令进攻。夏军初战小胜，后又经多次作战，方彻底击败有扈氏，进一步巩固了夏王朝的奴隶制统治地位。

4. 夏伯靡灭寒浞之战

后羿篡夺夏权，寒浞又取而代之。夏朝属臣伯靡，先转为后羿服务，后因受寒浞所逼，逃到有鬲氏（今山东德州东南）处避居。他依靠有鬲氏力量，收拢被有穷氏攻灭的斟灌氏、斟寻氏等夏朝遗民，组织力量，准备为恢复夏后氏统治而战。此时，少康已在有虞氏（今河南虞城东北）积蓄力量，准备复国。伯靡和少康取得联系，配合作战。在少康攻灭寒浞二子浇和殪（参见《夏少康灭浇之战》《夏季杼灭豷之战》条）之后，伯靡率领有鬲氏和斟灌氏、斟寻氏大军，进攻斟寻，与寒浞率领的有穷氏军队决战。

伯靡军声势浩大，战斗力强，一举攻灭寒浞有穷氏军，杀死寒浞。寒浞政权随之瓦解。伯靡进入斟寻，立少康为帝，恢复夏后氏统治。

5. 夏季杼灭豷之战

寒浞篡夺王位，后封次子豷于戈地。少康只身逃到有虞氏（今河南虞城东北）（参见《夏少康复国之战》条），聚集大批力量，开始复国之战。他先攻灭寒浞长子浇于过（今山东莱州西北，参见《夏少康灭浇之战》条）。又令儿子季杼率军进攻戈地的豷。季杼先至戈地，引诱、麻痹豷，使其丧失警惕性。然后，率领有虞氏军队突然进攻戈，一举歼灭豷部有穷氏军，杀死豷，为少康复国创造了有利条件。

6. 夏少康复国之战

夏王太康时期（约公元前20世纪中），都斟寻（今河南登封西北）。太康终日田猎，不理民事，国力日衰。一次，他游猎于洛水（今河南境）北，十旬不归。东夷有穷氏部族首领后羿（又称夷羿），率领部族军乘虚进入斟寻，夺取政权，拒绝太康回都。太康死后，后羿立其弟仲康继位，实由自己执政。仲康亡，后羿赶走其子相，自立为王。后羿也迷于田猎，将朝政交部属寒浞代理。寒浞培植自己的势力，趁后羿田猎之机，联合后羿家臣杀死后羿，逼死其子而称王。

寒浞极欲消灭夏后氏势力，以铲除后患。相逃到同姓斟灌氏（今河南清丰东南）处，依靠斟灌氏和斟寻氏的力量，在帝丘（今河南濮阳西南）立国。寒浞有浇、豷二子，分别封于过（今山东莱州西北）和戈（约在今河南中部）。他派浇率领有过氏（居过地）军进攻斟灌氏、斟寻氏，将其攻灭，杀死相。

夏朝乳钉纹铜爵

相妻后缗是有仍氏（今山东济宁东南）女，逃到娘家有仍氏处生子少康。少康长大后为有仍氏牧正。浇又派兵攻打有仍氏，欲杀少康。少康逃至有虞氏（今河南虞城东北）。少康在有虞氏积极准备复国。他做了有虞氏庖正，并娶有虞氏二女成家；不断积蓄力量，"有田一成（方圆10里），有众一旅（500人）"（《春秋左传·哀公元年》）。

夏朝遗臣伯靡曾在后羿手下任职，后羿死后逃到有鬲氏（今山东德州东南）处，积聚力量，并和少康取得联系，准备配合攻打寒浞。少康和伯靡乘寒浞频繁用兵，内部矛盾加剧之机，终于发起复国之战。少康采取先除其羽翼，后击其首的方略，先率有虞氏大军突然攻打过地浇的有过氏军，一举灭浇（参见《夏少康灭浇之战》）。又命其子季杼领兵于戈地击败豷军，杀死豷（参见《夏季杼灭豷之战》）。寒浞两翼被剪，伯靡即率有鬲氏军大举进攻夏故都斟寻，大败寒浞的有穷氏军，灭寒浞（参见《夏伯靡灭寒浞之战》）。伯靡遂立少康为帝。少康回到夏初都阳翟（今河南禹州），恢复了夏后氏的统治。

7. 夏少康灭浇之战

寒浞夺取政权后封长子浇于有过氏的过地。太康死后，位传经仲康、相至少康。少康一家经浇追杀，几经劫难，只剩少康一人逃至有虞氏处（今河南虞城东北）立住脚跟（参见《夏少康复国之战》条）。有虞氏是原始社会末中原地区部落大酋长舜的后裔，首领虞思不忍夏朝奠基人禹绝后代，便任命少康为庖正（厨官），封于纶（今河南虞城东南），并将二女嫁给少康。少康积极聚集力量，有一支500人的队伍，准备复国。他布施恩惠，施展才华，收拢夏朝遗民，安抚夏朝遗臣；又和在有鬲氏（今山东德州东南）的夏朝遗臣伯靡取得联系，共同行动。少康先派亲信大臣女艾到浇那里作间谍，分化瓦解浇的势力，刺探情报。然后，亲率有虞氏大军突然进攻过。浇忙率有过氏军迎战。有虞氏军一举攻灭有过氏军，为复国打下了基础。

8. 夏桀攻有缗氏之战

夏桀荒淫无度，残暴异常，致使人民怨声载道，诸侯时有反叛。某日，夏桀为炫耀权力，命诸侯在有仍氏国（今山东济宁东南）盟会。有缗氏是夏朝东部较大的诸侯国，一向不满夏桀的残暴统治。其国君于盟会中途，愤然归国。于是，夏桀便征调大批军队进攻有缗氏，将其击败。夏军也遭受重大损失。有缗氏国君被迫献出琬、琰两名美女求和。夏桀纳二女，而将妻妹喜抛弃在洛水一带，冷落之。妹喜因此十分不满。商国名臣伊尹乘机与之交结，离间夏王朝，终使夏朝灭亡。

二、步兵为主车兵辅，夏刑三千称《禹刑》

1. 夏朝的军队与军制

夏王既是国家的最高统治者，也是最高军事统帅。贵族大臣平时管理民事，战时即为军队将领，领兵打仗。夏王不仅拥有强大的王族军队，而且还可以征调方国与诸侯的军队。

夏朝的军队主要由夏王的卫队和兵民合一的民军组成，装备有用铜制作的兵器及铠甲，受夏王朝直接指挥。

夏王的卫队是由部落长的扈从演化而来，数量不多，以贵族子弟为核心，并吸收夏王近侍的奴隶来扩充和加强。

兵民合一的民军，主要由自由民（国人）构成。"兵出于农，计田赋以出兵车"，平时生产劳动，战时集合成军，以临时征集的方式组成军队，而奴隶则随军服杂役。

夏朝的军队，主要以步兵为主，另外还有车兵，但数量极少，是夏王卫队的一部分。军队的最大编制单位为师。

2. 夏朝的刑法

夏朝时代似乎没有流传到现在的原始资料，不过，好在周人的记录里，有过对夏朝刑罚的描述，让我们可以大致了解一下夏朝刑罚的状态。

夏朝方格纹铜鼎

夏朝的刑法，称《禹刑》，有死、墨、劓、膑、宫5种刑罚。传说是禹制定的，不过考虑禹的一生，是由原始社会的部落酋长到奴隶制国家——夏的国王转变，在转变中，为了镇压反对奴隶制、反对世袭制的人，制定一套刑罚，也是很有可能的。

传说夏朝刑罚，被叫作"夏刑三千条"，当然，夏朝时代的社会形态以及文明程度，指望拥有这么繁杂的法律规定，未免有些不现实，因此，"三千"很有可能是泛指，指的是内容很多的意思。

夏朝还修筑了监狱，称"夏台"或"钧台"。

三、设官分职制夏礼，服饰品类等级分

1. 设官分职

夏启为首的奴隶主贵族为了维护自身的利益，建立了奴隶制国家。夏王是国家的最高统治者。国家机构中设置许多官职，"夏后氏百官"均为大小贵族。据史书记载，夏官职有羲和（主管历法）、大理（主管诉讼）、瞽（主管音乐）、官师与国老（二者负责教育贵族子弟）、啬夫（主管财政）等。此外，还有牧正、车正、庖正等官吏。他们协助夏王实施统治，并有了简单的典章制度即"夏礼"。

2. 品类两分的夏朝服饰

夏代的等级分化特别明显，至少在服饰上表现出了明显的品类两分现象。所谓服饰品类，大体包括服装及其饰品材料来源的难易、质地的贵贱、制作的精粗、形制的新旧、种类的多寡、组合的繁简、品第的高低，以及穿戴佩挂者身份地位的尊卑和所服之意义。其实，这种服饰品类的两分现象，早在夏代立国之前就已存在，只不过在夏代更为明显，更进一步深化，更有了等级之分。

四、王朝统治多残苛，平民奴隶遭盘剥

夏王朝为了加强和巩固统治，除建立了由六卿统领的国家统治机构和军队外，还修筑城郭以保卫王室贵族。同时制定刑法，修筑监狱，以镇压

奴隶和平民的反抗斗争，即所谓"夏有乱政，而作禹刑"。禹刑是中国历史上最早的刑法。另据《尚书·吕刑》，"苗民弗用灵，制以刑"，是说夏禹在征伐三苗时，由于苗民的反抗而制定了残酷镇压的刑法。

夏代奴隶数量较多，奴隶来源有二，一是战俘，二是破产或罪没的平民。当时奴隶或称牧竖，或称臣妾。如夏启击败有扈氏后，就罚他作"牧竖"（即放牧奴隶）。但也有人认为当时的啬夫、庶人、众亦为奴隶，尚有待进一步研究。

夏代的王室贵族对奴隶不仅强迫他们劳动，而且还任意杀戮。奴隶往往用于人殉人祭。如在登封王城岗龙山文化中晚期城址内的发掘中，就曾发现有用奴隶"奠基"的情况，在城堡内中部和西南的夯土基址下面，已发掘出10余个"奠基坑"。坑内的夯土层之间，皆填埋有一些成年人和儿童的骨架，其中一个坑内填埋的人骨架，少者二三具，多者六七具。另在河南临汝县煤山龙山文化中晚期遗址中，也发现有一些掷埋的人骨，其中有的身首异处，有的全躯肢解，有的弃置于灰坑之中，这些非正常埋葬现象与阶级压迫和奴隶制不无关系。

夏代王室贵族对一般平民亦加盘剥。如《孟子·滕文公篇》说"夏后氏五十而贡"，可能指的是平民向贵族纳贡。此外，其他各部族也要定期向夏王纳贡，即《左传》所说的"昔夏之方有德也，远方图物，贡金九枚，铸鼎象物，百物而为之备"。

第三章 夏朝的社会经济、文化艺术及科技

一、劳动工具初改进，黍稻作物得丰产

从远古时代起，聚居在黄河两岸的夏部族，就已经以农业生产作为生活资料的主要来源之一。到了夏代，农业有了明显的进步。鲧和禹曾相继治水，其治水区域大致在当时夏部族聚居的中原地区，即今河南省和山西省南部。有人认为主要在今伊、洛河流域，济水流域和颍、汝河上游，以及山西省晋南的汾水和浍水流域。禹治水以导为主，依据地势高低排除积水和疏浚滞淤，使原来的沼泽"渥地"改变成"桑土"良田。从河南豫西地区的考古发掘材料看，原始氏族社会末期的仰韶文化和龙山文化早期的聚落遗址，还多分布在浅山区和丘陵地区河谷两岸的台地上，而龙山文化中期与晚期的聚落遗址，不但数量较前显著增多，而且在靠近河岸两侧地势比较低的地带，特别是在河南豫东大平原地区，也多有分布。这很可能和禹治理水患，使农业生产发展有关。《论语·泰伯》说禹"尽力乎沟洫"，《国语·周语下》"嘉祉殷富生物"和"养物丰民人"，都是追述夏禹的治水，不仅减少了洪水泛滥的灾害，而且又引水灌溉农田，使夏代的农业有了很大的发展。农业的发展，为巩固夏王朝的统治，奠定了物质基础。

夏代农业生产工具以木石工具为主，兼有一部分骨器与蚌器。出土的石制农业生产工具中，石铲和石刀的数量为多。石铲皆为扁长方形，多在中部钻有一个或两个圆孔。这种带孔石铲安上直柄可作掘地翻土用，绑在

前端带有钩状的木柄上，可用
于松地锄草。锄耕用于农业生
产，无疑是提高农业生产水平
的重大变革与改进。收割农作
物使用的工具中，以石刀数量
最多，石刀较以前的改进之处
也是在石刀中部钻出一个或两

古代石刀

个系绑木柄用的圆孔。工具的改进，使夏代的农业生产得到明显的提高。

河南豫西龙山文化中晚期出土的陶器中，有较多制作精致的鬶、盉、瓠、杯、小壶等酒器。文献中也多有贵族饮酒成风的记载。酒在中国古代向来都是用谷物酿造的，只有在农业生产不断发展与提高的基础上，才能用剩余的谷物进行酿酒。

在二里头文化早期遗址的发掘中，还发现有些草拌泥中夹杂着黍壳和稻壳的遗存，说明夏代已有黍和稻等粮食作物。

二、手工制造新发展，"车神""酒神"竞风流

随着夏代农业生产的发展和生产部门的分工，烧制陶器，琢磨石器，制作骨器、蚌器，冶铸青铜器和制作木器等各种手工业，也有了新的发展和分工。

在烧制陶器方面，当时不仅广泛使用了快轮制造技术，而且在烧造方法上，又多采用陶器出窑前的施水法，使陶器多呈灰黑色、灰色或黑色，且又质地坚硬。陶器表面除多施用篮纹、方格纹与绳纹等装饰外，还有精美而细致的指甲纹、羽毛纹、划纹、圆圈纹和镂刻等装饰。器型品种如炊器、饮器、食器和盛储器等达30多种。特别是有些造型美观、制作精湛、胎质细腻、薄如蛋壳、器表漆黑发亮的磨光黑陶器，只有具备丰富烧陶经验和高超技术的人才能烧制出来，故制陶业大概已成为独立的手工业生产部门。

在石器制造方面，以钻孔石铲与石刀为主。各种石器磨制精致，几乎

没有钻孔损毁或重钻的现象，表明制作石器的技术已相当成熟。少数靠近山区的遗址中，有较多的石器成品出土。而在远离山区的地方半成品和打下来的石片则不多见。说明这些地方出土的石器都是由制造石器的地方交换而来；还说明当时石器的专门加工和交换已经出现。

在文献中，有夏代冶铸青铜器的记载。如"禹铸九鼎"和夏后启命人在昆吾铸鼎，出土的铸造铜器的遗存可以为证。如在临汝县煤山龙山文化中晚期遗址中，出土了炼铜坩埚残块，其中最大的一块长5.3厘米、宽4.1厘米、厚2厘米，上面保存有六层冶铜痕迹。郑州牛寨龙山文化晚期遗址中，也出土过一块炼铜坩埚残块，残块上还粘附有铜渣与铜锈，经化验是属于铜锡合金的青铜遗存。特别是1980年在登封王城岗的发掘中，出土了一件青铜残片，残宽约6.5厘米、残高约5.7厘米、壁厚约0.2厘米，经化验是包含有锡、铅、铜合金的青铜。其器形有可能是青铜鬹，有些学者认为，夏代已经铸造铜器，并进入了青铜时代。

此外，制造木器、玉器、骨器和蚌器，以及纺织和酿酒等，在夏代都可能已成为独立的手工业生产部门。

在发明与制造方面，传说中出现了几个始祖级的人物。

1. "车神"奚仲

奚仲，东夷薛国人（今山东省枣庄市），夏朝时期工匠。相传其发明了两轮马车。据《滕县志》记载："当夏禹之时封为薛，为禹掌车服大夫。

奚仲造车

奚仲生吉光，吉光是始以木为车。以木为车盖仍缵车正旧职，故后人亦称奚仲造车。"奚仲因造车有功，被夏王禹封为"车服大夫"（亦称"车正"）。马车的出现，其贡献不亚于"四大发明"，奚仲是古薛国地面上出现最早的、最大的发明家、政治家，过世后被百姓奉为车神。后人在薛城区千山头修建了奚公祠常年祭拜，以求出行平安。"祭拜奚仲，平安出行"的民谚流传至今。

2. "酒神"仪狄和杜康

中国公认的酒神有两个，分别是仪狄和杜康。

仪狄传说是夏禹的一位祭司，是最早见诸史书的酿酒专家。中国人发明的"曲药酿酒术"的"发明权"就被划归她（他）——之所以加括号写是因为仪狄的性别现在还有争议。先秦文献记录为女性，而后世的文献则完全男性化。

杜康传说为少康，夏朝第五代君主，发现了发酵现象，从而发明了一整套酿酒术。但也有人认为杜康不是人名，而是上古的一种名酒，因曹操的《短歌行》而为后世所知。

三、西起关中东齐鲁，华夏交通初奠基

从公元前 21 世纪到公元前 6 世纪，是我国文明史上的夏商周（西周）三代时期，这一时期为华夏交通打下了最初的基础。

夏人的主要活动区域在河东与河南地区，即今山西南部、河南中西部一带，主要城邑有阳城（今河南登封）、安邑（今山西夏县南）、钧台（今河南禹州市南）等。考古工作者在河南偃师发现的二里头文化遗址，是典型的夏文化的遗存，其上限恰当夏代建国之初，距今 4000 多年。这里出土了大批青铜器，其中有大量的刀、锥、凿、铲等生产生活用具，标志着当时青铜冶炼技术的水平和生产力发展的水平。这些工具，在开发水利和开辟道路的活动中，都有不少的功用。

夏禹死后，他的儿子启无视部落议事会议推举益代主政事的事实，直接宣布自己继承夏禹之位，自号为王，定都阳城，于公元前 21 世纪建立了第一个奴隶制政权——夏，开始了"家天下"的统治。夏启把舜禹时期军事民主制下的部落联盟议事会议，改组成奴隶主政权机器，设立六卿和百吏，分管全国军队和政事，又都听命于他自己。六卿负责组织国家武装力量，百吏中的牧正主管马牛的牧养驯育与使用，车正主管战车、运输车

的制作保管和使用。可以认为，这车正和牧正，便是我国早期的主管交通的专职行政人员。据《墨子·耕柱》篇所说，夏启曾命令臣子蜚廉等人"析金于山川，而陶铸于昆吾（今许昌东南）"，就是说组织人员开采铜矿，冶炼青铜，铸造礼器、兵器与生产生活用具。前述二里头文化遗址就证明了这一点。据说三代时期看得很重的"九鼎"——国家法权的象征品——就铸成于夏初。这样的生产力，为夏人开通漫长的东西主干道提供了可能。

夏启登位以后，便以王的身份向各地发号施令，要求大家服从他的意志。偏偏有个远在今关中的有扈氏不服，于是夏启打起了"恭行天之罚"的旗号，假借天神意志去攻伐有扈氏，大战于甘（今陕西鄠邑区）。大战之前，他誓师时宣布："左不攻于左，汝不恭命！右不攻于右，汝不恭命！御非其马之正，汝不恭命！"（《尚书·甘誓》）连用三个"恭命"来强调军事纪律，强调王权。他严令所有将士各负其责，打好这场战争。古代车战，车上左边的战士专主射箭，车右的士卒专主击刺，车中的甲士专主御车，策马奔驰。各有执事，各有技能，还要密切协同，才能投入战争。夏启动员甲士各守其位，各尽其责一事表明：当时的驯马驾车技术已经达到一定水平，可以投入生死搏斗了。又，《诗·何草不黄》笺注说："司马法规定夏后氏二十人而辇、殷十八人而辇、周十五人而辇。"夏代用20人挽车，大概此车是运输车，是很笨重的。在交通动力方面，夏人已经把人力、畜力都用上了。

郑州商都遗址公园浮雕墙

这次大战，夏启调集部队，从今河南登封地区出发西上，大致沿洛水逆流而进，一直远征到今陕西鄠邑区，付出重大代价，击败了有扈氏，取得了成功。这次战争，在交通史上的一项积极成果是开出了一条从伊洛地区通往渭水之滨的交通线，这是中原地区与关中地区相互联结的早期纽带，具有历史意义。当然，我们无法断定这条路线具体途经哪些地点，只能说出其大概走向。

夏代最后一个君主桀，都于洛水之阳，暴虐无道，引起了人民的憎恨。而活跃在夏东部鲁豫一带的商兴起了。商的首领汤委派近臣伊尹五次到夏桀手下"服务"，刺探夏政权政治军事情况，五次返回到商都亳（今山东曹县南），向商汤汇报。最后，商汤在伊尹的辅佐下，又一次打出"恭行天之罚"的旗号，讨伐夏桀，建立商朝，都于亳，并把夏桀流放到南巢（今安徽巢县一带）去了。夏桀都城在今河南洛阳。伊尹多次往返于洛阳亳邑之间，以及商汤的进军灭夏，都说明在今山东曹县至河南洛阳之间，有一条横向的交通干线。至此，西起关中、东到齐鲁的横向交通线便初步形成了。这是夏人的一大贡献。

夏人有很突出的天文历法知识，他们制订的夏历，现在称为农历，很符合以农立国，四季分明的中国国情，既可用来指导农业生产，也可用于商业活动，是商旅必备的知识。同时，夏人也已经注意到道路管理。据传，《夏令》中有这样的内容："九月除道，十月成梁。"（见《国语·周语》）每年九月就要修治路道，十月要建好桥梁堤坝，以利交通。这是天文知识与交通知识的结合，很有价值。

经过夏代五六百年的经营，华夏文明覆盖了黄河中下游广大地区，尤其是中原大地，为中国后来2000年的经济文化发展奠定了基础，也为华夏交通区勾画了大致的轮廓。

四、陶文记事乐器现，黑陶红陶艺术高

夏代的文字在目前的发掘材料中尚不多见。只是在部分陶器或陶片上，发现有刻画的陶文记号。在偃师二里头和偃师商城的发掘中，都还没有发现甲骨文，所以目前尚无可靠材料证明夏代就有甲骨文。

近年来在河南禹县阎寨和山西翼城陶寺的龙山文化遗址中，都发现有制作精致、作折角形的石磬，折角处有悬挂的圆孔。乐器的出现，说明夏代文化艺术已进至较高水平。

二里头遗址出土的陶器上刻画符号表

夏代的有些陶器具有较高的艺术价值。胎薄似"蛋壳"的磨光黑陶器，不但造型秀丽、制作精湛和器表黑亮，而且在器表还刻有精细美观的划纹与镂孔。禹县瓦店遗址出土的一件红陶盉，盉盖有展翅的凤，凤头昂起、双目前视、羽毛密集、刻画精细而逼真。登封程窑龙山文化中晚期遗址出土的一件黑陶残瓮，在瓮的磨光肩部，用小圆状物饰印出类似兽面纹的图案装饰。登封王城岗出土的一件残陶瓮，在黑亮的肩部，用朱红绘制出很醒目的成排圆点，有人认为是太阳纹，均为罕见的艺术珍品。

五、偃师遗址二里头，青铜时代东下冯

二里头文化是中国青铜时代文化，以河南省偃师县二里头遗址命名，年代约当公元前 21 世纪至公元前 17 世纪，主要分布于河南西部和山西南部。由于两地遗存的文化面貌有一些差异，后者被称为东下冯类型。二里头文化居民的经济生活以农业为主。农业生产已能提供较多的剩余产品，饮酒之风比较普遍。在遗址中发现有宫殿基址和墓葬。从这些遗址来看，当时的社会应属早期奴隶制形态，并出现了最初的城乡分野。文化遗物中发现青铜器。青铜礼器是青铜时代的主要象征。二里头文化中青铜礼器的发现，表明历史已进入具有古代中国特色的青铜时代。在陶器、骨片上发现刻画符号 20 多种，有的可能是原始文字。二里头文化分布地域与夏人活动的地域比较一致。

当时居民以农业为主，农具有石器、骨器、玉器以及青铜制品。二里头文化时期，青铜器不论是数量还是种类都较多，当时已有爵、铃、戈、镞、戚、刀、锥、钩等。其中铜爵的合金成分为：铜 92%、锡 7%。二里

头文化显然已经进入了青铜时代，这和青铜器大量出现的二里岗商文化比较接近。

在这一文化时期，制陶业发展迅速，遗留的器物群突出表现了二里头文化的特征。以陶器为参照物，二里头文化可以分成四期：第一期以褐陶为主，磨光黑陶占一定比例，纹饰以篮纹为主，有少量方格纹、细绳纹。第二期陶器中黑陶数量减少，以细绳纹为主，篮纹和方格纹明显减少。这两期的器形多折沿、鼓腹、小平底，基本上保持有龙山文化时期的陶器特征。第三四期的陶器颜色普遍变为浅灰，以绳纹为主，出现粗绳纹，篮纹和方格纹几乎绝迹。早期常见的鼎、深腹盆、甑等一直沿用，到晚期，新出现了鬲、大口尊、小口高瓮等器物：已和二里岗商代文化陶器有着更多的相似之处，显示着人类的发展渊源。

二里头文化的居址有半地穴式、平地起建筑和窑洞式等几种，做成圆形、方形圆角和长方形状，适合几口之家居住。同时出现了大型宫殿的建筑，普遍使用的夯土筑台基技术和二里岗商文化前期基本一致。整个宫殿由堂、庑、庭、门等单位组成，布局严谨，主次分明，是迄今为止所知的中国最早的宫殿建筑。宫殿的出现，表明奴隶主和奴隶、贵族和平民之间明显的阶级对立，也预示着新的社会——奴隶社会已经到来。

二里头文化从时间上说晚于龙山文化，而早于二里岗期商文化。有学

二里头遗址

者认为，二里头文化的一二期遗存是夏文化，而第三期遗存中出现了一组与二里岗期商文化有相同或相近的代表性器物，而且数量越来越多，这正好表明第三期遗存已进入商代纪年，三四期遗存应是商代早期的遗存，其遗址应是商汤都城西亳。因此，二里岗期商文化是由二里头文化发展而来的，商朝的文明渊源于二里头文化。

东下冯遗址是夏商时期二里头文化东下冯类型的典型遗址，总面积约25万平方米。遗址内发现有灰坑、房屋、墓葬、水井、沟槽、陶窑等遗迹。出土物包括陶器、骨器、蚌器、铜器、石器、卜骨等。此外，还发现有二里岗时期的城址，城址南部呈曲尺状，城墙保存较好，城外还环有护城壕。二里岗时期城墙等遗迹的发现，显示出东下冯遗址具有的特殊意义。东下冯遗址位于山西省夏县埝掌镇东下冯村青龙河南北两岸的台地上，是夏商时期晋南地区的典型遗址，其年代大约为公元前19世纪—公元前16世纪。遗址总面积约25万平方米，以东下冯类型遗存和二里岗文化时期的遗存最为重要，东下冯类型时期发现有里外两层沟槽，平面呈回字形，沟壁上发现有窑洞式房子和储藏室等。二里岗时期发现有城址。该城址内西南角发现有一组排列有序的圆形建筑。发现的遗物有陶器、骨器、铜器、石器等。东下冯遗址的发现与发掘对于探讨夏时期晋南地区的文化面貌具有重要意义，将有助于对中国古代城市形成与发展、夏商文化变迁的研究。

六、日月交会定天文，四时分野出历法

我国远古的人民是"日出而作，日入而息"。最早的活动是以太阳为依据，后来就进一步观察夜晚天空的月亮和星星，并逐渐地掌握其出没时间、方向的变化。经过较长时间的观察和经验的积累，得知作物的生长变化、寒来暑往和太阳、月亮的循环有不可分的关系。尤其是对太阳的认识有了进一步的发展，得知与人们的生产、生活有十分密切的关系。经过漫长的原始社会，对天象的认识已积累了许多经验。在夏代建国之前，就已经有专门的人来观测天象。

相传黄帝时的羲和是"占日"的天文官，专门观测太阳的变化。尧时

的羲和不但是专门负责观天象授时的天文官，还从羲和这个天文官中分出了羲仲、羲叔、和仲、和叔四个分驻在东南西北的天文官（也可能是两个氏族中的两对兄弟），这四个天文官专门观测太阳和鸟、火、虚、昴四仲中星，并且以此来推定春、夏、秋、冬四季，制定一年366天，"以闰月定四时成岁"的历法（《尚书·尧典》）。虽然学者们对这些传说的可靠性有不同的看法，但是也有的认为在一定程度上反映了远在四五千年前我国古代人们对天象的一些认识。

夏朝建立以后，由于人们生活、生产的需要，尤其是在社会经济中占主导地位的农业生产，需要按季节来耕种和收获，所以在承袭前人积累的知识的基础上，天文历法有了新的发展与提高。在夏王朝中还专门设立了"掌天地四时之官"，也就是说天文官。古书中有这样一个记载："故《夏书》曰：辰不集于房，瞽奏鼓，啬夫驰，庶人走"（《左传·昭公十七年》）。《夏书》指的是夏代的史书。辰是指"日月交会谓之曰辰"。"辰不集于房"是说日月交会不入其正常位置，也就是说没有安于房宿（后来的二十八宿之一）的位置，于是就发生了日食。

这次夏代的日食，据《尚书·胤征篇》说，是发生在仲康时期，此时的天文官，也就是尧时的羲和的后人，也叫羲和。可是这个羲和大不如他的前辈。他好酒贪杯，整天沉湎于酒食中，擅离职守，经常跑回家中去喝酒，喝得醉醺醺的，迷乱了本性，也不去观察天象。而这次日食，他没有观察到，未能及时报告，才引起了"瞽（乐师们）奏鼓、啬夫（管理农事的官）驰，庶人（百姓，或说是奴隶）走"。也就是日食发生时，天昏地暗，于是人们大惊失色，忙击鼓鸣锣，啬夫驾着车子跑，庶人们惊惶不安地往来奔走为的是准备祭祀天神以救日。当时人们对日食这种天象的规律还没有掌握，一旦发生日食，便把它看成天神作祟，或是"天狗食日"。经过一场混乱以后，仲康命令当时掌管六军的大将、胤国的诸侯率兵前去"观象台"征讨羲和，胤侯奉王之命将羲和按罪正法。

关于夏代这次日食的记载，从历史情况和具体时间上来说，学者们也有不同的说法。但大家都公认发生过日食，而且是世界上最早的一次日食记录。

又如《竹书纪年》中记载夏桀时"夜中星陨如雨"，也是世界上最早流星雨的记录。当时已经使用传统的干支纪日法。如在夏王朝后期的诸王中，胤甲、孔甲和履癸（桀）等都是用日干为名。夏代的历法，依据北斗星的旋转确定月份，并把斗柄的正月定为岁首，比较正确地反映了天象。孔子说"行夏之时"。《大戴礼记》中保存的《夏小正》等，就是流传下来的"夏时"。

七、行夏建寅十二月，泽被千年《夏小正》

1. 夏朝的历法和生活情况

夏朝文化中有一件宝贵的遗产，就是《夏小正》。这是一篇按月份记载物候、气象、天文、农事、田猎等活动的文献。现保存在西汉戴德编的《大戴礼记》中。夏朝的文字，在考古发掘中，只是在出土的陶器上发现过一些刻画符号。但在先秦典籍中，有很多地方引用过《夏书》，还有"禹刑"，在《尚书》中也有几篇"夏书"。从夏代有书籍和刑法来看，它不可能只是在口头流传，而应该由最早的文字把这些内容记载下来。传说"仓颉造字"，仓颉是黄帝的臣下，那么到夏代也有了一段较长时间的造字过程。

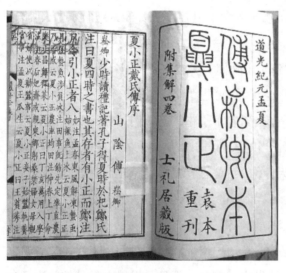

《夏小正》书影

现存的《夏小正》，分经文和传文两部分，经文记载的内容，据现代学者考证，就是夏朝的历法和生活情况；传文就是注文，其注释部分，则是战国至秦汉间的学者加上去的。

《夏小正》中记载的物候和人的活动情况非常有趣：

正月：蛰虫开始出

土，大雁飞向北方，野鸡振翼鸣叫，鱼从结冰的水底上浮，田鼠出洞了，水獭捕鱼陈列水边，园中见有韭菜长出来，柳树长出新芽，梅、李、山桃开花了，农夫开始治理田亩。

二月：到田中去种黍，羊开始生羔，捕鱼的时候到了，菫菜长出来可以采摘，昆虫蠕动了，燕子来到家中作巢，黄鹂开始鸣叫，芸豆结实可以收获。

三月：桑树萌发，杨树抽枝，蝼蛄鸣叫，桐树开花，斑鸠鸣叫，开始养蚕。

四月：蜻虫和蛤蟆开始鸣叫了，园中的杏树结果了，开始执小驹使其驾车。

五月：浮游的小虫大量产生，伯劳鸟开始鸣叫了，蝉也鸣叫了，煮梅子、蓄兰草以为香料，开始吃瓜。

六月：煮山桃储藏起来作为食品，鹰开始搏击捕杀小动物。

七月：芦苇开花，小狸长大了，池水中长出浮萍，扫帚草长成了，寒蝉开始鸣叫，雨也下得多起来。

八月：瓜成熟了开始采摘，枣也开始剥取，栗裂皮而自动脱落，鹿交配成功而生养，田鼠损害庄稼。

九月：大雁迁往南方，燕子升空飞去，各种野兽入穴，菊花盛开，此时开始种麦。

十月：捕捉野兽的时节来到了，乌鸦忽高忽低地飞翔，夜变得长起来。

十一月：国王进行狩猎活动，陈列精良的弓箭，麋鹿坠落其角，商旅不行，万物不通。

十二月：鸷鸟高飞鸣叫，昆虫潜入地下，掌管水泽的虞人设网捕鱼。

2. 最符合人们活动规律的历法

上面所记的物候和人的活动情况，是当时长期经验的积累。值得注意的是，这里所用的历法是夏历。古代人们把 12 个地支，即子丑寅卯辰巳午未申酉戌亥，和一年的 12 个月互相配合。以通常有冬至的那一月配子，第二月配丑，第三月配寅，直至第 12 月配亥。如果以有冬至的那一月作为一年的正月，这样的历法叫作"建子"；以冬至后第二月作为一年的正月，这样的历法叫作"建丑";以冬至后第三月作为一年的正月,这样的历法叫作"建寅"。传说古代夏、商、周三朝的历法都不同:"夏正建寅,殷正建丑,周正建子",即夏代把一年的正月放在冬至后的第三月,殷代即商代把一年的正月放在冬至后的第二月,周代把一年的正月放在有冬至的那一月。在这三种历法中,只有夏历最符合人们的活动规律。因为冬至后的第三个月,正是春天的开始,万物复苏,大地更新,农民们开始下地劳动。把这个月作为新年的正月,最受农民的欢迎,也最便于管理农业。

3. 夏历在中国的深远影响

自《夏小正》用夏历记录了一年 12 个月的物候和农事活动的规律后,受到人们的普遍重视。春秋时代的孔子说:"我欲观察夏朝兴亡的道理,所以到夏王后代所在的杞国,但那里找不到这方面的文献,却得到了夏时。"所谓"夏时",就是按月记载物候和农事活动的《夏小正》。孔子认为这个文献非常好,所以他主张"行夏之时"。汉代司马迁写《史记》时还说:"学者多传《夏小正》。"汉初的历法仍然用夏正"建寅"。直到现在我们所用的农历,也叫阴历,冬至一般在十一月,而冬至后的第三个月才是新年的开始,正是采用的夏历。可见《夏小正》记载的夏历,在中国历史上的深远影响。

第三编

殷商风云，青铜时代

商朝（约公元前 1600—约公元前 1046 年），是中国历史上的第二个朝代，是中国第一个有直接的同时期的文字记载的王朝。商朝经历了三个大的阶段。第一阶段是"先商"；第二阶段是"早商"；第三阶段是"晚商"，前后相传 17 世 31 王，延续500 余年。

商朝处于奴隶制鼎盛时期，成汤时期的国家权力已经初步确立，奴隶制的社会秩序亦已稳固。奴隶主贵族是统治阶级，形成了庞大的官僚统治机构和军队。商朝的王位继承制度，前期为兄终弟及，后期为典型的父死子继。

第一章 从兄终弟及到父死子继

一、三十一王十七世，世代相传六百年

商是中国历史上继夏之后存在时间较长的一个王朝。从公元前17世纪商汤灭夏后建立国家，至公元前14世纪中叶盘庚迁都殷，及公元前11世纪商王纣被周武王同西南各族攻灭，共传17世31王。

商族是黄河下游一个古老的部落，在灭夏以前，已经经历了很长时间的发展。关于商族的起源，有数种说法，一说认为在北方辽河流域，一说认为在东方黄河下游的齐鲁地区，一说认为在中原，即今冀南、豫北地区的漳水流域。

契是商部族的始祖。契的母亲是简狄氏，又作简易，因是有娀氏（今在山西永济西）之女，又称娀简。相传她随本氏族的两个姊妹偶然出行，浴于玄丘水，有玄鸟（燕子）飞来，生下一只鸟卵，简狄误取鸟卵吞食，因有身孕而生下了契。这就是所谓"天命玄鸟，降而生商"的神话。契长大后，因帮助大禹治水有功，被舜帝任为司徒，掌管教化，封于商地，赐姓子氏。

从契到汤共传了14代，恰好与夏相始终。商经过500年而强大，最后经鸣条之战灭掉了夏。

大约在公元前1600年，商汤正式兴兵伐夏。商汤联合各方国的军队，采取战略大迂回，绕道到夏都以西，出其不意，攻其无备，突袭夏都。夏桀仓促应战，西出拒汤，同商汤军队在鸣条（河南洛阳附近）一带展开战略决战。在决战中，商汤军队奋勇作战，一举击败了夏桀的主力部队，夏桀败退归依于属国三朡（山东定陶东一带）。

商汤发扬速战速决、连续作战的作风，乘胜追击，攻灭了三朡。夏桀穷途末路，率少数残部仓皇逃奔南巢（安徽寿县南）后被商军追上俘获，放逐在这里，不久病死于此地。夏王朝宣告灭亡。一个新的强盛的统治王朝，也是中国历史上第二个奴隶制王朝——商朝建立了起来。

契

商汤之后，由太甲到太龙，是商朝巩固和发展时期。汤的孙子太甲在位时还发生过伊尹放太甲的故事，此后商的统治很稳固。

盘庚在位时曾几次迁都，最后定都在殷，所以商朝也叫作殷朝，迁都促进了经济与文化的发展。

商朝基本上是王位世袭制，从兄终弟及、父死子继到商后期确立了嫡长子继承制，这也是后来周朝宗法制的重要基础。同时，商的占卜也很出名，现存的甲骨文便是占卜的记录。商王的统治仅仅限于狭小的中央地带，四周及边缘地区是王室诸子及各族的领地，中央集权还没有形成。

商朝的矛盾在中期后加剧，王权的争夺尤为激烈，同时还有奴隶的反抗斗争。纣王时用武力镇压，但最后引火烧身而灭亡了。

商自成汤建国，盘庚迁殷，至武丁时期，经过对周围方国的频繁战争，疆域及势力影响空前扩大。殷都经科学发掘证实，在今河南安阳西北的小屯村一带及洹水沿岸周围的后冈、高楼庄、薛家庄、花园庄、小庄、四盘磨、孝民屯、大司空村、小司空村、武官村、侯家庄、秋口及同乐寨等二十几个村庄方圆24平方公里或更大的范围内。以王畿为中心的商代统治区域为黄河中下游的中原地区，即今河南北部及河北南部。但其势力所及之地，

已东起山东半岛，西至陕西西部，南及江汉流域，北达河北北部。至于其文化对各地的影响，则大大超越了这一范围。据考古资料看，东南和华南地区分布于长江下游两岸的"湖熟文化"、江西北部的"吴城文化"、西南地区四川境内的"巴蜀文化"以及北方内蒙古、辽宁的"夏家店下层文化"等，都不同程度地受到了商文化的影响。

二、顺应时代商汤王，兴兵伐暴建大业

约公元前1653年，夏桀即位。桀是个暴君，骄奢淫逸，暴戾无道。百姓都痛恨夏桀，希望能推翻他的统治。约公元前1600年，汤的军队攻占了夏都阳城（今河南登封市告成镇），夏王朝灭亡，汤建立了商王朝。

商汤即位的时候，正是夏代末年夏王桀当政的时代。夏桀是一个非常残酷、暴虐的国王。夏朝的人民早就对他不满，纷纷诅咒他为什么还不死掉。商汤看到这种形势，便乘着夏王朝的衰弱，开始在东方迅速发展商国的势力，逐步剪除夏的羽翼。他所开刀的第一个对象便是与商国为邻的葛国。

商汤为什么要首先征服葛国呢？原来葛国的国君葛伯是一个十分糊涂而又贪婪的统治者，葛国在他的统治下，各方面都十分糟糕。葛伯由于无心治理国家，连天地鬼神也不愿祭祀了。当时的人们都很迷信，认为天地鬼神都是主宰人们命运的，必须经常用牛羊和稻谷祭祀他们。葛伯不祭祀天地鬼神，这在当时人们的心目中就是犯下了不可饶恕的弥天大罪。商汤看准了这个弱点，就开始为吞并葛国制造借口。

一天早上，葛伯刚刚起床，揉了揉蒙眬的两眼，无精打采地走到王宫的院子里，就见他的大臣慌慌张张地跑进来，对他说："大王，商国的使臣来了，在前

商　汤

边宫廷里等着您接见。"葛伯听说是商国的使臣，不敢怠慢，赶忙整了整衣冠，强打精神地走了出去。

葛伯刚刚坐定，就见商国的使臣从容地朝他行了拜见礼，然后说："我们商王派我前来问你为什么不祭祀天地鬼神，请大王回复！"葛伯听了一怔，半天没有说出话来。后来旁边有个大臣附耳对他说了几句，葛伯才苦笑一声说："我们葛国比不得你们商国，我们国家又小又穷，哪有那么多牛羊？没有牛羊，当然无法祭祀了。"

商国的使臣回来对商汤讲了葛伯的话，汤就派人给葛国送去一大群牛羊。但葛伯没有把这些牛羊用来祭祀，而是让大臣们宰杀掉给他摆了宴席，不几天就吃光了。

汤听到葛伯得了牛羊仍然没有祭祀，而是和大臣们杀掉吃了的消息，又派使臣去质问葛伯。

使臣到了葛国，见到葛伯，气势汹汹地问："葛伯，前次我们商王让我来问你为什么不祭祀天地鬼神，你说没有牛羊，现在牛羊都给你送来了，为什么还不祭祀？"葛伯听了，眨巴眨巴眼睛，半天没有话讲。又是身后的那个大臣和葛伯耳语了一阵，葛伯便又笑嘻嘻地说："啊哈，牛羊是有了，可我还没有稻谷啊，没有稻谷，怎么能祭祀呢？"

使臣回来又把葛伯的这番话讲给汤听，商汤又派出一批壮年人去葛国开荒种地。为了不让这些壮年人来回奔波，商汤又让他们的孩子每天给他们送饭吃。

时间一久，周围的邻国都称颂商汤的仁厚，而讥笑葛伯的无能，葛伯觉得面子上很难堪，但又无法赶走这些开荒种田的商国人。正当葛伯感到无法解决这一问题时，那个一再为他出坏主意的大臣，又跑来给他出了一个更加愚蠢的坏主意，葛伯反倒拍手叫好。

第二天中午，正当商国的孩子高高兴兴，有说有笑地往葛国送饭时，突然遇上一群凶狠的葛国士兵。他们像强盗一样夺去了孩子们送饭的篮子，连打带骂地把他们赶了回去。不料，商国的孩子中有一个胆量较大的，他竟然和葛国的士兵纠缠在一起讲起理来。葛国的士兵理屈词穷，不由得又

动起手来，这个商国的孩子竟被他们打死了。

这个消息传到了商国，激起了人家的愤怒，商汤看到动手的时机已到，便带着大军把葛国的都城团团围住。原来已在葛国种田的商国人，这时也在城里面作为内应，内外配合，很快就征服了葛国。

商汤灭掉了葛国后，为了做出宽厚仁慈的样子，他一面严格管束商国的军队，不许掠夺财物，一面向各国派使臣解释，说明他灭掉葛国是合乎道义的。为了安抚和收买葛国的民心，他从商国运来了大批粮食来救济葛国的平民，又组织他们开荒种地，让他们只向商国交纳收成的1/10。这一系列的政策，不仅使商国取得了实际利益，而且在周围的邻国也产生了巨大的影响。许多国家看到商汤这样宽厚仁慈，纷纷摆脱夏的控制，归附于商。商汤初步扩展了自己的势力后，为了进一步积蓄力量，获得更大发展，又把都城迁到了亳。

商汤迁到亳以后，势力逐渐向东方地区发展。

商国自从仲虺当上了左相、伊尹当上了右相，国家治理得更好了，势力也越发强大起来，已经发展到和夏王朝几乎势均力敌的地位。摆在商汤面前的急迫任务，首先就是要剪除掉夏在东方的羽翼。

当时夏王朝的都城是斟寻（在今河南巩义市），东方有几个仍然死心塌地跟随夏的国家作为它的屏障。这几个国家是豕韦（在今河南滑县东南）、顾（今山东鄄城东北）和昆吾（在今河南濮阳一带）。

正当商汤准备剪除夏在东方的几个羽翼时，夏王桀对商的势力发展有了觉察。为了打击商的势力，他在钧台（今河南禹周州市南）召集各国诸侯订立忠于夏王朝的盟约。在这个会上，他寻找借口把商汤扣留起来，囚禁在当地的监狱里。

伊尹和仲虺听到商汤被扣在钧台的消息后，十分着急。他们想尽了种种办法，搜集了各种珍宝玉器，买通了夏王桀的心腹大臣，才把商汤放了回来。

夏桀把商汤扣押在钧台这件事，在各国引起了强烈的不满，除了豕韦、顾、昆吾等国外，大多数国家都对商汤表示同情。商汤被放回后，许多国家都自动地归附到商汤这里，并把商汤当作和夏对抗的首领。

商汤一回到商国，立即着手向西方用兵，以剪除夏在东方的羽翼。第一个进攻对象就是豕韦。

豕韦是夏在东方的一个得力帮凶。它的国君自恃有夏桀在背后支持，不仅对周围的各国称王称霸，对国内也仿效夏桀，横征暴敛，荒淫无道，已经是一个众叛亲离、内外交困的独夫。商汤经过周密的安排，就率领商军由亳出发，向西北方进发。

经过一天一夜的行军，商军来到了豕韦的城下。豕韦的人民早就恨透了他们的国君，商和豕韦两国的军队还未交战，就不断有人逃出城外投奔商汤。豕韦城内人心惶惶，谣言四起，一片混乱。

夜半时分，商军开始攻城了。在城上守卫的豕韦士兵早已无心为豕韦国君卖命，他们毫无抵抗，商军很快就攻入了城内。

为了收买人心，商汤又把在葛国用过的权术照搬过来。他从商国运来了大批粮食，发放给在饥饿之中挣扎的豕韦人民，然后让他们耕田种地，向商国交纳 1/10 的收成。周围各国看到商汤有这样好的政策，也都愿意归顺商国，豕韦周围也成了商汤的地盘了。

商汤轻而易举地灭掉了豕韦，并又取得了周围的地盘，灭夏的决心就更大了。这时他把进军的矛头又指向了顾国。

顾国自从豕韦被灭以后，早已严加提防，在商军到来时，顾国的国君已经组织起强大的军队防守在顾国都城的周围。

顾国的国君是一个比豕韦国君更坏的奴隶主，国内的人民早已恨透了他，又加上商汤在葛国和豕韦实行的政策早已为大家所知，他们简直像盼望亲人一样，盼望商军能够赶快攻进顾国来。

商军和顾国的军队一交锋，顾国的军队就被击溃了。商军像潮水一样涌进了顾国国都，顾国的军队纷纷缴械投降，顾国的国君看到大势已去，只好束手就缚，乖乖地作了商军的俘虏。

商汤灭掉了顾国，声威已经震动天下，正准备向昆吾进军，伊尹却向商汤说："大王最好还是缓一缓吧，我们虽已灭掉了豕韦和顾，但背后还有

九夷这个隐患。九夷一向听从夏桀的命令，如果现在去打昆吾，不免还有腹背受敌的危险。不如先拒绝向夏桀交纳贡赋，看看九夷有无动静，然后再作打算为好。"商汤听从了伊尹的建议，停止了向夏桀的纳贡。

商汤相继灭掉了豕韦、顾的消息传到了斟寻，已经使夏桀感到十分震惊，商汤不再交纳贡赋，更使夏桀感到恼怒。夏桀立即命令昆吾会同九夷之师去讨伐商汤。

昆吾和九夷之师的军队还没有进入商国境内，商汤早闻信星夜派人给夏桀送去了加倍的贡赋。夏桀收到贡赋，认为他的力量还足以使商汤驯服，就轻率地向昆吾和九夷发出了撤军的命令。九夷的诸侯接到了撤军的命令，觉得夏桀是一个反复无常的人，跟他走下去是没有什么好下场的，于是互相约定，从此以后不再听从夏桀的命令，各自带兵回去了。只有昆吾仍然死心塌地追随夏桀。

第二年，商汤为了试探夏桀还能不能调动九夷之师，又停止向夏桀交纳贡品了。夏桀听到这一消息，又向昆吾和九夷发出讨伐商汤的命令。这次只有昆吾国整点丁人马，前往商国去了，九夷各国没有半点动静。商汤和伊尹、仲虺得到这一消息后，认为九夷已不成为隐患，讨伐夏桀的时机已到，于是立即率领大军迎击昆吾。

商汤的大军分为三路，中间一路由商汤亲自率领，向昆吾正面进攻，两翼分别由伊尹、仲虺率领，分兵迂回到昆吾军队的左右两侧包抄围击。

昆吾的国君本来是一个虚骄狂妄的家伙，他并未接受豕韦、顾国灭亡的教训，追随夏桀一意孤行，根本未把商汤放在眼里。他率领的军队也是一群不知进退的骄兵，还没有走到商国的境内，轻敌的思想就已蔓延开来。正当昆吾的军队毫无应战准备的时候，突然碰上商汤率领的商军从正面迎击，昆吾的军队立刻溃不成军，一片混乱。昆吾国君连忙指挥尚未溃散的余部向左右冲杀，结果又遇上伊尹和仲虺率领的商军左右包抄，被打得一败涂地。就这样，未经多长时间的交锋，昆吾军队就被商军全歼了，昆吾国君也被杀死在乱军之中。

大约在公元前 1600 年左右，商汤正式兴兵攻伐夏桀，揭开了鸣条之战的帷幕。战前，商汤学习当年夏启伐有扈氏时的做法，举行了郑重的誓师活动。在誓师大会上，他发表了一篇义正词严、大气磅礴的训词，一一列举夏桀破坏生产、施行暴政、残酷盘剥欺压民众的罪行。申明自己是秉承天意征伐夏桀，目的是为了拯救民众于水火之中。同时商汤还严肃宣布了严格的战场纪律和作战要领。这番誓师，和当年的《甘誓》实有异曲同工之妙，极大地振奋了士气，鼓舞了斗志。

战前誓师仪式结束后，商汤便动用作战性能良好的兵车 70 辆、能征惯战的敢死队 6000 人，会同各同盟国的参战部队，采取大迂回战略，"以迂为直"，迅速绕道到夏都以西，出其不意，攻其无备，突袭夏桀的老巢。

商汤大军压境的消息终于传入夏都，传入夏桀的耳中，一直沉溺于醇酒美人温柔之乡的夏桀这时才如梦初醒，方寸大乱。百般无奈之下，他只得仓促应战，统率一批早被歌舞升平生活消磨尽了战斗力的将士，西出去抵御商汤的进攻。于是两军乃在鸣条（在今河南洛阳附近，一说在今山西安邑一带）地区相遇，展开了一场生死会战。

旌旗翻卷，鼓角齐鸣，杀声震野，血流成河，鸣条之战打得异常激烈。但毕竟是商汤麾下的将士在各方面都占有明显的优势，这既表现为必胜信

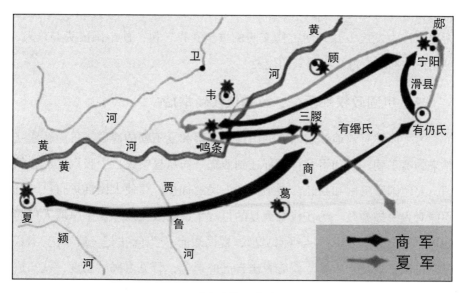

鸣条之战示意图

念的拥有、杀敌勇气的旺盛，也体现为训练有素、武艺高强。夏桀手下的乌合之众怎是这些"必死"之士对手！在商汤军队勇猛无比的冲杀之下，夏桀的主力部队终于溃不成军，一败涂地。商汤就这样一举攻克了夏邑，赢得了鸣条之战的胜利。

夏桀带着残兵败将很快就逃到了黄河岸边，然后渡过黄河，向夏的故都平阳（今山西运城安邑镇一带）逃去。

夏桀刚刚逃到平阳，商汤也率领大军渡过黄河追了过来。夏桀只得率军迎击，双方就在鸣金交战。夏桀的军队一触即溃。夏桀只好向他的一个东方盟国三朡（今山东定陶东北）逃去。商军步步尾随紧追，夏桀一逃再逃，最后逃到南巢（今安徽寿县东南），终被商军俘虏，并被监禁起来，夏朝灭亡。

汤安抚夏朝臣民后举行祭天仪式，宣告夏王朝灭亡。其后，他在三千诸侯的拥戴下登上天子之位，宣告商王朝的成立。经过20年征伐战争，汤统一了黄河中下游地区，影响达于上游，统治区域空前辽阔，扩至"四海"东到黄海，北达渤海，西至青海湖，南抵洞庭湖。

商朝建立后，中原地区屡有江水为灾，国都一再迁移。从汤至阳甲时，迁都五次。约公元前1300年，商王盘庚把都城迁到殷（今河南安阳），此后商朝的统治稳定下来，因此后代又把商朝称为殷。商朝的建立，使生产力得到巨大发展，并且使古代文明的进步获得转机，使中国成为与埃及、巴比伦并称的上古文明国家的代表。

三、巩固政权都西亳，改朝换代新举措

为了能够有效地控制四方的诸侯、部落和夏王朝的遗民，巩固新建立起来的商王朝，汤和伊尹将王都迁到西亳。汤从夏桀灭亡中吸取了经验教训，要使国家巩固和兴旺，必须得到人民的拥护；要使人民拥护自己，就不能对人民施暴政。汤在伐桀灭夏的过程中，对人民以施德来争取人民的拥护。他曾对伊尹说："人视水见形，视民知治不。"（《史记·殷本纪》）意思就是说：人往水中看，就能看出自己的形象，看见人民的态度，就知道自己能不能治理好国家。由于汤能看到人民是国家的根本，没有人民的拥

护，就不能灭夏建商。所以建立商朝以后，就废除夏桀时伤害人民的繁重徭役和横征暴敛，予民一个休养生息的环境。

我国古代任何一个国家的王都有一个"社稷"，从夏朝开始一直延续到清朝时的社稷坛。夏禹建国后，建立的社稷叫作社，社就是土地神。相传发明社的人是共工的儿子句龙。共工是世代的"水正"，治水的氏族。当洪水泛滥时期，人们都逃到高地上居住，没有高地的地方，句龙就叫人们挖土堆成土丘，使大家在上面居住。每一土丘住 25 家，称为一社，所以社最初是居民点，是聚落。后来句龙死后，人们就尊他为社神，给他盖了一个房屋，供奉他的神位，称为后土。后土就是土地神，这就是后世土地庙、土地神的始祖。

夏禹建国，占有四方土地，夏王是居中央之土地。五方土地皆为夏王所有。因此立社以祭祀土地神。稷为五谷神，相传烈山氏的儿子柱做过稷正（掌播种五谷的官），后来被人们尊为农神。"人非土不立，非谷不食，土地广博，不可遍敬也；五谷众多，不可一一祭也。故封土立社，示有土尊；稷，五谷之长，故封稷而祭之也"（《白虎通义·社稷》）。夏王朝每年都要举行祭社的仪式，祈求后土农神福佑风调雨顺，五谷丰登。我国自古以来都以农立国，因此祭祀社稷就成为国家大事，社稷的存亡也就象征着国家的存亡。国家被灭亡，社稷也随之而毁掉，若不毁掉就要迁走。汤灭夏以后，想将夏社迁走，被伊尹阻止住，要汤留下来告诫后人，作为暴虐而亡国的见证。因为社坛是一露天的土坛，上面植有不同的树，汤就下令砍掉树盖一房屋，把夏社封起来，永不使用。商的社另建

商代大禾人面纹方鼎

在商王都，这就是所谓的"屋夏社"。

汤除了"屋夏社"外，还实行一些改朝换代的措施。"汤乃改正朔，易服色，尚白，朝会以昼"（《史记·殷本纪》），也就是改变夏王朝的每年开始的一天（正朔）。夏称一年为一岁，夏正建寅，即以夏历正月为岁首，正月初一为一岁的开始。汤改称一年为一祀，商正建丑，即以夏历的十二月为岁首，每年十二月初一为一祀的开始。把衣服的颜色也由夏的"尚黑"（尊崇黑色）改为"尚白"，把朝见改在白天来举行。商人不光是衣服以白色为主，就是旗帜、器物、驾车的马，祭祀用的牛、羊、猪、狗也以白的为主。在商代遗址的考古发掘中，就出土了不少白色陶器。甲骨卜辞中有不少祭祀是用白牛、白羊、白犬、白豕作牺牲。在田猎卜辞中，凡是猎获白色野兽都使用了白字，如"获白兕""获白狐一""获白鹿一，狐三"，等等。

汤和伊尹将商王朝的内外政事处理了以后，就将夏禹建国时在涂山大会诸侯后铸成的9个铜鼎，即夏王朝的镇国之宝，搬到了商王都。这9个象征着国家政权的铜鼎搬到了商王都后，也就意味着夏王朝彻底灭亡，商王朝开始发展。所以古书中说："桀有昏德，鼎迁于商，载祀六百。"（《左传·宣公三年》）也就是说夏桀暴虐无德，才被商汤灭亡，将夏的铜鼎迁到商，自此以后商就延续了六百祀（年）。

"鼎迁于商"的第三年，作了约13年商王的汤就病死在王都。汤是商王朝的开国之君，所以"商人祖契而宗汤"（《礼记·祭法》），也就是在商王的祖庙中是以契为始祖，以汤为继宗。

四、伊尹兵变非夺权，放逐太甲终还政

伊尹是助商灭夏功臣，权势很大，在朝廷享有举足轻重的地位。商汤死后，他的作用就更加显著了。

汤死，应由长子太丁继王位，但据《史记·殷本纪》载："太子太丁未立而卒。"而甲骨文中祭祀直系先王太丁的卜辞不少，祀典也很隆重，合祭时用牲多达"百羌、百牢"。说明太丁亦有可能曾即位。《殷本纪》说太丁未立，仲虺、伊尹扶立太丁弟外丙。外丙甲骨文作"卜丙"，在位约三

年死。仲虺、伊尹又扶立外丙弟仲壬，仲壬不见于甲骨文。仲壬时仲虺死。仲壬在位约四年死，伊尹扶立太丁之子太甲为商王。太甲是汤的嫡长孙，甲骨文中祭祀太甲的卜辞很多，祀典很隆重，专祭时用牛羊为牺牲一般用数头，多至30牛或30牢。用人作牺牲时最多时达"百羌"，与太乙、太丁、祖乙合祭时用"百鬯、百羌、卯三百"。鬯是一种加香草酿制的香酒，专用于祀神。羌是羌部落之人，被俘后作人牲。卯是祭祀时的用牲法，即对剖牛羊豕作牺牲。

太甲当上商王后，追求享乐，贪图安逸，把国家搞得很糟。伊尹这时年岁虽已很大，但仍担任着能够左右局势的职务。他看到太甲一天天地荒唐下去，很感忧虑，经常用商汤的典范来教育太甲。对于伊尹的教育，太甲不但听不进去，反而慢慢感到讨厌。太甲仍然一味地过着荒唐的生活，商王朝也越来越不景气了，伊尹对此也更感忧虑。为了使太甲觉悟起来，伊尹决定使用强制的手段来教育他了。

伊尹和大臣们反复商议，决定把太甲囚禁到商汤的宗庙里，让他在里面好好地反省。于是，他们选定了要在祭祀商汤的那天，对太甲动手。

祭祀商汤的日子到了，太甲早已厌弃了这种无聊的祭祀活动，他满心不快地在大臣们的簇拥下勉强来到商汤的宗庙——亳都郊外的桐宫。

太甲刚刚进入桐宫，就被伊尹早已布置好的士兵送到一间小房子里了。从此以后，他便失去了人身自由，每天在这里闭门思过。

太甲住在桐宫里，开始时感到非常烦恼，想想自己花天酒地的过去，看看眼前的处境，十分想不通。伊尹代理太甲处理着商

伊 尹

王朝的一切事务，各方面很快都又重新上了轨道。每有余暇，就来桐宫教育太甲，同时把商王朝重新兴盛的情况讲给他听。这样，久而久之，太甲也认识到自己过去是非常错误的，屡次三番地向伊尹表示愿意悔过自新，重新做人。伊尹看到太甲已经回心转意，感到非常高兴，经和大臣们商议，决定让太甲重新执政。

太甲在桐宫住了整整三年。一天早上，太甲突然听到桐宫外有奏乐声，他隔窗望去，看到伊尹带着大臣们严肃庄重地向桐宫走来。接着，桐宫的大门被打开了，伊尹捧着国王的衣冠走上前来，向太甲拜了一拜，然后毕恭毕敬地向太甲献上衣冠，说："大王在此受委屈了，今天特率各位大臣迎接大王回去，请大王启行吧。"太甲经过三年的反省，深深感到自己过去那样荒唐的确是太不应该了，现在看到文武大臣来接他了，又是惭愧，又是感激，向伊尹和大臣们讲了许多引咎自责的话，然后在大家的簇拥下回商都去了。

伊尹放太甲是商王朝初期一件大事，古文献多有记载。如《左传·襄公二十一年》："伊尹放太甲而相之，卒无怨色。"《孟子·万章上》："伊尹相汤，以王于天下。汤崩，太丁未立，外丙二年，仲壬四年。太甲颠覆汤之典刑，伊尹放之于桐。三年，太甲悔过，自怨自艾，于桐处仁迁义。三年，以听伊尹之训己也，复归于亳。"此内容亦见于伪古文《尚书·太甲序》："太甲既立，不明，伊尹放诸桐。三年，复归于亳，思庸。伊尹作《太甲》三篇。"司马迁据所见先秦文献在《殷本纪》中作了更具体的记载："帝太甲既立三年，不明，暴虐，不遵汤法，乱德，于是伊尹放之于桐宫。三年，伊尹摄行政当国，以朝诸侯。帝太甲居桐宫三年，悔过自责，反善，于是伊尹乃迎立太甲授之政。帝太甲修德，诸侯咸归殷，百姓以宁。伊尹嘉之，乃作《太甲训》三篇，褒帝太甲，称太宗。太宗崩，子沃丁立。帝沃丁之时，伊尹卒。既葬伊尹于亳，咎单遂训伊尹事，作《沃丁》。"《正义》引：《晋太康地记》云：'尸乡南有亳阪，东有城，太甲所放处也。'按：尸乡在洛州偃师县西南五里也。"又引《帝王世纪》："伊尹名挚，为汤相，号阿衡，年百岁卒，大雾三日，沃丁以天子礼葬之。"桐宫，在商初王都郊外，为皇陵所在地，此地建有离宫，相传汤亦葬于此地。

伊尹放太甲于桐宫，后又还政于太甲之事，先秦文献大多相同，故历代史家多称颂伊尹是一位具有大仁大义美德的贤相、圣人。到了战国时期儒家的国家观形成理论体系过程中，则出现一种相反的说法。即见于西晋武帝太康二年（281年）从汲郡魏王墓中盗掘出来的《竹书纪年》或称《汲冢书》《汲冢纪年》。在今所见的古本《竹书纪年》中关于伊尹放太甲的记载是："仲壬崩，伊尹放太甲于桐，乃自立也。伊尹即位，放太甲七年，太甲潜出自桐，杀伊尹，乃立其子伊陟、伊奋，命复其父之田宅而中分之。"自西晋以后一些文献中引《竹书纪年》皆有"太甲杀伊尹"之事。其后信其说者有之，批评者有之，至今仍是两说并存。按照儒家的国家观来说，臣放逐君是大逆不道，应视为乱臣贼子，其罪当斩，但是被后世尊为儒家亚圣的孟子就不以伊尹是篡位之逆臣。《孟子·尽心下》中有："公孙丑曰：'伊尹曰：予不狎于不顺，放太甲于桐，民大悦。太甲贤，又反之，民大悦。'贤者之为人臣也，其君不贤，则固可放与？孟子曰：'有伊尹之志，则可；无伊尹之志，则篡也。'"公孙丑对伊尹放太甲提出疑问，孟子的回答则是肯定的，即"有伊尹之志"就不是篡位。在战国时期儒家的国家观在形成体系过程中，对君臣关系有过一些不同的看法，《竹书纪年》所载伊尹放太甲就是这种国家观中的一种。

伊尹放太甲后是否篡位自立，后又为太甲所杀？如果是如此，则应是逆臣，当为商王室后人所耻。而甲骨文中祭祀伊尹的卜辞很多，祀典亦很隆重，专祭时用牲一般也是二三牢或二至五牛，还有多至十羊者。商王祭祀先王时还以伊尹配享，如"……丑，贞：王祝伊尹，取祖乙鱼，伐告于父丁、小乙、祖丁、羌甲、祖辛"。此卜辞中王即商王，"取"是祭名，"伐"是用牲之法，即杀牲之祭。或说"伐"是舞祭。祭祀六个商先王时，乃以伊尹居于首位配享，地位之尊并非一般。还有伊尹配祀太乙（汤）的卜辞，汤在甲骨文中称太乙，是建商之君，而伊尹是建商之功臣，故君臣合祀共享。《诗经·商颂·长发》有："昔在中叶，有震且业。允也天子，降于卿士。实维阿衡，实左右商王。"此诗之意是颂扬商汤灭夏，得伊尹之助，故祭

祀汤时以伊尹配祀同享。又《楚辞·天问》有："初汤臣挚，后兹承辅。何卒官汤，尊食宗绪。"此辞之意是叙商汤得伊尹（名挚）之辅佐，灭夏桀之后作了商王，故伊尹得到商人尊敬，以王之礼得到祭祀，并且延续至商的子孙。卜辞中又有"甲申卜，侑伊尹五示"；"侑，岁于伊二十示又三"；"侑于十立伊又九"。辞中之"侑""岁"是祭名，"示""立"是主之意，即神主，或称"神位"，俗谓"神主牌"。"伊尹五示"是祭祀卜辞中称为"旧臣"的五个有功于商王朝的老臣，也称先臣。"伊二十三示"是以伊尹配自太乙（汤）起的二十三位先王；"十立伊又九"有两释：一释为以伊尹配祀九位先王；一释为祭祀以伊尹为首的九个先臣。有学者对卜辞中的"伊尹示"和"伊示"皆释为是祭祀伊尹家族或伊氏族。然目前所知商代甲骨卜辞皆是商王室的祭祀记录，是否有非商族之卜辞，或商王因伊尹及伊氏族与商族和商王室有特殊关系而祭祀，尚可继续探讨。

从以上的一些先秦文献和甲骨卜辞对伊尹的颂扬和祭祀证明，伊尹是商初逆臣的可能性极小。放太甲于桐，又被太甲潜出桐所杀，则太甲以后历代商王不可能再将这个乱臣贼子请入宗庙隆重祭祀，更不配列于先王之祀典中。

《史记·殷本纪》中排列商王朝初期的王位世序是汤、太丁（早逝，未即位）、外丙、仲壬、太甲、沃丁、太庚。有学者根据甲骨卜辞中周祭祀谱，排列的世序与《殷本纪》有所不同，虽无太大差错，但有错位者，其世序为太乙、太丁、太甲、卜丙、太庚，无仲壬与沃丁两王。故疑此两王是否即位为王，据《殷本纪》是："汤崩，太子太丁未立而卒。"但卜辞中太丁一直是列于直系先王中受祭。此世序问题尚需今后发现新资料来校正。

商王朝自汤建立，经伊尹之辅佐，太甲修德，诸侯归服，人民经过休养生息，商的统治得以巩固，开始进入一个发展时期，故史书中称太甲为中兴之主，尊为太宗。

五、王位纷争屡迁都，九世之乱祸百年

九世之乱是商朝自商王仲丁后，连续发生王位纷争，又屡次迁都，使

王朝中衰、诸侯离叛的事件。

商朝的王位继承制为"父子相传"和"兄终弟及"相结合的继承制度，这两种制度的混用，造成王位继承处于混乱状态。这一动乱历经仲丁、外壬、河亶甲、祖乙、祖辛、沃甲、祖丁、南庚、阳甲九王，故名"九世之乱"。九世之乱延续近百年，直到盘庚迁殷后才最终结束。

太戊虽然使商王朝面临的各种矛盾有所缓和，但不可能从根本上解决矛盾。于是在太戊死后，商王朝又重新陷入各种矛盾交错发生的一片混乱之中了。

仲丁是太戊的儿子，他接替太戊作了商王的时候，商王朝内部正在酝酿着一场争夺王权的斗争。仲丁为了铲掉蓄意制造内乱的旧王室贵族的基础，他把王都由西亳迁到了嚣（今河南郑州），避免了一次大动乱。

正当仲丁在新的王都为巩固王权进行一系列政治斗争的时候，东方夷人中的一支兰夷又乘虚而入，向商王朝发动了进攻。仲丁接到东方前线的战报后，立即调集人马赶赴东方迎击兰夷。经过几次交锋，商军伤亡惨重，只得退回隞都。

兰夷看到商军败退，气焰更盛，挥兵直逼隞都，情况十分危急。仲丁只好重整兵马，再次与兰夷交战，这次交战，兰夷吃了败仗，向东退回，使隞都暂时解围。自此以后，兰夷一直不断地骚扰，成为商王朝一个很伤脑筋的问题。

仲丁死后，王权落到了他的弟弟河亶甲手中。为了解除兰夷骚扰的麻烦，他把王都由迁到了相（今河南内黄东南）。商王朝迁

祭祀祖乙的甲骨

到相都以后，北方的班方又乘机对商进行多次侵扰，河甲受到了多次打击后，组织了商王朝的全部力量向兰夷和班方展开了全面进攻，取得了不少胜利。

河亶甲死后，他的儿子祖乙继位，又把都城由相迁到了邢（今河北邢台市），然后继续征伐兰夷、班方，经过几十年的战争，终于平定了兰夷、班方，使商王朝又重新振作起来。历史上称之为"祖乙中兴"。

祖乙在轰轰烈烈的中兴事业中度过了一生，他的儿子祖辛、沃甲相继作了商王。沃甲之后，又由祖辛的儿子祖丁继位。祖丁死后，王权又落到了沃甲的儿子南庚手中。

南庚当上商王后，把王都由邢迁到了奄（今山东曲阜），这时商王朝内部的矛盾和斗争又空前尖锐和复杂起来了。

南庚死后由祖丁的儿子阳甲继位。阳甲在位时，商朝国力再度衰弱。阳甲帝逝世，他的弟弟盘庚继位。直到盘庚迁都成功后，百姓们渐渐安定，殷朝的国势又一次兴盛起来。

九世之乱使商朝"兄终弟及"与"父死子继"相结合的王位继承制度遭到破坏，商朝统治力量遭到严重削弱，无力再顾及四方诸侯、方国，诸侯不再向商朝朝见纳贡。西北方少数民族如土方、鬼方、羌方等趁机发展实力，日益威胁着商朝的统治。混乱使商朝贵族内部矛盾更为激化，王室贵族或倨傲放肆、或骄奢淫逸，离心力日增。

六、扭转乾坤勇迁都，盘庚平乱息风波

盘庚是商代几个较有作为的国王之一，他感到从仲丁以来的九个商王，由于各种原因，都城迁来迁去，造成了人民的极大痛苦。更看到日渐增长的混乱局面必须彻底扭转，人民必须安居下来，他决定选择一个有利于长远发展的地点，建立起一个有稳定基础的新都。

为了确定这个新都的地点，他和大臣们进行了反复的商议。由于这些奴隶主贵族在奄都已经有了基础，他们不愿意再建新都，商议总是毫无结果。盘庚看到，不采取果断措施是无法扭转这种局面的，于是决定，把都

城迁到远离奄都数百里的殷（今河南安阳殷墟）。

盘庚要迁都到殷的消息传出后，引起了社会上的一片混乱，不愿迁都的贵族大臣乘机四出造谣，拨弄是非，煽动反对迁都的情绪，甚至唆使人们到王宫去找盘庚闹事。

成百上千的人们在几个反对迁都的大臣的带领下，闯进了王宫。盘庚在一片吵嚷声中从宫室内走出，他首先环视了一下人群，发现只有为首的那几个大臣气势汹汹。他对情况已有一些明白，就以十分镇定的态度，首先把大家安定下来。然后用坚定有力的声音向大家讲道："你们这些臣民们安静一些，要认真听我讲话，不要轻视我的命令。你们应该知道，我们的先王没有不爱护人民的，在每次大难来临时，总是为了国家的利益，舍弃了宗庙宫室迁到新的都城。我知道，大家不愿搬来搬去，可是为了能够使大家最后稳定下来，我还得动员你们再迁一次，这和先王的用意一样，完全是为了你们，决不是在惩罚你们。"人群里响起了一阵议论，有反对的，也有赞成的。

盘庚又用平静的声音向大家说："我为什么让你们迁到殷去呢？这是因为我希望我们的国家从此以后能够永久地安定，你们应当体谅我的苦衷。"人群中又引起一阵议论，但点头的人显然多起来了。

盘庚时期殷商都城（复原图）

盘庚接着说："你们千万不要这样糊里糊涂地听信谣言，不要这样惊慌，更不要想用闹事的办法来要挟我，这样做不是自找麻烦吗？"王宫的院子里一片寂静，宫廷周围的卫兵双手握紧了戈、矛。

"你们大家都坐过船，如果坐上船后不解缆绳，船能走吗？船如果一直不走，不是就要朽掉，使坐船的人都沉到水里被水淹死吗？你们想一想，这不跟你们反对迁都一样愚蠢吗？你们为什么这样不明白事理，这样惊慌和愤怒呢？这是没有半点益处的。"盘庚越说越带劲，嗓音越来越高。

"你们如果不从长远考虑，如果不想一想反对迁都会有什么不好的结果，那实在是和自己过不去！你们应该想一想，如果一个人只想眼前暂且偷安，而不管日后怎么样，老天会让他活下去吗？"盘庚说到这里，把目光转向那几个带头闹事的大臣，接着声色俱厉地说："现在我要告诉你们，当有人用谣言挑动你们闹事的时候，你们不要受骗；要保全自己的性命，就不能闹事！我并不想用威势来吓唬你们，但要使我的臣民过得安稳些，我不能不惩罚蓄意挑动是非的那些坏东西！"

宫廷里的气氛顿时严肃起来，带头闹事的几个贵族大臣已经感到有些不妙，显然有些害怕了。盘庚看了看他们，接着说："臣民们，现在我已决定要迁都到殷，你们对此不能再有什么忧虑，不应当有不正当的想法，如果有谁存心不良，想乘机为非作歹，图谋不轨，我就要拿他问罪杀头，决不遗留后患。"说到这里，盘庚下令将那几个带头闹事的贵族大臣抓了起来，让卫兵当众砍掉了他们的脑袋，人们纷纷跪了下来。

盘庚面带笑容，平静地向大家说："臣民们，你们看到了吧，这些人反对迁都，聚众闹事，咎由自取，下场只能是这样。你们再不要听信谣言了，赶快做好搬家的准备吧，我迁都的决定是不会更改的，我保证你们在那里会过上永远安定的生活。退下去，各自回家去吧！"盘庚说完，转身回宫去了。人们纷纷退出商王的宫廷，各自回去了。

一场风波就这样平息了，人们都在紧张地做上路的准备，等待着盘庚发布动身的命令。

　　盘庚带着商国的臣民，经过几十天长途的跋涉，终于渡过了黄河，来到洹水（今河南安阳境内的一条河流）两岸。人们在这一片荒芜的土地上，用辛勤的劳动筑起了新的宫室宗庙，盖起了半地窖式的窝棚，修建起制造陶器、冶铸青铜器和制作骨器的各种作坊。长途跋涉，繁重的劳动，艰苦的生活，又使一些人滋长了埋怨情绪。一些本来就反对迁都的贵族大臣看到有机可乘，便又纷纷散布出各种各样的谣言，到处拨弄是非，进一步挑动人们的不满。

　　谣言越传越厉害，人们纷纷议论，不满的情绪已经在许多公开的场合中明白地表现出来，贵族大臣在呼吁人们找盘庚去诉说迁都给他们带来的痛苦，眼看要发生一场新的骚动。

　　盘庚觉察到这种动向，立刻把人们召集到他的新建的宫廷之内，向大家作了长篇训话。

　　盘庚诚恳地向人们讲："新的殷都刚刚建立，当然有不少困难，但是你们要体谅这点，大臣们要带头遵守国家的法律制度，不要听信小人诽谤我的谣言。同时，我也要劝说那些一贯拨弄是非的人，你们就像已经倒掉了的大树一样，一遇时机就又发出新的枝条，我为什么当初没有把你们都杀掉呢？我劝你们还是收一收你们只顾自己眼前利益的私心吧！不要还像过去一样骄横无礼，只知道贪图享乐。你们如果还要像以前那样继续向人们散播谣言，挑拨是非，那是要自作自受的。"那些散布谣言的大臣在人群中神色顿时紧张起来。

　　盘庚仍然平静地讲："按理讲，你们已经做了不少坏事了，是应当受到惩罚的，不过今天我不准备处罚你们，再给你们一个改过的机会。要是你们今后仍然散布谣言，拨弄是非，我绝不饶恕你们，你们就是后悔也来不及了。你们应当想一想，我掌握着对你们的生杀之权，你们怎么敢这样乱来？！"

　　盘庚用严厉的目光扫视了一下那些鼓动闹事的大臣，然后说："你们为什么不把人们的不安定报告给我呢？你们为什么要散播种种流言蜚语呢？你们难道不知道坏话的散布就像火在草原上燃烧一样？烧起来的大火还好

扑灭吗？我今天再一次奉劝你们，不要再犯以前那样的错误了。今后大家的行动要向一个方向奔，就像射箭时都朝一个箭靶子射一样。你们不要欺侮老实人，更不许欺骗正在成长的孩子们。你们一定要安心住下来。国家的事应当听我来安排。我今天明白地告诉你们，以后不论远近，凡是犯了罪，我都要加以惩罚，如有谁做了好事，我也要加以表彰。国家昌盛富强起来，大家都有功劳，如果治理不好，责任都在我一个人身上。"

盘庚讲完了话，就让人们回去了。为了防止新的风波，他加强了殷都的防卫，派人监督那些贵族大臣的行动。一场新的风波平息了，人们重新回到了安定平静的生活之中。

盘庚建都于殷以后，进行了一系列的政治改革，商王朝得到了空前的发展。一直到商代结束，商王朝都把殷作为他们的都城，所以，历史上又把这一段称为殷代。

七、思复兴殷观国风，武丁中兴国大治

经过盘庚的迁都、整治，衰弱的商王朝又开始出现复兴的局面。这为他的侄儿武丁时集中力量征伐诸方国、振兴商王朝奠定了基础。

盘庚在位 28 年后死去，由他的弟弟小辛继王位。

小辛名颂，甲骨文中也称小辛，武丁时期的卜辞中称为"父辛"。祭祀小辛的卜辞很少，武丁祭祀父亲的卜辞较多一些，但祀典很一般。这可能是小辛在位时间短，又是旁系先王的缘故。

小辛死后由他的弟弟小乙继王位。小乙就是武丁的父亲。小乙为了调查人民对商王朝的态度，观察诸侯、方伯们的动向，同时也能使武丁能学到更多的本领，成为一个安邦治国的统治者，在他死后能继位做商王，便将武丁由大邑商（殷都）派到王都以外的地方去。先是隐居在黄河岸边，后来武丁经常在黄河两岸许多地方观察人民的生活情况，接触了不少平民和从事农业生产的奴隶。有时武丁还和这些所谓的"小人"一起参加农业劳动，使他了解到这些"小人"们生活的艰辛和劳动的辛苦。

这些就是古书中说的："命世子武丁居于河"（今本《竹书纪年》）。"其

在高宗（武丁），时旧劳于外，爱暨小人"（《尚书·无逸》的注释说："武丁，其父小乙使之久居民间，劳是稼穑，与小人出入同事。"）。自武丁和祖甲两个商王以后情况就有所变化，其原因是以后的商王没有在民间居住过。所以《无逸》中接着又说："自时厥后立王，生则逸。生则逸，不知稼穑之艰难，不闻小人之劳，惟耽乐之从。"

武丁继位前，很留心访求贤才。一次，在一个建筑工地上，武丁遇见了一个叫傅说的奴隶，他们两个人一边筑墙一边交谈。虽然傅说其貌不扬，但他知识丰富，说话幽默风趣，对国家大事有很精辟的见解，对王室进行直言不讳的抨击，武丁越听越佩服，心想："我即位后一定任命他为宰相，好好治理国家。"后来，傅说知道了武丁的真实身份，怕别人说他巴结权贵，就躲了起来，不愿再见武丁。武丁四处寻找，但都没有找到。

武丁即位为商王后，按照古代的传统，父亲死后儿子要守孝三年，叫作"三年之丧"。为了表示是一心守孝，在这 3 年内的商王不得过问朝中政事，凡是国政大事皆委托于朝中的执政大臣来处理。武丁在这 3 年中也是照此古礼执行。他只住在守丧的房子里，这个房子叫作"凶庐"，古书中说："高宗谅阴，三年不言。"（《论语·宪问篇》《尚书·无逸》）

武丁在守孝的 3 年里，虽不能直接过问朝中大事，但他仍在"思复兴殷""以观国风"（《史记·殷本纪》），考虑怎样复兴商王朝和观察形势的变化，他考虑的是如何把傅说请到朝中来辅佐他治国，如

武 丁

果直接采取赦免傅说、任命其为相的办法，王室中的亲贵大臣和百官们一定不会同意，甚至引起反对，制造混乱。他看见这些亲贵大臣们迷信鬼神，就决定利用这种手段来达到获得傅说的目的。

3年守孝期满，武丁告祭天地、祖宗后，来到朝堂上接受百官的朝贺。在朝贺的臣僚中也有许多臣服商王朝的诸侯、方伯和部落酋长，武丁决定借此机会获得傅说，任其为相。武丁等大家颂扬之后，说道："我夜得一梦，梦见上帝赐给朕一个圣人，叫傅说，上帝对朕言道，得到此人，我朝将会兴盛起来。"并把傅说的相貌叙述了一番。然后在群臣百官中一一核对相貌。对完了后，没有一个是和傅说一样的。武丁就问群臣应该怎样办？这批新贵大臣们只好说到民间去访查，武丁就下令派使臣到百工中去寻找。没有多久就在虞山山岩修筑工地上把傅说给找了来，于是武丁召集群臣百官传梦中圣人相见。当傅说走进朝堂后，武丁一见就以礼相待。群臣百官们见与武丁所说相貌完全一样，也都同声相贺，祝武丁梦得圣人，武丁当时就任命傅说为相，辅佐他治理朝政。傅说当然是早就心中有数，也只等这一天，面对群臣百官，誓言要尽心辅佐武丁，治理国家。

武丁得到傅说，"举以为相，殷国大治"（《史记·殷本纪》）。傅说是个很有才能的人，他做了执政大臣以后，和甘盘、祖己这样一些贤臣一起，兴利除弊，很快地就改变了商王朝那种衰弱的局面，数年之间，使商王朝的统治得到巩固，而且逐渐地兴旺起来。在此基础上，武丁对其周围的方国进行了一系列的斗争。

方居住在今山西、陕西北部直至内蒙古河套以北，是西北地区的游牧部落，武丁时方非常猖獗，屡次侵犯商界，进行抢夺。商王经常接到沚君的紧急军情报告。武丁曾多次亲自率兵征伐，所用兵力达三五千人。甲骨文中有"登人（征兵）五千"及很多"王往伐方"的记载，足见战争的激烈、规模。

土方居住在今山西北部一带，武丁时土方曾与方相互联合侵犯商的属国沚，土方在沚的东面，进犯沚的东鄙，方在沚的西面，进犯沚的西鄙。甲骨文有"沚盛告曰：土方征于我东鄙"。对付这支强悍的部落，武丁也要亲自征伐，甲骨文有"王伐土方"。用兵人数，最多亦达 5000，可见土方之强，似不在方之下。

鬼方居住今陕北、内蒙古及其以北的辽阔地区，是强大的游牧部落。武丁曾调动西部属国的兵力命震率军讨伐鬼方，花了 3 年的时间，平定了鬼方，使其一部落被迫西移。

羌方居住今晋南、陕西一带，也是商时用兵的主要目标。甲骨文中有关羌方的记载很多，武丁时伐羌方所用兵力最多，远超伐方、土方的人数，最多一次是 13000 人往征羌方。在战争中俘虏的羌人，被商人用作人殉人祭的牺牲。甲骨文记载了很多这类材料，其数字是惊人的。

商朝西北之敌尚有方，人善于养马，"多马"在商朝的战争和商王的田猎中都起着重要作用。武丁为掠夺其财富，对人曾大举用兵，所征调的兵力，亦竟达 1 万多人。

商朝在南方无劲敌，武丁曾经南征，"奋伐荆楚"，此后，商朝的势力延伸至长江以南地区。其他被武丁征伐过的方国还有缶、蜀、湔方、基方以及江淮流域的虎方等，商朝西北至南方的广大地区都被征服。如《诗经》所云："武丁孙子，武王靡不胜。龙旗十乘，大糦是承，邦畿千里，维民所止，肇域彼四海。四海来假，来假祁祁、景员维河，殷受命咸宜，百禄是何。"通过对周边部落的征伐，商的势力范围急剧扩大。

武丁在位 59 年，商朝的政治、经济、文化都得到了空前的发展，达到了极盛时期，史称"武丁中兴"。

八、荒淫无道商纣王，穷途末路归鹿台

武丁之后，商代还有八个君王，最后一位便是商纣王。

武丁在位期间，商王朝发展到它的强盛时期。但是好景不长，他去世后大约维持了 40 余年，商朝的统治便开始衰落。继武丁之位的祖庚是位 60 岁左右的老人，因有武丁打下的基础，坐享了约 10 年的清福便死了。此后继位的是祖甲。祖甲是武丁的小儿子，年轻时学其父，亦深入民间生活，与平民们一起劳动，亲身体验了劳动人民的生活，了解了他们的

愿望。因此，当他继位后，特别注重对百姓的安抚。他看到，武丁时的长期征伐，虽然开拓了不少疆土，但也给百姓带来了战争的痛苦，所以他"爰知小人之依，能保惠于庶民，不敢侮鳏寡"。他懂得，要巩固商王朝统治，没有人民的支持是不行的，因此要争取民心，就要给人民休养生息的时间，不再加重他们的负担。在祖甲统治的33年中，商朝没再有大的征伐举动。

祖甲末年，鉴于大大小小的贵族对人民过分盘剥，对方国过多榨取，祖甲唯恐由此会引起人民的反抗，方国的离心离德，便下令将先祖成汤时的刑法——《汤刑》加以修订，想借祖宗的威力以严刑来限制这些不肖子孙。可是这样一来，反而引起亲贵们的不满与抵触，故意对他刁难，当朝不朝，应贡不贡，大有各自为政之势，于是商王朝的统治又被削弱。

祖甲之后，商朝开始走下坡路。而这以后的几代商王又是怎样呢？商朝被周武王灭了以后，周公（姬旦）有这样一段评论："自时厥后立王，生则逸。生则逸，不知稼穑之艰难，不闻小人之劳，惟耽乐之从。"就是说，自祖甲之后作商王的，都是些贪图安逸之人，根本不懂得生产的艰难，不知人民的劳苦，而专一地荒淫享乐。周公的评价无疑是正确的，但这不能不使人想到武丁和祖甲。这两位商王，曾经一个被父亲派往民间，一个效法父亲主动走向民间，他们都在艰苦的环境中磨炼了自己的意志，并从人民大众中学到了治国之道。然而他们都没有将这种好的作风传给下一代。如果从这

商纣王与妲己

个方面去评价，那么他们的确不如注重培养接班人的小乙。

历史的经验证明：艰苦创业才有国家的兴旺发达。反之，一个王朝由盛而衰，由治至乱，大都从统治者的怠政、荒政开始。商朝的衰亡正是如此。到了商纣王，其荒淫暴虐更是到了无以复加的地步，成为导致商朝灭亡的直接原因。

纣以嫡子而被立为太子，后继位为商王。他很聪明，灵敏多才，身材高大，勇力过人，又能言善辩，遇事自以为是，好大喜功，性情残忍。

纣继位后，贪图享受，挥霍无度。一些王室贵族见纣都如此，也就恣意奢靡。有的谀臣为了讨纣的欢心，还常为他出谋划策，想出各种取乐方法。纣嫌商都玩的地方太少，于是下令在商都以南的朝歌（今河南淇县）修建了离宫别馆，在商都以北的邯郸、沙丘（今河北广宗县大平台村附近）也修建了离宫别馆，建有林苑亭台。纣经常带着美女歌姬和一些近臣们往来于朝歌和沙丘。因大兴土木，耗费了大量资财。为了弥补费用之不足，纣以加重赋税的办法，把这些负担转嫁到人民身上。他下令在全国增加赋税的征收，规定属国进贡的方物由每年一次增加到两次。此时能够按时进贡的属国已逐渐减少，更不用说一年两贡。纣见此状，便下令召集各诸侯前来黎地（今山西黎城）相会。

黎地离商都很近。纣亲率卫队先在黎地布置了一个威武的会场。到了相会之期，陆续前来的诸侯，看见刀枪林立，戒备森严，只得在武力威逼下，答应一年两贡。只有东夷的首领未等会散就逃了回去，拒贡赋而叛商。这就是古书中说的"商纣为黎之苑，东夷叛之"。

东夷叛商，使纣很恼怒，决定出兵讨伐，于是加紧战前准备，而这种准备当然又要增加一大笔军费开支。这笔开支除了压榨人民外，就要向诸侯国去索取，从粮食、牛羊到珠宝、玉器，无所不要。当时在商王朝田猎区附近有一个小小的属国有苏（在今河南武陟东），因这里地少人稀，出产不富，因此无力向纣王进交年年增加的贡赋，纣便认为有苏氏是有意对抗，于是以武力相加。有苏氏无力抗御，得知纣喜欢美女，便从族人中挑出一个名叫妲己的美女献给纣以求和。纣见妲己生得很美，便答应撤兵免

贡，并且班师回朝。

纣伐有苏氏以后，各属国不敢再抗命不交贡赋。于是纣率领了上万的商军向东南进发去伐东夷。东夷各部落当然经不起商的大军压境，经过几次交战，终于不敌而投降。纣为了防止东夷再叛，将商军留在东夷地区戍守，然后带着俘虏班师回朝。此后东夷未再叛商，而且朝聘往来经常不断。因为有大批商军在东夷地区长年驻守，加上经济和文化交流，商文化传播到东夷，因而加速了东南地区的开发。也正是因为纣将军队大批调往东南地区，放松了对西部周人的警惕，才被周武王乘机袭其后路，弄得家破国亡。

纣的暴虐统治，使他大失民心。征伐东夷已经耗费了大量的资财和人力，征服东夷后本应安定民心，发展社会生产。然而纣却更加贪图享乐，"好酒淫乐，嬖于妇人。爱妲己，妲己之言是从"。妲己喜欢看歌舞，纣命乐师师延创作了靡靡之乐、怪诞之舞。为了玩乐，纣甚至"弃田以为园囿，使民不得衣食"。人民无田可耕，衣食无着，十分不满，更加深了社会矛盾。

为了满足淫乐，纣不惜一切压榨人民，尽力指使谀臣们搜刮人民的钱财、粮食，修建了一个很大的仓库，取名巨桥，贮备了大量的粮食。在朝歌修建了一个又大又高的台，在台楼上面可以眺望四方，取名为鹿台，又叫"南单之台"。又"以酒为池，悬肉为林，使男女裸相逐其间，为长夜之饮"。在纣的身边有几个助纣为虐的谀臣，一个是"善谀好利"的费仲，一个是"善走"的蜚廉，另一个是力大而"善毁谗"的恶来。还有一个诸侯叫崇侯虎，在西部地区为纣作耳目。他们都是当政的大臣，又善于向纣进谗言，陷害贤臣。因为他们深得纣和妲己的信任，于是仗势压榨人民，从中渔利。在人民中间，朝廷内外，没有不恨他们的。凡是"百姓怨望而诸侯有叛者"，纣就处以重刑，"用炮烙之法"。炮烙之刑，就是用青铜铸造一根中间空的铜柱，把人绑于柱上，下面烧火，将人活活烙死。

纣的暴行引起了诸侯们的反对。有一个在朝的诸侯叫梅伯，多次劝谏纣不要任意对臣民施加重刑。纣杀了他还不算，还将他"醢"了，即剁成肉酱后分赏给诸侯们吃，并宣布：以后再有劝谏者，以此为例。被列为商王朝三公（西伯、九侯、鄂侯）之一的九侯（封地在今河北临漳），有一女儿长得很美，被纣王看中选入宫，只因看不惯妲己的淫荡而被纣王杀死，最后连九侯也被纣醢了分送诸侯。三公的另一个鄂侯（封地在今河南沁阳西北）为此指责纣，竟被纣杀了以后制成肉干以示众。

这时，位于西部的周正在悄然兴起。当周在发展势力，争取人心，以图取代商朝时，纣却在加重压榨、盘剥人民，"淫乱不止"。此时的商王朝已是众叛亲离，怨声四起。朝中大臣们都担心周的势力发展，对商不利。纣的叔父比干、哥哥微子多次劝谏，纣根本不听。朝臣们都为商王朝的前途担忧，便请大臣祖伊（武丁时贤臣祖己之后）再行劝谏。祖伊以社稷安危进行劝谏，都丝毫不能打动纣的心，只得仰天长叹："纣不可谏矣！"微子见纣不听劝谏，便逃到民间躲藏起来。纣的另一个叔父箕子装成疯子混在奴隶中，纣知道后，马上派武士前去将箕子捉回，囚禁起来。比干见箕子被囚，冒死去劝谏纣，指责他对箕子的囚禁。纣恼羞成怒，下令杀了比干，还剖其尸，挖其心。众朝臣见纣对自己的亲人都如此残暴，更加恐惧，于是有人逃出商都，投奔了周。这时，暴虐无道的纣早已成了一个被天下人所痛恨的孤家寡人，等待他的只能是身死国亡。

当纣还沉浸在鹿台的酒宴歌舞时，周武王已率兵前来征伐。纣闻讯后，急调东夷各地驻防商军，同时将分发在王畿内从事各种劳役的奴隶集中起来，编为军队，又调集商都、朝歌、沙丘等处的亲军、卫队，共计7万人。两军在朝歌的南郊牧野（在今河南淇县南）相遇。周军人数虽不如商军多，但队形严整，旌旗鲜明，士气高昂，战鼓齐鸣，呈现出"前歌后舞"的旺盛景象。而"纣师虽众，皆无战之心"。因此，当头阵商军与周军交火开战时，就被周军师太公望训练出来的周军击溃。由于纣将临时编成的奴隶兵放在头阵，充当先锋队，而这些奴隶早已恨透了纣，因此，交战不久，他们便掉转了戈、枪，回杀商军，为周军向北开路。这就是"前途倒戈"成语的来源。

　　周军有了倒戈的商军助战，直抵朝歌城下。纣见大势已去，深知自己作恶多端，若被擒获，必被处死，于是登上了鹿台，穿好衣服，将多年搜刮来的美玉宝器堆在身边，命人放火焚烧鹿台，自焚而死，结束了他的一生。自此，商朝灭亡，开始了西周王朝的历史。

第二章　商王朝的军事政治及其风云人物

一、兵民合一常备军，车兵步兵作"三师"

1.国家常备军

在商朝，商王既是国家的最高统治者，又是军队的最高统帅。商王直接决定军事行动，亲自或指派将领征集士卒、率军出征。军队的高级将领由王室或贵族担任，奴隶主贵族子弟是军队的骨干。

族邑之长平时管理众人（平民）和奴隶，进行生产活动；战时担任各级地方的武装首领，接受商王的调遣，率领由众人组成的军队出征作战。这种兵民合一、亦民亦兵的民军是商朝军队的主体。奴隶没有服兵役的义务。

另外，还有王室贵族的族军。商朝末年，随着内部阶级斗争的加剧和对外战争的频繁，这些族军已经有了固定的军事编制，士卒有了固定的军籍和等级隶属关系。一些军队有了固定的军职、军营和常驻地。虽然大部分士卒没有脱离生产，但以贵族为主，在军中长时间服役的现象表明，商朝出现了国家常备军的萌芽。

商朝青铜武器矛头

2.军队编制

商朝军队以师为单位，卜

商代车辖

辞有"王作三师，右、中、左"。"三师"为军队的基本组织形式，大概相当于后世的三军。虽然每师的具体人数尚未见有记载，但从商朝的征伐战争规模可知一二。征招兵员有时几百人，有时上千人，战争时间有的长达几个月。另外，商王的大规模田猎活动也相当于一次出征，并通过狩猎训练军队。

商朝军队包括车兵及步兵，作战方式普遍使用车战。考古发掘中发现不少商朝车马坑，殷墟小屯 C20 号墓中出有一车四马三人以及三人使用的三套兵器，可知一兵车载三人。小屯宗庙遗址前的祭祀坑中还发现象征军队阵式的葬坑，包括两个方阵。一阵为步兵，有 300 人左右；另一阵有兵车五辆。部分列左、中、右三组，与卜辞记载相符。车战中，射手以弓箭为武器，墓葬里还有大批青铜兵器如戈、矛、镞、钺及胄等。

3. 车战兴起

车战最早起源于夏代，约在夏末商初，已有小规模的车战。在商代晚期的甲骨文中，出现了最早的"车"字，至西周时期，车战就基本上取代了步战，成为主要的、占支配地位的作战方式，从而实现了中国古代战争样式的第一次巨变。商代和西周时期军事角逐的中心区域是黄河中下游的关中和中原地区，战场都是广阔的平原。

《诗经》中有关西周的篇章，凡写到命将出征，都要提备车备马，反映了车战在当时战争中占主导地位。战车用木制作，一些部位装有青铜饰件或加固件。其形制包括独辕、两轮、长毂、车厢。辕前端横置车衡，衡上缚两轭以供驾马。战车大多数驾两马，称为"骈"，也有驾三马的，称为"骖"，只有少数驾4马。车上载三名甲士，其中右方甲士执长兵器（戈、矛等），是主要格斗者，并负责为战车排除障碍，称"车右""戎右"或"参乘"；居中的是控马驭车的御者，只随身佩带刀剑等短兵器；左方甲士操弓矢。商代车阵已出现右、中、左的配置。商代晚期军队建制中右师、中师、左师概念的出现，反映了当时已经具有中军和两翼相配合的意识。

二、王权等级内外服，平民奴隶各不同

1. 王权制度

商朝的最高统治者是商王，商王自称"余一人"。商朝王位的继承法为父死子继与兄终弟及两制并用，凡子即王位者其父即为直系。周祭中，直系先王及配偶有资格列入祀典，而无旁系先王的配偶。到商朝后期更有"大示"（直系先王的庙主）及"小示"（旁系先王的庙主）之分别，祭祀"大示"的宗庙为"大宗"，祭祀"小示"的宗庙为"小宗"。这种家族中祭祀上的差别，正是商朝宗法制度的表现。

卜辞中商王亲属称谓有祖、妣、父、母、兄、弟，且有"多祖""多妣""多父""多母"之称。先王的配偶称妻、妾、母，与商王有血缘亲族关系的有"王族""多子族"。这些宗族同商王形成亲疏不同的宗法关系，他们构成"百姓"的主体，而为首的是商王自己。

2. 内服外服制

商王以下的统治机构，分"内服""外服"，内服是商王畿，即商王直接统治的地区；外服是指分封给诸侯的封地，还有派贵族去统治的边境地区。内服、外服中都有许多邑，贵族、平民都聚居于邑中。受封者有侯、伯两种。侯、伯的封地为世袭，他们各自拥有武装。诸

龟甲骨卜辞

侯对商王有贡纳谷物、龟甲、牛马的义务，再就是要服"王事"，即率兵随王出征。商代统治阶层就由大小官僚和侯、伯组成。

3. 官制

《尚书·酒诰》中有"越在内服，百僚庶尹，惟亚、惟服、宗工，越百姓、里君"，"越在外服，侯、甸、男、卫、邦伯"。结合卜辞的记载，商代的官制在畿内大致有：负责政务的尹、多尹、臣。臣又有王臣、小臣、小众人臣、管理耕籍的小籍臣、管理山林的小丘臣、管理车马的马小臣等。武官有多马、多亚、多箙、多射、多犬、五族戍等。史官有作册、多卜、多工、巫、祝、吏等。王畿外为商代之"四土"，这些地区散布着许多"服王事"的方国及部落，为商代的侯、伯。卜辞及文献中有攸侯、杞侯、周侯、犬侯、先侯、侯虎、侯告及宋伯、祉伯、易伯等，他们不仅要臣服于商王，还向商纳贡，负担劳役及奉命征伐。

4. 平民和奴隶

商朝的平民和奴隶由众、刍、羌、仆、奚、妾等不同身份的人组成。

商代武士复原图

卜辞有众、众人，是商朝的自由平民。他们从事农业生产劳动，有战事时还被征参加作战。商朝奴隶的来源是俘虏，卜辞中有"获羌"，即从羌方俘获来的奴隶。又说"王令多羌协田"及"多羌获鹿"，可知羌人用于农田劳动及狩猎活动。奚、妾大概为女奴隶。奴隶的另一个来源是罪犯，《说文》中之"像罪人之在屋下执事者"，即为来自罪犯的奴隶。

5. 外事制度

中国最早的外交活动可追溯到原始社会末期的部落之间的谈判、

结盟、划界和部落联盟大会。形成国家后，政治内容有二：一是安内，一是攘外，外事成为国家大事不可缺少的一部分。

夏朝是我国最早的奴隶制国家政权，但其结构不甚完备，行政场所最典型和最集中的是宗庙。国之大事如祭祀、册封、出师授兵、报捷献俘、外交盟会等，无不在宗庙举行。史书载夏朝中央设三老、五更、四辅、五岳，夏王每有大事，"敬四辅臣"。《尚书大卷》曰，天子"必有四邻，前曰疑，后曰丞，左曰辅，右曰弼"。由此可以推断，夏朝制定对方国诸侯的政策和策略的，必是天子与"四辅臣"等最高统治者。

商朝全面实行奴隶主贵族专政。奴隶主贵族阶级为了对内镇压奴隶和平民，对外进行掠夺战争和镇服四方诸侯，建立了比夏朝更为健全的国家机器，有了一套比较完整的内外职官体制，设有专门负责对外事务的官员——宾。《尚书·洪范》云：商有八政（八种政务），其中第七种机构叫"宾"。宾官相当于外交部长，隶属太宰，主掌接待宾客和诸侯朝见事务。这是已知的中国最早的外交事务官员，说明商代已把外交作为政治体制的一部分了。

三、分列汤王左右相，兴商灭夏股肱臣

在商汤灭夏桀和建立商王朝的过程中，他的左相仲虺和右相伊尹起了重要的作用。这是两个身世和经历完全不相同的人。仲虺是个奴隶主，从他先祖起就世代在夏王朝做官。伊尹是个奴隶，从他少年时代起就过着流浪生活，长大后当了厨子。他们都很有才干，看见夏桀的暴虐，残害人民，不关心生产，只知淫乐，引起了人民的咒骂，诸侯的叛离，深知夏王朝的灭亡已为时不远。他们想解救人民的痛苦，只有扶持一个有力的诸侯，推翻夏桀的统治才能办得到。他们看见商的势力在东方地区诸侯国中是最强大的一个，认为商汤是一个理想的诸侯，于是先后通过不同的途径来到了商汤身边。汤也是个识才之君，果然任用了二人为左右相，委以灭夏的重任。仲虺和伊尹也就全力协助汤灭了夏桀，又协助汤建立起了商王朝。

1.国君出身的左相：仲虺

相传仲虺的祖先叫奚仲，是夏禹时候的车正，就是管理制造车子的长官。奚仲原来是族居在薛（今山东滕县南）地的一个氏族酋长，善于制造车子。当了夏禹时的车正以后，就迁居邳（今江苏邳州市西南）。自奚仲以后，子孙都在夏王朝做官，为夏监制车子。到了仲虺时又迁回薛去居住，是夏王朝东方地区的一个诸侯。

仲虺24岁继薛国国君之位，他是一位极具才华与政治远见的人物。居薛期间，发扬先祖的优良传统，带领薛地民众，着力改进生产工具，号召各个村落在低洼地带打井取水，发展农业。他还倡导人们饲养牲畜，大力发展畜牧业。他设立农官，教人民用庄稼的秸秆饲养牲畜，用牲畜的粪便作为肥料，来提高土地的肥力。仲虺还重视手工业的发展。当时，铜器制造业、手工艺品制造业、皮革、酿酒、养蚕、织帛等，都发展到一定的规模。在仲虺的带领下，薛国成为一个经济较为发达、实力较为强大的诸侯国。

而此时的夏王朝，已是江河日下、众叛亲离。仲虺看见夏桀暴虐，人民怨恨，诸侯叛离，就从薛带了个族人来到了商。汤也早就听说仲虺是个有才干的人，正想前去相请，可是又顾虑仲虺的祖辈们都是夏王朝的臣子，恐仲虺不愿归商助他灭夏。没有料到夏桀自诛灭了有缗氏以后，引起了各地一些诸侯的恐惧，不仅与夏异姓的诸侯，就是与夏后氏同姓的诸侯也先后叛离夏桀。仲虺就是在这种形势下来到了商。汤见到仲虺以后非常高兴，向仲虺请教了治国之道。仲虺根据当时天下的形势，分析了夏桀如此下去，必

仲虺

然会自取灭亡,人心所向是商。他鼓动商汤蓄积力量,先伐与商为敌的诸侯,剪除夏桀的势力,然后灭夏建商。汤见仲虺是有用的人才,就任命为左相,参与国政。

仲虺在政治上有一套自己的见解,《左传·襄公三十年》记载仲虺的治国之道曰:"乱者取之,亡者侮之,推亡固存,国之利也。"这里讲的"国之利",即《左传·宣公十二年》仲虺所云:"取乱、侮亡、兼弱也"。

2. 出身奴隶的右相:伊尹

公元前16世纪,中国奴隶社会发生一件大事:商汤消灭夏桀,改朝换代,建立了商朝,定都亳邑(今河南商丘北)。辅佐商汤实现这一伟业的相,叫伊尹。伊尹(公元前1649—公元前1550年),姒姓,伊氏,名挚,生于莘国(今河南洛阳伊河)。因其母居伊水之上,故以伊为氏。夏末商初政治家、思想家,商朝开国元勋、道家学派创始人之一、中华厨祖。伊尹因此被誉为中国历史上的第一位贤相。

夏桀荒淫无道,嬖爱美女妹喜,宠信佞臣,杀害忠良,敲诈勒索百姓,激起天怒人怨。东方的方国商,迅速崛起,出了一位杰出首领叫子汤,也就是商汤。商汤娶有莘氏之女为妻,有莘氏之女带来一名家奴,作为陪嫁。家奴姓伊名挚,后来被商汤重用,才叫伊尹,一叫保衡。"尹"和"保衡"都是官号,相当于后世的宰相。

伊尹是个有头脑有谋略的奴隶。他随女主人到了商国后,任务是司厨,负责给商汤做饭。他的奴隶身份,决定了他不能直接面见商汤,陈说自己的政治见解,因此故意在饭菜的滋味上做文章,有时做咸,有时做淡,以便引起商汤的注意。果然,商汤发现了饭菜味道的变化,接见伊尹,询问原因。

伊尹抓住这个机会,从饭菜的滋味说起,引申至修身齐家治国的大道理,说得头头是道。他特别说到"九主之事",即分析三皇五帝和夏禹治理天下的经验,独具真知灼见。商汤大喜,觉得伊尹是个人才,解除了他的奴隶身份,"举任以国政",即任用他为国相。伊尹为相,竭诚辅佐商汤,使之成为开明的国君。一次,商国宫廷里长出一株楮树,数日内长得很粗

很粗。商汤觉得奇怪，说："这是什么东西？"伊尹说："楮树。"商汤说："它为何长到宫廷来呢？"伊尹说："楮树习惯于长在潮湿的洼地里，属于野生植物；现在长在宫廷里，可能是不祥之兆。"商汤说："那可怎么办？"伊尹说："臣以为，妖象是灾祸的预兆，吉祥是幸福的先声。见到妖象赶快做好事，灾祸就可以避免；见到吉祥却做坏事，幸福也不会到来。"商汤从伊尹的话中得到启示，斋戒沐浴，清除杂念，夙兴夜寐，吊唁死者，问候病人，赦免罪犯，赈济贫苦。说来也怪，没过多久，楮树就消失了，妖象不攻自破，国家更加兴旺。

商汤当时还是忠诚于夏朝的，特将伊尹推荐给朝廷，辅佐夏桀。夏桀恣意追求享乐，酒池肉林，醉生梦死，致使许多官员投奔商国。他们唱道："江水泛滥，汹涌澎湃；大小船只，均遭破坏。我们的国君快要灭亡，赶快到亳都去，那里是个很大的地方！"他们走在路上，继续唱道："快乐呀快乐呀！坐骑矫健，马匹肥壮，离开这鬼地方，去到那好地方，为什么不快乐呢？"伊尹给夏桀进言，说："主上不听臣言，大命将至，亡无日矣！"夏桀溢然而笑，说："你说的是昏话！吾有天下，犹天之有日也。日有亡乎？日亡吾亦亡也！"伊尹看到夏桀执迷不悟，不可救药，重新回到亳邑，鼓动商汤实行仁德，收揽人心，夺取夏朝的天下。

伊尹庙

夏桀意识到商汤是一大威胁，将其囚禁于夏台（今河南禹州市南）。伊尹积极活动，给夏桀送去许多礼物。夏桀遂将商汤释放。这一释放，等于是放虎归山，夏朝的灭亡指日可待。商汤在伊尹的谋划下，首先剪除夏朝东方的羽翼，攻灭韦（今河南滑县东南）、顾（今山东鄄城东北）、昆吾（今河南濮阳一带）等方国。然后停止对朝廷的进贡，试探夏桀的反应。夏桀大怒，命九夷族进攻商汤。这说明，夏桀还有一定的实力。伊尹审时度势，劝说商汤恢复进贡，上表请罪，以换取积攒力量的时间。

一年后，九夷族愤恨夏桀的残暴统治，纷纷叛乱。商汤和伊尹认为灭夏的时机成熟，发兵进攻夏桀。商军与夏军大战于鸣条（今山西安邑西），商军大败，夏桀带着妹喜，逃亡后饿死。夏朝灭亡。商汤回师亳邑，正式建立了商王朝。

商汤建立商朝七年后病死。太子太丁早卒，伊尹拥立商汤第二个儿子为国君，是为帝外丙。帝外丙在位三年病死，伊尹拥立商汤第三子为国君，是为帝中壬。帝中壬在位四年病死，伊尹拥立商汤的嫡长孙（太丁之子）为国君，是为帝太甲。

伊尹作为四朝元老，写了《伊训》《肆命》《徂后》等文章，教导帝太甲应遵循商汤时的政策和法制，努力做一位仁德国君。帝太甲开头两年，还算规矩，但从第三年起就变得荒淫了，"不明，暴虐，不遵（商）汤法，乱德"。伊尹多次规劝，帝太甲依然自行其是，置若罔闻。伊尹为商朝的江山着想，只好把国君送至商汤墓地附近的桐宫（今河南偃师东南）居住，让他进行反省。这一事件，史称"伊尹放太甲"。

帝太甲被"放"期间，伊尹以相的身份，"摄行政当国，以朝诸侯"。帝太甲在桐宫住了三年，想到祖父商汤创业的艰辛，对照自己乱德的行径，百般感慨，"悔过自责"，表示要痛改前非，重新做人。伊尹看到帝太甲反省有了成效，亲自到桐宫，迎接他回到国都，还政于他，自己仍居相位，忠心地辅佐国君。帝太甲吸取了教训，勤于政事，修德爱民，诸侯咸朝，百姓以宁。伊尹深感欣慰，专门写了《太甲训》三篇，称颂国君的功德。帝太甲在位23年病死。伊尹又拥立其子为国君，是为帝沃丁。

不久，伊尹病死，终年100岁。他死时，大雾三日，天地不辨。帝沃丁为表达对这位功臣的敬意，特以天子之礼予以安葬。伊尹从奴隶而为相，一生辅佐商朝五位国君，特别在摄政期间，没有趁机篡位，而是改造了帝太甲，继又归政于国君，表现了忠臣贤相所有的品质。正因为如此，他与后来的姬旦、管仲等人一起，成为中国历史上著名的贤相。

商汤有了仲虺和伊尹的辅佐，首先是管理好内部，鼓励商统治区的人民安心农耕，饲养牲畜。同时团结与商友善的诸侯、方伯。在仲虺和伊尹的鼓动下，一些诸侯陆续叛夏而归顺商。

四、网开三面汤德至，讨伐无道得民心

1. 网开三面

汤经常率领仲虺和伊尹出外巡视四周的农耕、畜牧。有一次汤走到郊外山林中，看见在一个树木茂盛的林子里，一个农夫正在张挂捕捉飞鸟的网，而且东南西北四面都张挂上。待网挂好后，这个农夫对天拜了几拜，然后跪在地上祷告说："求上天保佑，网已挂好，愿天上飞下来的，地下跑出来的，从四方来的鸟兽都进入我的网中来。"汤听见了以后，非常感慨地说："只有夏桀才能如此网尽矣！要是如此地张网，就会完全都捉尽啊！这样做实在太残忍了。"就叫从人把张挂的网撤掉三面，只留下一面，也

商丘商汤庙

跪下去对网祷告说："天上飞的，地下走的，要往左面，就从左吧，要往右面，就从右面吧，要高就高飞吧，要下来就下来吧，就到我的网中来吧！"说完起来对那个农夫和从人们说：对待禽兽也要有仁德之心，不能捕尽捉绝，不听天命的，还是少数，我们要捕捉的就是那些不听天命的。仲虺和伊尹听了以后，都称颂说：真是一个有德之君。那个农夫也深受感动，就照汤的做法，收去三面的网，只留下一面。这就是流传到后世的"网开一面"的成语故事。

商汤"网开一面"的事在诸侯中很快就传扬开了。"诸侯闻之，曰：'汤德至矣，及禽兽。'"（《史记·殷本纪》）也就是诸侯们听说了以后，都齐声称颂说："汤是极其仁德的人，对禽兽都是仁慈的。"大家都认为汤是有德之君，可以信赖，归商的诸侯很快地就增加到 40 个。商汤的势力也愈来愈大。

2.讨伐无道

当时，夏朝的统治者桀昏庸无能，整日沉迷于美酒和女色之中，根本就没有时间去管理什么国家大事，因此，国力一日比一日衰微，百姓们也都恨死了可恶的桀，希望有朝一日，能有一个英明的君主取代他。

汤看到桀越来越失去民心，就暗暗打定主意，一定要充分利用这个有利的条件，先把各路诸侯笼络到自己的门下，然后再共谋大计，进军夏国，取代桀的位置。

为了拉拢其他诸侯国，汤就在国内大力发展农业与畜牧业，使得商国国内，牛羊无数，田地万顷，粮仓中的粮食多得都吃不完。当别的国家发生了天灾或是饥荒，汤都会拿出大量的粮食和肉去救济这些国家的人民，这样一来，不但各诸侯国的国君对汤感激不尽，而且各国的人民也都非常尊敬和拥护汤，汤的地位也就越来越高。

可是也有不把商国的强大当作一回事的。

商国附近有一个小国有洛氏，人口稀少，比较贫穷。可有洛氏的国君却偏偏是一个爱讲排场，挥霍无度的人。他总是动用大批人力物力，去为他修建宫殿，可是，往往有很多人在修建宫殿的时候就因劳累和饥饿而死

去了。

汤知道了这件事之后，立刻派人送去了粮食和牛羊，并告诫有洛国君不应该如此劳民伤财，应该让人民回到农田中去种植粮食。

有洛国君根本不理会汤说的那一套，继续让国民为他建造宫殿。于是，汤就派兵一举攻灭了有洛氏。

此后，汤又相继灭掉了一些小国，使自己的力量日趋强大，渐渐地形成了可与夏桀势均力敌的国力。

3. 汤祷桑林

汤建国不久，商王畿内发生了一场旱灾，延续了7年，在后5年中旱情很严重，烈日暴晒，河干井涸，草木枯焦，禾苗不生，庄稼无所收，人民困苦异常。虽然旱灾刚发生时，伊尹也教民打井开沟，引水灌溉农田，但是旱情愈来愈严重。

天旱是一种自然现象，商代统治者们却把这看成是上帝所为。卜辞就有"贞（问）：不雨，帝隹（旱）我"（《龟》1.25.13）。意思是：不下雨，是上帝给我的旱灾。还有"戊申卜，争贞：帝其降我（旱）。一月，戊申卜，争贞：帝不我降"（《丙》63）。这也是商王武丁时期正反两问的卜辞，意思是：一月戊申这天占卜，史官争问道：上帝会降旱灾给我吗？上帝不会降旱灾给我吗？因此自从天旱发生后，汤就在郊外设立祭坛，天天派人举行祭祀，祈求上帝除旱下雨。古代在郊外祭天叫作"郊祀"。最初的郊祀仪式是燃烧木柴，用牛羊猪狗这些家畜作上供的牺牲，这种烧柴祀天的祭名叫作"燎"。汤

商代食器刘鼎

命史官们在郊外祭上帝，史官手捧三足鼎，鼎内盛有牛、羊等肉作供品，向天地山川祷告说："是不是因我们的政事无节制法度？是不是使人民受了疾苦？是不是因官吏受贿贪污？是不是因小人谗言流行？是不是有女人干扰政事？是不是宫室修得太大太美？为何还不快快下雨呢？"这是史官受汤之命，说了6条责备自己的事以求上帝鬼神赐福降雨。尽管汤命史官天天祭祀，苦苦哀求，上帝仍然没有赐福降雨。

大旱延续到第七年的时候，汤见郊祀也不见下雨，就命史官们在一座林木茂盛的山上，选了一个叫桑林的地方设了祭坛，他亲自率领伊尹等大臣举行祭祀求雨。但祭了以后也未见下雨，后来就占卜为什么不下雨。史官们占卜后说：祭时，除了要用牛、羊作牺牲外，还要用人牲。就是将活人放在柴上焚烧后让被烧的人上天去祈求上帝降雨。汤听了以后说："我祭祀占卜求雨，本是为民，怎能用人去焚烧？用我来代替吧！"于是命把祭祀的柴架起来，汤将头发和指甲剪掉，沐浴洁身，向上天祷告说："我一人有罪，不能惩罚万民，万民有罪，都在我一人，不要以我一人的没有才能，使上帝鬼神伤害人民的性命。"祷告毕，他便坐到柴上去（有说是用发和指甲来代替其身），还没有焚烧柴时，正好就下起了大雨。这是一种巧合，久旱必有大雨是自然界的现象，但汤的这种勇于牺牲的精神，受到了人民的敬佩和颂扬。因为在迷信思想的统治下，人民还不能完全认识自然现象，下了雨，旱灾解除，人民就用歌唱来颂扬汤的德行。汤就命伊尹将人民这些歌词收集起来，编了乐曲，取名为《桑林》，也叫《大濩》，这就是后世人们称作的"汤乐"。不过汤乐很早就失传了。

对此，《吕氏春秋·顺民》中有具体的描述："昔者，汤克夏而正天下，天大旱，五年不收，汤乃以身祷于桑林曰：余一人有罪无及万夫，万夫有罪在余一人，无以一人之不敏，使上帝鬼神伤民之命。于是剪其发，磨其手，以身为牺牲，用祈福于上帝。民乃甚说，雨乃大至。""汤祷桑林"不是虚构的故事。因甲骨文中有一"焚"字，是个象形字，原形上作立一正面人形，下作一火形，卜辞中用作祭名，是郊祀之祭。《左传·僖公二十一年》："夏大旱，公欲焚巫。"杜预注："巫，女巫也，主祈祷请雨也。"故"焚"为焚

烧人以求雨。《淮南子》中有"汤时大旱七年，卜用人祀天。汤曰：我本卜祭为民，岂乎自当之。乃使人积薪，剪发及爪，自洁居柴上，将自焚以祭天，火将燃，即降大雨"。武丁时期卜辞有"贞：勿，无其雨？贞：咙，有从雨"。证明商自汤以来郊祭祀天求雨都是用人作牺牲，只是汤不愿在刚建国时就以此伤害民心才以自己的发爪代替。此亦说明商王朝初年汤是实行的"以宽治民"政策，故商族的统治才得以巩固和发展。

自汤"祷于桑林"求雨以后，商王们遇天旱求雨，就使用了这种焚烧人的祭祀，这种祭名叫作"烄"。甲骨文中烄是个象形字，原形就像一个人站在火上被焚烧。卜辞有"其烄大有雨"的记载。还有很多用烄祭来求雨的卜辞。当然商王不会为了祈求下雨而焚烧自己，而是用奴隶来做牺牲品，甲骨文中反映出这种被用来焚烧求雨的人，大多是女奴隶。商代以后，烄祭发展成为焚烧巫（女神婆）来求雨。

旱灾解除以后，汤更加受到四方诸侯、方伯的拥护。他仿照夏朝帝王6年一巡狩的制度，开始了第一次巡狩。在巡狩过程中，诸侯、方伯们都向他进献贡品方物。回到商王都以后，汤对伊尹说："我想下一道令，根据各方所出产的物品，规定四方诸侯朝贡进献的种类。这样四方诸侯也容易备办，而王朝中就会样样都有。"伊尹就受命制定了每年四方进贡物品种类的规定，并向四方诸侯、方伯们宣布：正东方地区各国离海近，主要进献鱼皮制的器物、乌鲗鱼酱、锐利的剑。正南方地区各国出产丰富，犀牛、大象产得多，主要进献犀牛角、角牙、珠玑、玳瑁、翠羽之类。正西方地区各国地广山多，主要进献丹青、赤色、白色的颜料，以及龙角、神龟之类。正北方地区各国地广野物多，主要进献骆驼、野马、各种良马和良弓。此令下后，四方诸侯、方伯都欣然应承。

五、帝乙嫁妹巧联姻，天作之合享太平

早在商朝武乙时，商曾授给居住西部的周族首领季历以征伐大权，命其率兵西征，灭程、义渠等部，季历为表示对商王朝的臣服，还亲带贡物到商来朝见，受到武乙的赏赐。文丁即位之后，周季历对商朝仍勤劳王事，

文丁继位后第二年，居住在燕京山（今在山西静乐北）的燕京戎反对商朝，季历率兵征伐，结果反倒被燕京戎所击败。两年之后，居住在余吾（今在山西长治西北）的余吾戎反对商朝，季历又率兵去征伐，将其打败，余吾戎投降周人。于是季历遣派使者到商向商王文丁报捷，文丁听了十分高兴，并任命季历为商朝牧师（地方长官），管理商朝西部地区的征伐事宜。又过了三年，季历开始征伐始呼戎，打败了它，使之投降臣服。几年以后，季历再次出兵。又征伐了翳徒戎，将其俘获的三名翳徒戎的首领，向商王献捷。眼看季历相继征伐了西部地区许多戎人部落，扩大了土地，掠夺了财物，俘获了大量人员使其为奴，从而增加了势力，商王文丁见周人越来越向东发展，开始对周产生猜忌，十分融洽的商周间的臣服关系开始有了改变。

文丁借季历献俘报捷，装作高兴，还以祭祀时所用美玉、所雕制盛酒的圭瓒和以秬、香草酿制的香酒赏赐季历，这在当时是一种最高的奖赏了。文丁又加封季历为西伯，命其统领西部地区，季历也非常开心。住了段时间后，季历向文丁辞行，要返回周地时，文丁不准，只许其随从回国，而将季历囚禁起来。经此突变，连气带恨的季历便死在商朝了。

季历死后，其子昌继位为周侯。两年后，文丁也死了，帝乙继了王位。昌为报父仇，准备兵力向商进攻，而此时位于商王朝东南的夷方也先后同孟方、林方等部落叛乱，反对商朝。帝乙为了避免东西两方同时受敌，也为了修好因其父杀季历而紧张的商周间的臣服关系，采用了和亲的办法来缓和与西部周人的矛盾。

帝乙有一胞妹，生得端庄秀丽。为了与周

商代伏鸟双尾青铜虎

人和亲，帝乙先派遣使臣到周，先向周侯昌表示歉意，表示双方父辈所做之事业已过去，商王现在想将自己的妹妹嫁与周侯昌为妻，使双方结为亲家。当时周族的势力虽然逐渐强大，但要与商王朝相抗衡，恐为时尚早。周人准备伐商，如今的商朝势力虽不如前，毕竟还是统率全国的天子，叛商者还不及臣商者多，讨伐并无十分把握，不如先行和好。考虑来考虑去，周伯答应了和亲一事，又备办了贡物，遣使臣入商朝见商王帝乙，商定吉日迎娶帝乙之妹。帝乙当然更加高兴，不但亲为选定迎亲之日，还特意准备了十分丰厚的陪嫁财物，派自己的亲军卫队护送其妹到周成亲。为了极力拉拢周伯，还命昌继其父为西伯，昌也尽力将婚事办得隆重盛大，亲自去渭水相迎，造船在水中搭成浮桥。周人自称"小邦周"，而今能同商王之妹联姻，觉得是"天作之合"，商周双方皆大欢喜。

帝乙嫁妹与周，使恶化了的商周关系得以恢复。帝乙可以征伐夷方，专门对付东南方的敌人。而周人在西部力量得以日益增强。

六、贤淑王后名妇好，国史第一女英雄

妇好（生卒不详），好姓（同子姓），我国有历史记录（甲骨文）的最早的女政治家和军事家，中国历史上第一位有据可查的女英雄。

在那荒荒漫漫的河南安阳侯家庄西北岗，20世纪30年代中，发掘了一些崇天祀神的时代留下来的、湮灭在岁月中的贵重信史坐标，这里有商代中兴之主，第23代商王武丁的王陵墓穴。40年后的1976年，一座完封的甲骨坑在殷墟小屯宫殿基址区内出土，墓葬坑的主人拥有大量的青铜器、玉器、甲骨、大钺和发笄，还有来自海外的

妇好雕像

货贝等等，表示墓葬坑主人是个很富有的王、祭司、大将军，而且是一位女子。这就是妇好墓。

妇好墓位于丙组基址西南，是 1928 年以来殷墟宫殿宗庙区最重要的考古发现之一，也是殷墟科学发掘以来发现的、唯一保存完整的商代王室成员墓葬，该墓南北长 5.6 米，东西宽 4 米，深 7.5 米。墓上建有被甲骨卜辞称为"母辛宗"的享堂。

该墓共出土随葬物品 1928 件，其中青铜器 440 多件，玉器 590 多件，骨器 560 多件。此外还有石器、象牙制品、陶器以及 6000 多枚贝壳。妇好墓出土的器物异常精美，如工艺精湛的小玉人、镶嵌绿松石的象牙杯等。在出土的大量的青铜器中，有多件上面铸有"妇好"的铭文。特别是一件带有"妇好"铭文的武器"钺"，学界普遍认为是妇好可以领兵打仗的权力标志。

"妇好"在商代的甲骨文里出现过 200 次之多，她是武丁的第一任王后、国家的重臣，也是一方诸侯国之王。

出土的大量甲骨卜辞表明，在武丁对周边方国、部族的一系列战争中，妇好多次受命代商王征集兵员，屡任军将征战沙场。她曾统兵 1.3 万人攻鬼方，俘获大批羌人，成为武丁时一次征战率兵最多的将领。她还参加并指挥了对土方、巴方、夷方等重大作战，著名将领沚戛、侯告等常在其麾下。对巴方作战中，率领沚戛布阵设伏，断巴方军退路，待武丁自东面击溃巴方军，将其驱入伏地，予以歼灭。这是中国战争史上记载最早的伏击战。在"国之大事，在祀与戎"（《左传·成公十三年》）的商代，妇好还

妇好墓穴玉凤

经常受命主持祭天、祭先祖、祭神泉等各类祭典，又任占卜之官，为武丁统治集团的重要成员。她曾率兵镇压奴隶反抗斗争，竭心尽力维护奴隶主阶级统治和特权，深受武丁宠幸，被封于外地，担负守土、从征的重任。

妇好不仅是一位女王将，还是一位外交大使、政务要臣、警政大员、亲善大使，辅佐武丁理政，简直就是天纵神能的全才，足见她的超凡才干和武丁对这位王后的信赖倚重。可惜，妇好终因积劳成疾而先逝，国王武丁予以厚葬，并修筑享堂时时纪念。

妇好享堂（母辛宗），即是妇好死后，国王武丁为祭祀妇好，在其墓圹上所修建的宗庙建筑。这座建筑就是对母辛宗遗迹的科学复原。

七、忠臣屡谏商纣王，比干逆鳞遭剖心

纣王荒淫无道，身边尽是些只会阿谀奉承的小人。他们总是帮纣王出歪点子，坏主意，使得纣王更加心安理得，肆无忌惮。

1. 屡谏无效

但是，并不是每一个人都如此，在所有的王公大臣中，也有那些不满于纣王所作所为，敢于向他提出批评的人。当然，这些人所得到的下场，几乎都很惨。

首先，就是纣王的哥哥——微子启。

他是一个善良贤德的人，沉稳而干练，不知道比他的弟弟要强上多少倍呢！可惜他当初没有被立为国君，否则的话，国家就不会像现在这样动荡不安，民不聊生了！

他多次劝谏纣王要善待百姓，不可过于荒淫，可纣王就是不听他的。

一次，他到鹿台去进谏纣王。刚来到内宫，就看见纣王正搂着妲己看一群裸体的男女狂舞，他又生气又难过。

纣王见从来不懂得享受的哥哥来到这里，还以为他开了窍，就立刻满脸堆笑地说："兄长，你也来了，真是少见呀！来，不如和我们一同乐乐吧！"

微子启哪有心情做这种事啊，他淡淡一笑地说道："我今天来，是有一件事要禀告大王！"

"哦？有什么事？快快说来。"

微子启慢慢说道："当年，商祖汤历尽千辛万苦，才创下商的基业，他付出的汗水和辛劳应该被我们这些后世子孙牢牢记住。我们应该时刻以江山为重，继承先帝遗志，统治好国家，以至千秋万代。而如今，你却不思朝政，只知道自己快乐，不问百姓的疾苦，不管诸侯的纷争，长此以往，国家怎么能够治理得好？"

此时，纣王再也忍受不了了，一脚踢翻了眼前的桌子，冲着微子启大声喊道："不用你来教训我！你给我滚！"

微子启这次的劝说失败了，但是他并没有灰心，在这以后，他又多次进谏，可是纣王始终不听，甚至威胁说，如果他再说这种混账话，就别怪纣王不念兄弟之情了。

微子启见弟弟根本无悔改之意，也觉得再这样劝下去，也根本没有什么用，于是，就逃到别的地方去了。

老臣商容是朝廷的有功之臣，大臣百姓都十分尊重他，如今国家处在危难时刻，觉得自己的责任重大，就去劝解纣王。纣王不但不听他的话，而且毫不念他为国家所作出的贡献，反而把他的官给罢免了。

贤臣祖伊听到这件事后，去见纣王，说道："上天已经在告诉我们商朝的命运了，聪明的人一眼就可以看出前景不妙，最近我们去占卜，算出的也是凶运。这并不是先王不帮助我们，而是大王你要逆天而行。你自图享受，暴虐狠毒，使得每一个人都不能安心吃饭，像商容这样的对国家忠心赤胆的老臣，人们说到他，没有不从内心里崇敬的，而你无缘无故罢免了他的官职，当面侮辱他，难怪我听人说，老百姓没有不想你快快死亡的，上天为什么不来惩罚人间这些有罪之人，那个对国家有益的新王为什么不到来？今天我观你的所作所为，我信了。"

这一席激烈的言辞同样没有改变纣王的行为。

2. 比干剖心

在朝廷中，还有一个对商王朝非常忠心的老臣，他就是纣王的叔父——比干。

比干

比干生性刚直，性格倔强，对于纣王的残忍暴行和荒淫无度，早有不满，同时，又看到那些敢于向纣王直谏的忠臣也都相继惨遭杀害，他的心里无比的悲痛与伤心，他是多么希望纣王能够改邪归正，重振朝纲啊！

一次，他来到鹿台，见纣王和妲己仍在那里饮酒作乐，很是气愤，于是，就将大臣和百姓对国家的担忧一股脑儿地说了出来，同时告诫纣王不可再荒淫残暴，否则江山不保。纣王听后大发雷霆，一点也不给他面子，叫人将他轰了出去。

比干仍不甘休，站在宫里三天三夜，等待时机准备再对纣王进行一番说教。

到了第四天，纣王从内宫出来，见比干还在这儿站着。本来还未消气，现在更是愤怒至极，大吼道："你这老匹夫，总是倚老卖老，告诉你，我才是一国之君！好吧！人家不都说你是圣人嘛，听说圣人都有七个心眼，既然如此，那我今天倒要看看你到底是不是有七个心眼。"

说完，纣王就命人将比干的心挖了出来，可怜的比干就这样惨遭杀害了。

敢于直谏的忠臣都没有得到好的下场，自此以后，哪还有人敢在纣王面前指责他的不是！

没有了贤臣的辅佐，商王朝也就在纣王的带领下一步一步地走向了灭亡。

3. 箕子装疯卖傻

箕子是纣的庶兄，为帝乙的庶妃所生，比纣年长几岁。因为他有一块封地在箕，今山西太谷东北，封为子爵，故人称"箕子"。他的名字叫什么，现在已经不清楚了。箕子对纣当殷王能否治理好国家十分关心。他头脑灵敏，能见小知大。有一次，纣吃饭要用象牙筷子，箕子就开始感到不安。他感叹道："用象牙筷子吃饭，那么盛饭菜和饮酒的器具一定不会用粗陋的土器，而必将用犀牛角或美玉做的杯子，用象牙筷、美玉杯一定不会吃普通的饭菜，而必将吃牦象肉、豹子胎这些珍奇美味之物，吃牦象肉、豹子胎的，一定不会穿粗布短衣住在茅屋之下，而必将锦衣九重而建筑广室高台，出门时驾起豪华的马车。奢侈浪费、滥用民力之风从此开始，发展下去将会怎样呢？令人忧虑啊！"果然不多时，纣开始大建宫室，造起酒池肉林，挥霍财物，纵情享乐，不顾百姓的穷困和国家的危亡。对于纣的所作所为，箕子也作过劝谏，但纣根本不放在心上，我行我素。

等到王子比干因直言极谏被纣挖心处死，纣的长兄微子启听说如此惨祸逃亡失踪，有人劝箕子也远走高飞，以避灾难。箕子冷静地分析说："知道君不会听你的话还要去劝谏，这是愚蠢的行动；但如果当臣下的因谏君不听而逃亡出去，这是彰明君主的罪恶而自己取悦于小民，我也不忍去做那样的事啊！"箕子知道谏纣无用，又不肯逃亡而使君的罪恶在民间流传，于是就披头散发，假装疯子，混在奴隶中间。这样，一方面可以使别人认为箕子精神错乱，能够原谅他不去劝谏；另一方面可以使纣认为箕子是精神病患者，而不加害于他。

箕子虽然蓬头垢面，装疯卖傻，内心却十分痛苦。他经常隐藏起来，独自一人弹奏三弦琴，嘴里哼着他自己编的小调，神情抑郁悲伤。后来人们把他编的小调唱词搜集起来，成为一本文集。因为箕子虽然怨恨失意，犹守礼义，心胸坦然，不改其贞操，所以把这本唱词文集题名叫《箕子操》。可惜这本凄楚动人的唱词文集后来散失了，没有流传到今天。

箕子装疯卖傻的行为并未能逃脱纣的惩罚，最后还是把他囚禁起来，关在一间牢房里，限制他的行动自由。但当时人们却给了箕子很高的评价说："箕子尽其对君主的忠心，见到比干的惨死，为免遭其祸而伪装如此，真

是既仁且智，到了极点！"纣的三个亲戚，王子比干、微子启、箕子，在纣作恶多端、国家危难之际，各有不同的表现和遭遇，也显示了各人的思想品格和临事决断的个性。

八、众佞臣助纣为虐，遭惩罚罪有应得

商纣身边有许多佞臣、谀臣和奸臣，他们或者向纣虚报天下太平，使纣长期沉湎酒色或者出谋划策，帮助纣抢掠美女钱财；或者挑拨离间，陷害忠良。纣的昏庸残暴，全靠这些人为虎作伥，充当爪牙。随着商朝的灭亡，这些人也得到了他们应有的下场。

1. 对助纣为虐者斩首示众

谀臣费仲，是商纣的执政大臣。他经常出点子，教纣如何搜刮财物，又在纣面前拨弄是非，告诉纣哪个诸侯和大臣是危险人物，应加防范和诛杀。对西伯昌，他就曾经唆使纣囚禁过，并多次劝说纣加以诛杀。还有一个佞臣左强，也是纣非常宠幸的人物。他经常教纣如何物色美女，纵情享乐，如何对忠臣施以酷刑，对诸侯施加压力。武王攻入商都，当即把这两个助纣为虐的奸臣斩首示众。

2. 创作靡靡乐舞者投水身亡

有一个乐官名师延，最善于制作靡靡之乐。纣喜欢在靡靡之乐的伴奏下看美女跳舞，这些靡靡之乐大都是师延创作的。他一面创作和教人演奏靡靡之乐，一面训练舞女进行各种妖冶的舞蹈，以满足纣的淫欲。纣终日沉醉在音乐舞蹈里，不理朝政。有人称师延创作的音乐是"亡国之声"，创作的舞蹈是"亡国之舞"。师延得知商朝兵败，便向东逃到濮水，在今河南范县南。他心想自己的一生都为纣寻欢作乐而创作靡靡之音、绵绵之舞，臭名昭著，周军肯定要惩罚他，活着还有什么意思？他便自投濮水，溺水身亡。据说自师延投水身亡后，濮水上经常传出靡靡之音，闻此声者就有亡国的危险。这当然是出于后人的编造，但由此可见师延作乐编舞，在促使商纣灭亡中所起的作用。

3. 父子帮凶的可耻下场

商纣还有两个宠幸的大臣，名叫蜚廉和恶来，他们父子俩都是后来秦国国君的先祖。蜚廉是个飞毛腿，行走特别快，恶来异常有力，一人可以抵挡数人的搏击。

商代玉戈

这样，蜚廉就当了纣的通信员，恶来当了纣的保镖，经常出入在纣的身边。恶来喜欢说别人的坏话，有不少诸侯和大臣因为恶来的诋毁而受到纣的惩罚，因此积怨很多。周武王伐纣时，恶来狂妄不服，周军很快把他杀死。其时蜚廉在北方为纣置办石棺，好让纣死后躺在坚固的石棺中。办好差事回来，纣已自杀，他就在霍太山，即今山西霍山上建了一个祭坛，向纣报告办事经过。据说，蜚廉在霍太山上得到同样一口石头棺材，上面刻有字说："上帝命令处父不参加殷乱，赐你石棺以华耀氏族。"刻字中的"处父"是蜚廉的别号。蜚廉被上帝赐死的故事，当然是编出来的。实际情形是，蜚廉得知儿子恶来在战争中牺牲，自己又不能再回到朝歌，十分伤心。不久就病死了，死后就葬在霍太山上。蜚廉和恶来，这一对父子帮凶，同样没有好结果。

九、昏武丁误信谗言，冤孝己以死明志

1. 商王武丁有三个正妻

商朝社会，名义上实行一夫一妻制，但统治阶级的贵族往往三妻四妾。在许多妻妾中，社会规定，只有一个是正妻，其他的都是妾，俗称"小妻"。历代商王除了一个正妻为王后外，还有不少妃子。王后死后，可以再立一个王后。原配正妻和后来续为正妻的，死后都要在宗庙中列位供奉。后人祭祀先王时，有的配以正妻同祭。祭祀时称正妻为"先妣"。从商代甲骨文看，武丁的正妻在祭祀卜辞中有妣戊、妣辛、妣癸三个。这说明，武丁除了原配正妻外，至少以后还续配了两个正妻为王后。据史书记载，武丁在位59

年，他的寿命有"百岁"。这样长寿的帝王，有三个王后是很自然的。

2. 长子孝己立为太子

武丁的原配正妻生有一子，因为是己日生的，所以叫"祖己"。祖己为人诚恳憨厚，特别孝顺父母。父母的饮食起居、冷暖病痛，他都挂在心上，精心照顾。传说他一晚上要起来五次，看看父母睡得好不好。因为他的孝行感动了父母长辈和亲戚朋友，所以大家又给他起了个名字，叫"孝己"。

古代祭祀祖先时，往往用受祭祖先的子孙一人来充当死去的祖先，接受人们的礼拜。这充当祖先的人，叫作"尸"。孝己因为老实厚道，亲戚长辈都喜欢他，而且他又是武丁的长子，所以王族祭祖时，经常叫孝己当"尸"。当尸的人祭祀前要洗去身上的污垢，换上清洁的衣服，同时要不吃荤腥，不饮酒，戒除一切嗜好，在一间清洁的房屋中住上三天至七天，这叫作"斋戒"。孝己对于当尸和斋戒，总是乐呵呵地听从亲戚长辈的安排，从无二话。由于受到王族中大多数人的喜爱，武丁早年就立孝己为太子。

3. 继母加害，父亲昏庸致恶果

可是，孝己的母亲在孝己正要成年时突然去世了。父亲武丁在原配正妻去世后，不久又续立了一位正妻做王后。孝己对于继母，虽然格外地尽孝，但继母时常在武丁面前说他的坏话。武丁的后妻也生有一子。为了使自己的儿子成为太子，后妻不惜采用捏造事实、恶意诽谤的办法来加害孝己。武丁在后妻不断的谗言蛊惑下，狠了狠心，把孝己流放到远处。孝己是个意志脆弱的人，他受不了如此的冤枉和虐待，在流放之地吃不下饭，睡不着觉，没有多久，便因忧愤过度猝死在野外。

前妻之子早年丧母受到继母的虐待，父亲因为听信后妻谗言而迫害前妻之子，这本来是一场相当普通的家庭纠纷，但是，孝己之死却牵涉到王位的继承问题。孝己懦弱老实，只有以死来表明自己的清白无辜。武丁昏庸，听信妇人之言，造成了不可弥补的错误和损失。这种行为，自然受到王族亲戚、大臣和人民的指责，在武丁的一生行事中，留下了一个不小的污点。

十、献亲女鬼侯遭殃，鸣不平鄂侯同罪

1. 为求荣华富贵把女儿扔进火坑

商纣王专制暴虐，胡作非为，为了巩固政权，就拉拢一批势力做爪牙。当时商纣任命西伯昌、鬼侯、鄂侯为"三公"，这是商纣宫廷中最高的官职。"西伯"就是周侯。商纣继续任命周侯昌为西伯，当西方诸侯之长。鬼侯有的书上记载为"九侯"，其诸侯国的位置在今河北磁县西南，就在商王畿的北边。其诸侯国在今河南沁阳市，位于商王畿的南边。

鬼侯当了商王朝的三公，喜出望外，受宠若惊。鬼侯有个女儿，生得如花似玉，十分美丽。他知道商纣喜欢女色，为了讨好商纣，竟把自己的女儿进献给纣。一个父亲，为了自己的荣华富贵，把亲生女儿往火坑里推，这样的人，不但失去了做父亲的起码道德，其结果往往也不会有好的下场。

2. 不愿苟合招来杀身之祸

果然，商纣看见鬼侯的女儿眉开眼笑，立刻就想动手动脚。鬼侯的女儿早就听说商纣玩弄女性的种种行径，对商纣有一种憎恶的情绪。后来又听说商纣与妲己整天泡在一起，在酒池肉林中做乌七八糟的勾当，心中更增添了厌恶的感情。现在见到商纣又要来糟蹋自己，便躲闪回避，公然表示不愿意。这一来，惹怒了商纣。当时，妲己正好来到商纣身边，见鬼侯女儿容貌美丽，商纣喜新厌旧，不禁醋性大发。她一边哭泣，一边编造谎言，说鬼侯的女儿早已与一男青年私定终身，有了关系。商纣一听此言，更加怒火中烧，立刻命人把鬼侯的女儿拉出去斩了。商纣又想到，

商代母鼓铜方罍

鬼侯竟把这样的女儿进献给自己，岂不存心使自己难堪！于是，命人把鬼侯也一起杀了，并处以醢刑，即把他的尸体剁成肉酱。

3. 替好友辩解被晒成肉干示众

与鬼侯一起做三公的鄂侯，平时与鬼侯感情甚好，他听说鬼侯因为进献女儿惹出祸来，就立刻来到商纣面前进行争辩。鄂侯对好友及其女儿的被杀表示万分悲痛，哭述鬼侯对商王本是一片忠心，他的女儿也是一个忠贞纯洁的少女，从来没有半点不轨的行为；鬼侯效忠商王得到如此下场，这在大臣中将会产生什么影响！鄂侯的感情激昂慷慨，哭诉声、争辩声越来越大。商纣感到鄂侯态度蛮横，对自己不尊重，于是，命人对鄂侯处以脯刑，即把鄂侯杀了后晒成肉干示众。

商纣一怒之下杀了三人，斩了鬼侯的女儿，把鬼侯剁成肉酱，把鄂侯晒成肉干，其手段之残忍令人发指！商纣如此惨无人道，天下的诸侯和人民都对他咬牙切齿，恨之入骨。纣王的名声和处境越来越坏。

十一、箕子进谏遭囚禁，移民东北建朝鲜

箕子，名须臾，与比干、微子同为商代三位仁人。箕子本是商王朝贵族，在商纣王时期曾辅佐朝政。

由于不满纣王花天酒地，使用奢侈品，箕子最终被商纣王囚禁。周武王灭商后释放了箕子，但箕子不愿意臣仕周朝，率领商遗民 5000 人向东北移民，并到达了古朝鲜地区的大同江流域，建立了箕氏朝鲜，这也是被史学界公认的古代先民大规模走向域外的开端。至于箕子进入朝鲜的路线，主要有两条：一是陆路，由华北过辽宁、吉林入平安北道或咸镜北道地区；一是水路，由山东半岛到达辽东后沿海岸到朝鲜西北海岸，或直接渡海到达朝鲜。周武王对殷商遗民的所作所为，实际上具有拉拢、争取各方国、部落支持的战略意图，是具有外交大局观的重要举措。至于"因以朝鲜封之（箕子）"，也只是不得已形势下的顺势而为。周王朝没有追杀箕子所率领的商遗民，而是承认了箕子对古朝鲜的统治权，并没有要求箕子国履行诸侯国应该承担的对周天子朝觐贡献的职责。但是，箕子显然故土难忘，

曾经回到中原并朝见周王。而且，周武王还借机向其请教治理国家的"洪范九畴"。

箕　子

箕氏朝鲜在箕子的治理下，国力不断强盛，存国达 900 多年，直到西汉初年被燕人卫满所灭。灭国后，箕氏又南下，使箕氏朝鲜在半岛南部延续 200 多年。在春秋战国之际，中原礼崩乐坏，但在朝鲜尚存华夏古风，正是箕子的功绩，所以孔子称此地（古朝鲜）有"君子"。中国历代王朝出使朝鲜的使节，都要前去拜谒位于平壤附近的"箕圣陵"。

第三章 商朝的社会经济与文化科技

一、社会生产大发展，农商畜牧业与渔猎

1. 农业

商朝农业生产已成为社会生产的主要部门。甲骨文大量记载了商人的农事活动，几乎包括与农业有关的各个方面。甲骨卜辞中有大量"受年""受黍年""受稻年"等类辞句。卜辞的田字即为田的阡陌和沟洫之形。由卜辞可知，商朝的主要农作物有禾、黍、麦等。耕作的方法采用合力耕种及"焚田"（即火耕），并已使用粪肥肥田。商王除亲自视察田作外，还常命臣下监督农耕。当时农业已能提供较多剩余产品，卜辞中常见在收割后把粮食放入廪中贮藏的记载。

农业生产中使用的工具有木、石、骨、蚌，亦有青铜农具。耕具有耒、耜。耒为木制有歧头的木杈，用作翻地；耜为木制无分歧的工具，用作铲地起土。耨具有辰（蜃的贝壳）。收割工具有镰、铚。

商朝农作物的再生产品有酒、醴、鬯。酒为黍或稻所酿，醴为稻所酿，鬯为黑黍及香草所酿。商朝出土

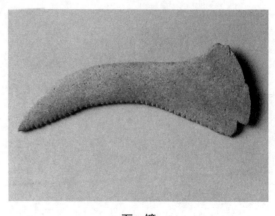

石 镰

的酒器种类繁多，《尚书·酒诰》记载，人民嗜酒，淫逸，以致亡国，可见嗜酒风气之盛。酿酒业的发展，从一个侧面反映了商朝农业生产的发达程度。

园艺和蚕桑业亦有发展。卜辞中有圃字，即苗圃；有囿字，即苑囿。果树有杏、栗等。卜辞中又有蚕、桑、丝、帛等字，商朝遗址中还出土有玉蚕及铜针、陶纺轮等物。在出土的青铜器上有用丝织物包扎过的痕迹，从出土的玉人像也可看到其衣服上的花纹。可见商朝的蚕桑业及丝织业已较发达。

2. 商业和交通

商朝的商品交换由于农业、手工业的发展而日渐增多，部分商人"肇牵车牛远服贾"。商朝遗址中出土有海贝、海蚌、鲸鱼骨、大龟骨等海产物品，其来源除赠送、进贡及征集外，也有商人长途贩运而来的。除以物易物

商朝海贝

的交换外，当时已开始使用货币。商朝货币的主要形态是玉和贝，殷墟墓葬中出土有大量的贝，最多的达千枚。除天然贝外，还有石贝、骨贝、蚌贝、玉贝及铜贝等仿制贝。卜辞中有"赐多女有贝一朋"，金文中亦有"王赏戍嗣贝廿朋"的记载，证明贝在当时已用作货币，并以"朋"为计算单位，以十枚贝为一朋。

交通工具主要是陆路的车和水路的船。卜辞中有车字和舟字。商朝遗址中发现车马坑多座，出土的马车有二马一车和四马一车，车为木制，有铜车饰、单辕、一轭、一舆、一轴、两轮。车用于田猎、作战等。商朝的舟，尚无实物证据，但知其用于渡涉。

3. 畜牧业和渔猎

商朝畜牧业也很发达，后世所称的"六畜"，都已全备。卜辞中的"为"

字，像以手牵象之形，所谓"商人服象"。卜辞中又有牢、圂等字，即饲养牛羊马猪的栏圈。商人爱马，卜辞中的骊、驳、犸等，即是指马。对于牛、羊、犬、豕等的毛色，商人已能加以区别，还注意到牲畜的牝牡，并使用了去势术的技术。商朝的六畜也为人所食用，食品中的羞字从羊，豚字从豕，获字从佳即禽，证明羊豕禽等已作为商人普遍的食物。商朝六畜还用于祭祀，有太牢（即牛羊豕）、少牢（即牛羊或豕犬）之称。商朝祭祀，一次用牲可多达数百头，而且往往牛、羊、犬、豕合用，没有高度发展的畜牧业是不可想象的。

商朝时黄河下游中原地区，气候温和，雨量充沛，并有广大的森林、草原、沼泽、湖泊，故作为农业、畜牧业补充的渔猎也很发达。卜辞中有"王鱼""获鱼"的记载，商朝遗址中也出土过许多鱼类、蚌类的遗骸。捕鱼的方法主要有网罟、钩钓、矢射等。卜辞中又有"王田""王狩""获鹿""获麋""获虎"及"获象"的记载。狩猎方法主要有犬逐、车攻、矢射、布网设陷甚至焚山等，猎获野兽的种类和数量相当惊人。商王一次田猎获鹿可多达 348 头，获麋最多的是 451 头，足见其规模之大。

二、手工制造分工细，青铜时代步全盛

商朝的手工业分工较细，有铸铜、制陶、制骨、琢玉、漆器等门类，各种手工业都已有了显著发展和突出成就，而其中最能反映时代特点和工艺技术水平的是青铜铸造业。

1. 青铜器铸造业

商朝是青铜器的全盛时期，其品种繁多，主要类别有礼器、兵器、生产工具及车马器，其中最重要的是礼器。礼器中数量最多的是酒器，有爵、角、觚、觯、尊、盉、卣、彝、觥、壶、罍、瓶、禁、勺等；另有食器鼎、鬲、甗等；乐器铙、鼓、钲、铃等；兵器戈、矛、钺、矢镞等；工具刀、斧、锛、凿、针、锥等。

商朝青铜器的制作为范铸。商朝遗址中已发现铸铜作坊遗址，出土了大量的陶范、坩埚块、木炭、小件铜器的铜锭、铜渣等。熔铜的工具除有

草拌泥制的坩埚外，还有外敷草泥的缸或大口尊。通过对青铜器中铜、锡、铅合金成分的研究，可知其与《考工记》所载之"六分其金而锡居一"的"钟鼎之齐"大体相近。商朝晚期的司母戊方鼎重达875千克，鼎身和四足为整体铸造，鼎耳则是在鼎身铸成后再在其上浇铸而成。铸铜作坊规模之宏大、炼铜技术之高超、器物制作之精美、种类之繁多、花纹之复杂、制范技术之纯熟，都可看出商朝生产技术及青铜铸造的水平。

据粗略统计，历年出土的商代青铜容器达数千件之多，兵器、车马器和工具等更以万计。商周青铜器品种主要有礼器、兵器、工具和生活用具等，这些青铜器大致可分为两类：一类以造型生动奇特、刻镂精美见长，如湖南宁乡出土的四羊方尊，堪称代表作；一类以雄浑厚重、形体恢宏而取胜，如后母戊鼎。数量众多且工艺高超的青铜器，表明商周青铜冶炼和铸造技术高度发达，生产规模巨大。铸造青铜器时，需要很多工序，如制模、翻范、熔铸等，并需大量人力密切配合。目前发现的商代熔铜坩埚，一次约能熔铜12.7千克，而后母戊鼎重达875千克，铸造这样一件大鼎，就需70多个坩埚。若一个坩埚配备3至4人，就需要二三百人同时操作。此外，还要分别铸好各个部件，再行合铸。商代青铜作坊规模相当大，殷墟发现的青铜作坊遗址，面积达1万平方米。

商王武丁在位期间，为祭祀其母，命人铸造了闻名后世的"后母戊"青铜鼎。

"后母戊"鼎于1939年出土于河南安阳武官村。鼎为长方形，四足两耳，通耳高133厘米，衡长110厘米，宽78厘米，重875千克。腹内壁铸有"后母戊"三字，也因此得名。该鼎形制雄伟壮丽，结构复杂，

"后母戊"鼎

花纹华丽。大鼎腹部铸有蟠龙纹和饕餮纹，有首无身，两眼狰狞可怖，反映神权思想脚部刻有蝉纹，线条简约，加强了鼎的神秘感。后母戊是目前出土的数千件商代青铜器中最大的一个，在世界古代青铜器史上也是罕见的。在当时铸造这样一个大鼎是一件复杂的事情，不仅需要有大规模的作坊，还必须有复杂的分工和高超的技术水平。目前发现的商代熔铜用的坩埚，一次约能熔化12千克铜，如用这种坩埚铸造后母戊鼎，就需要70多个。如果一个坩埚配备三至四人，就需要二三百人同时操作。可见，这个大鼎的铸造，充分体现了商朝时我国人民的智慧和创造力，也反映当时我国的冶炼业和青铜业相当发达。

出土的商朝青铜器中还有铁刃铜钺，现已于河北藁城及北京平谷两处商遗址中各发现一件。经检验，其刃部是利用天然陨铁锻打而成的，证明商朝已知道用铁。此外商朝遗址中还曾出土金块及小片金片，可知当时已有黄金并有熟练的冶金技术。

2. 陶器

陶器是商朝社会的主要生活用具，制陶是商朝重要的手工业部门。陶器的种类有灰色、红色的泥质陶和夹砂陶，还有更高级的硬陶、白陶和原始瓷器。器形有炊器鼎、鬲，食器簋、豆、盂，酒器盉、觚、爵等，储盛器罐、盆、瓮、缸、大口尊等，其中最能代表商朝制陶工艺水平的是白陶和釉陶（原始瓷器）。白陶以瓷土、高岭土为原料，经1000℃高温烧成，胎质纯净洁白，表面有雕刻精美的花纹。釉陶以瓷土为原料，器表敷釉呈青绿色，经1200℃高温烧成，胎骨细腻致密，无吸水性或吸水性很弱，是敷釉技术的最早发明，在中国陶瓷发展史上占有重要位置。

3. 骨器

骨器在商朝使用范围很广，种类包括生产工具铲、锥、刀、针和鱼钩，兵器镞及生活用具簪、梳、匕、叉等。牙器有雕刻的梳、筒、杯，象牙杯上刻有精细的花纹并镶嵌有绿松石。从骨器作坊遗址中还发现大量的骨料及半成品，其原料多为牛、马、羊、猪骨及鹿角甚至人骨，并发现制骨用的青铜刀、锯、凿、砺石等。

制成一件骨牙器，大致需经过选材、锯材、加工成形、打磨及雕刻、镶嵌等工序。骨簪的顶端还刻有不同形状的鸟头。

商代玉器

4. 玉器

玉器均为软玉，产量很大，颜色有绿、褐、白等，种类主要有礼器琮、璧、圭、璋、璜、琥及其他用于礼仪的尊、磬、矛、戈等；实用器有杯、盘、臼、杵、梳；工艺装饰品有头饰、玉环、玉珠，以及各种不同形状的佩玉、玉人、玉象、玉虎、玉鸟、玉龙、玉凤、玉鱼、玉蝉、玉蚕等。商朝玉器切割整齐、琢磨光润，动物姿态生动活泼，表现出强烈的艺术效果。

5. 漆器

漆器易腐朽，故现今所见商朝漆器仅为一些残片及颜料痕迹，但从中亦能了解其颜色、花纹等情况，证明当时的漆器工艺已具相当水平。

三、科技文化新发展，天文历法与数学

1. 天文学

商朝天文学中许多天象在卜辞中均有记载，如"日月有食""月有食"，在日食时并有"大星"等现象出现，可见对日、月食的观察之精细。卜辞还记载了观察到的"大星""鸟星""大火"等，不仅有恒星，还有行星，后世的二十八宿中的一些星座名亦见于卜辞，卜辞中"有新大星并火"，即是说接近火星有一颗新的大星。当时已有立表测影以定季节、方向、时刻的方法，卜辞的"至日""立中"等，就是这方面的记载。

2. 历法

商朝的历法是迄今已知较为完整的最早的历法。商朝历法为阴阳历，阳历以地球绕太阳一周，即 365 1/4 日为一回归年，故又称"四分历"。阴

历以月亮绕地球一周，即 29 或 30 日为一朔望月。商朝用干支记日，数字记月；月有大小之分，大月 30 日，小月 29 日。12 个朔望月为一个民用历年，它与回归年有差数，所以阴阳历在若干年内置闰，闰月置于年终，称为十三月。

干支卜辞

季节与月份有大体固定的关系。

商朝每月分为三旬，每旬为十日，卜辞中常有卜旬的记载，又有"春""秋"之称。一天之内，分为若干段时刻，天明时为明，以后有大采、大食；中午为中日，以后有昃、小食、小采。旦为日初出之时，朝与大采相当，暮为日将落之时。对于年岁除称"岁""祀"之外，也称作"年"。

3. 数学

在数学方面，商朝已采取了十进位计算，卜辞中分别有个、十、百、千、万，最大的数字已有"三万"。

四、殷商历史巧传承，甲骨文字惊天下

甲骨文，是中国的一种古老文字，又称"契文""甲骨卜辞"、殷墟文字或"龟甲兽骨文"，是汉字的早期形式。

甲骨文发现于中国河南省安阳市殷墟，是商朝的文化产物，距今约 3600 多年的历史。

1. 产生背景

王室贵族上自国家大事，下至私人生活，如祭祀、气候、收成、征伐、田猎、病患、生育、出门，等等，无不求神问卜，以得知吉凶祸福决定行止。于是，占卜成了国家政治生活中的一件大事，朝廷设置了专门的机构

和卜官。有刻辞的甲骨，都作为国家档案保存起来，堆存在窖穴之中。因此甲骨上的卜辞成为研究商代历史的第一手材料，它反映了从公元前1300年到公元前1000年的社会生活的各个方面。

《礼记·表记》载："殷人尊神，率民以事神，先鬼而后礼。"已知，殷商时期，国王在处理大小事务之前，都要用甲骨进行占卜，祈问鬼神，事后将所问之事契刻于甲骨上。商亡之后，占卜在周代逐渐绝迹，其文字也逐渐不为人知。

商代统治者非常迷信，例如十天之内会不会有灾祸，天会不会下雨，农作物是不是有好收成，打仗能不能胜利，应该对哪些鬼神进行哪些祭祀，以至于生育、疾病、做梦等等事情都要进行占卜，以了解鬼神的意志和事情的吉凶。占卜所用的材料主要是乌龟的腹甲、背甲和牛的肩胛骨。通常先在准备用来占卜的甲骨的背面挖出或钻出一些小坑，这种小坑甲骨学家称之为"钻凿"。占卜的时候就在这些小坑上加热使甲骨表面产生裂痕。这种裂痕叫作"兆"。甲骨文里占卜的"卜"字，就像兆的样子。从事占卜的人就根据卜兆的各种形状来判断吉凶。

2. 甲骨文的发现

甲骨文最早出土于何时，尚无定论。河南安阳殷墟一带，自北宋以来就不断发现商代铜器，当地在千百年前即有甲骨出土是完全有可能的。但直到清末，历代学者都没有注意到甲骨文的存在。

在清朝光绪年间，古董商、金石学家王懿荣，是当时最高学府国子监祭酒（相当于校长）。有一次他看见一味中药叫龙骨，看见上面刻着字，就觉得很奇怪，就翻看药渣，没想到上面居然有一种看似文字的图案。于是

王懿荣

他把所有的龙骨都买了下来，发现每片龙骨上都有相似的图案。他把这些奇怪的图案画下来，经过长时间的研究他确信这是一种文字，而且比较完善，应该是殷商时期的。因为这些龙骨主要是龟类兽类的甲骨，是以将它们命名为"甲骨文"，研究它的学科就叫作"甲骨学"。另当时药店收"龙骨"有规定，带字的不要，所以不可能在药中看到。由于药铺老板拒收上面有刻画痕迹的龙骨，小屯村的农民就用小刀将上面的痕迹刮掉，以6文钱一斤的价格，将挖出的龙骨卖给药铺。于是许许多多的商代史料被磨成粉，当作药吃进肚里，这就是所谓的"人吞商史"。

王懿荣为清末翰林，进士出身，具有深厚的金石学造诣。他在得到甲骨之后，即认定其上文字是比籀文更加古老的殷商遗物，并开始重金收购有字甲骨，至光绪二十六年（1900年）春，共得到1508片。然而，王懿荣尚未对这种文字进行深入研究，即在同年七月八国联军攻占北京时自杀殉国。

王懿荣对甲骨的收购，逐渐引起学者重视，古董商人则故意隐瞒甲骨出土地，以垄断货源，从中渔利。王懿荣好友刘鹗等派人到河南多方打探，皆以为甲骨来自河南汤阴。后来罗振玉经过多方查询，终于确定甲骨出土于河南安阳洹河之滨的小屯村，这里与古文献记载的商朝后期的殷都所在地相吻合。

后来人们将这位最先发现甲骨文的人誉为"甲骨文之父"，在甲骨文发现90周年的1989年秋，在他的家乡山东烟台市福山区建成王懿荣纪念馆，以纪念他的功绩。

3.甲骨文的分期

甲骨文因镌刻、书写于龟甲与兽骨上而得名，为殷商流传之书迹；内容为记载盘庚迁殷至纣王间270年之卜辞，为最早之书迹。殷商有三大特色，即信史、饮酒及敬鬼神；也因为如此，这些决定渔捞、征伐、农业诸多事情的龟甲，才能在后世重见天日，成为研究中国文字重要的资料。商代已有精良笔墨，书体因经契刻，风格瘦劲锋利，具有刀锋的趣味。

商代晚期自盘庚迁殷至商纣王共约273年，经历8世12王，这一时期的甲骨文也应有早晚先后之分。对商代甲骨的分期断代研究，有多种说法，如今主要采用的是董作宾依据世系、称谓、贞人等十项标准划分的五期说，即第一期：盘庚、小辛、小乙、武丁；第二期：祖庚、祖甲；第三期：廪辛、康丁；第四期：武乙、文丁；第五期：帝乙、帝辛。以文风而论，各期各有特色。

（1）雄伟期。自盘庚至武丁，约100年，受到武丁之盛世影响，书法风格宏放雄伟，为甲骨书法之极致，大体而言，起笔多圆，收笔多尖，且曲直相错，富有变化，不论肥瘦，皆极雄劲。

（2）谨饬期。自祖庚至祖甲，约40年。两人皆可算是守成的贤君，这一时期的书法谨饬，大抵承袭前期之风，恪守成规，新创极少，但已不如前期雄劲豪放之气。

（3）颓靡期。自廪辛至康丁，约14年。此期可说是殷代文风凋敝之秋，虽然还有不少工整的书体，但篇段的错落参差，已不那么守规律，而有些幼稚、错乱，再加上错字数见不鲜。

（4）劲峭期。自武乙至文丁，约17年。文丁锐意复古，力图恢复武丁时代之雄伟，书法风格转为劲峭有力，呈现中兴之气象，在较纤细的笔画中，带有十分刚劲的风格。

（5）严整期。自帝乙至帝辛，约89年。书法风格趋于严谨，与第二期略近；篇幅加长，谨严过之，无颓废之病，亦乏雄劲之姿。

从文字上看，甲骨文具有对称、稳定的格局，具备了书法的三个要素，即用笔、结字、章法。从字体的数量和结构方式来看，甲骨文已经是发展到了有较严密系统的文字了。汉字的"六书"原则，在甲骨文中都有所体现，但是原始图画文字的痕迹还是比较明显。

另外，甲骨上细瘦的笔迹，也受到刀刻的影响。占卜时常用"是"或"否"刻于龟甲中央纵线两侧，自此中线向左右书写，故两旁对称和谐，具有行

甲骨文

款对称之美。且契刻后，大小字分别填上墨朱，或正反面分填朱墨，更深具艺术之意味，堪称书史奇迹。

4. 甲骨文记载的内容

甲骨文记载的内容主要有四项：

（1）经过加工和刮磨的龟甲和兽骨，由专门负责的卜官保管。卜官在它们的边缘部位刻写上记述这些甲骨的来源和保管情况的记事文字，称"记事刻辞"。

（2）卜官在占卜时，用燃着的紫荆木柱烧灼钻凿巢槽，使骨质的正面裂出"卜"形状的裂纹，这种裂纹叫作"卜兆"，是据以推断卜问事情吉凶的依据。在时代较早的甲骨卜兆下面，刻写出占卜进行顺序的数字，这种数字也叫"兆序"。

（3）甲骨文的主体部分是卜辞，即占卜活动结束后记录占卜活动进行情况与结果的刻辞。大多刻写在甲骨的正面，也有部分刻写在反面的。

（4）以天干（甲、乙、丙、丁、戊、己、庚、辛、壬、癸）和地支（子、丑、寅、卯、辰、巳、午、未、申、酉、戌、亥）相配组成的 60 个干支名称的干支表，可说是我国最早的日历。

另外，甲骨文中还有一些当时学习刻写卜辞的人练习刻写的作品，称为"习刻"或"习契"。

甲骨文的内容大部分是殷商王室占卜的记录。商朝的人大都迷信鬼神，大事小事都要卜问，有些占卜的内容关于天气，有些是农作收成，也有问病痛、早生贵子的，而打猎、作战、祭祀等大事，更是需要卜问了！所以从甲骨文的内容可以隐约了解商朝人的生活情形，也可以得知商朝历史发展的状况。

5. 殷商历史的实证

甲骨文就是殷商时代的文字，是用利器在龟甲（多为腹甲）或兽骨（多为牛胛骨）上契刻成书而成的。商代处在所谓"鬼文化"的时代，人们的思想被外在的神秘力量所笼罩，使得权力越大，阶层越高，越是遇事多疑，喜用占卜，解决国事或家事中的重大难题。占卜的方法通常是先在甲骨上钻孔，在这种孔洞将透未透之时，对它们进行烧灼。根据烧灼后出现的裂纹（卜兆），由专业的卜师进行解释，并把所问之事及卜兆的结果刻写在甲骨上，有时还把日后的应验也刻写上去，并用朱墨涂写这些刻字，有时也用朱墨直接写在上面。这就是我们今天所能看到的绝大多数甲骨文的模样。甲骨文内容记载的主要是占卜，但也有一些记事的。这些记事的内容，主要是记载帝王的事务，比如祭祀、征伐、田猎等，也就是说，不可能是平民百姓的事情。这说明，文字的起源，主要是来自社会上层的需要。而中国的汉字，发展到甲骨文的时代，已经到了相当成熟的时期。后来的学者曾总结汉字有六大特征，即所谓"六书"：指事、象形、形声、会意、转注和假借，在甲骨文中都有其表现。从甲骨文往上推断，中国文字的起源无疑是相当悠久的。所以，甲骨文的发现和研究，其意义也是相当深远的。

有关殷商的历史，大多是根据西汉史学家司马迁《史记》的记载，但因实物证明有限，所以认为书中关于殷商的记载传说多于史实。甲骨文被发现和确认后，1917年，著名学者王国维又以甲骨证史的方法，把释认的卜辞中的甲骨文字与司马迁的记载进行了比较研究之后，证实了《殷本纪》对殷商帝王名姓的记载基本可信。这不仅确认了司马迁的记载，而且确定了中国有可靠文字记载的历史可以追溯到商朝。后来，又有著名学者董作宾，鉴于甲骨文的散乱不整，对其进行了断代研究，使这些地下的实物证据更便于作为史料来进行合理的使用。

但是，甲骨文并不是殷商历史的记载，它所记载的只是与占卜有关的事件，且其形式皆为简单的字句，并非完整的篇章，所以，当时的历史很大程度上要靠后人的想象和推断，这也就降低了其历史价值。同时，我们可以确定的是，甲骨文是殷商时代的文字，也是至今发现的中国最早的成系统的文字。从这些文字中，我们可以了解殷商的社会，在社会生活和精神观念诸方面，已经达到了相当成熟的水平。从甲骨文来看，殷商社会是个高度发达的文明国家。

第四编

两周风云，山雨欲来

周朝（公元前 1046—公元前 256 年）是中国历史上继商朝之后的第三个王朝。周王朝一共传国君 32 代 37 王，享国共计 791 年。周朝分为"西周"（公元前 1046—公元前 771 年）与"东周"（公元前 770—公元前 256 年）两个时期。

西周约始于公元前 11 世纪时周武王伐纣灭商，终于公元前 771 年周幽王覆亡的中国统一王朝。在这一时期内，全国大小诸侯均向王朝负担一定义务，周朝维持着统一局面。由于周王居于西方的都城宗周，故称西周。

东周偏安一隅，影响日益衰弱，诸侯势力甚嚣尘上，其实属于下一章的"春秋战国"时期，以韩、赵、魏联手打败执政的智氏家族，三家分晋为分水岭，分为"春秋"及"战国"两部分。此章仅就东周王室的传承做一介绍。

第一章 / 大周王朝的兴衰与荣辱

一、太王奠基文王兴，西周十世十二王

周是中国西部渭水中游黄土高原上的一个古老部落，姬姓。相传其始祖名弃，生活在陶唐、虞、夏之际，其母为有邰氏女，曰姜嫄。"姜嫄出野，见巨人迹……践之而身动如孕者。居期而生子，以为不祥，弃之隘巷，马牛过者，皆辟不践，徙置之林中，适会山林多人，迁之；而弃渠中冰上，飞鸟以其翼覆荐之。姜嫄以为神，遂收养长之，初欲弃之，因名曰弃。"弃好耕农，尧举为农师，舜封弃于邰，号曰后稷，被尊为农业神。弃诞生的传说，说明周族从弃开始，才由母系氏族社会转化到父系氏族社会。

自后稷几世传至公刘，自公刘九传至古公亶父，这时被称为戎狄的西北诸游牧部落，也向渭水流域移动，周人受到他们的压迫，古公亶父率周人去豳，而迁居岐山下的周原（今陕西岐山）。和周人同时迁徙的还有其他邻近的部落。迁居岐山后，周人的社会起了重大的变化，他们开始营城郭，建室屋，设官司，并把各部落的人民分别组织在很多被称为"邑"的地域性组织之中，即所谓"以邑别居之"。看来周至古公亶父时，已粗具

后 稷

国家雏形，所以后来的周人称古公亶父为太王，尊奉他为周王朝的奠基人。

古公亶父死后，幼子季历继位，周人称其为王季。王季对西北诸戎狄部发动进攻，取得了很大胜利，商王文丁任命王季为牧师，承认他是西方的霸主，号称西伯。王季又与商王联姻，势力日益强大。商王文丁为抑制周族的势力，便借故杀死了王季。自此，商周之间的矛盾日益激化。季历死后，

周文王

其子姬昌继位为西伯，即著名的周文王。他在位时礼贤下士，广罗人才，如任用姜尚为军师，吕（姜）尚在灭商中起了重大作用；文王又整顿政治，制定了"有亡荒阅"的法律，得到了奴隶主贵族的拥护；并实行"怀保小民"的政策，缓和了阶级矛盾。文王还积极发展农业生产，亲自督促众人从事农耕，增强了经济实力。商纣王感到了周的威胁，便将文王囚禁于羑里（今河南汤阴县）。后来纣王虽释放了文王，但是商周关系更加紧张了。

文王被放回后，决心与商对抗，于是除修治内政外，又对外扩张，以发展自己的势力。首先北逐猃狁，先后征服了西北的西戎等国，又向西南伐蜀，扩大了疆土，解除了东进的后顾之忧，巩固了后方。然后全力向东扩张，灭掉了邘（今河南沁阳）、黎（今山西黎城，一说在今山西长治西南）、崇（今陕西鄠邑区东）等商的盟国，商失去了西部屏障。为了继续向东发展，乃"作邑于丰，自岐下而徙都丰"（今陕西沣水西岸），占有了富庶的关中平原，使周日益强盛了。至周文王晚年，形成了"三分天下有其二"的局面。但是，周文王没有来得及灭商就死去了。

周文王死后，文王之子姬发（周武王）继位，以"太公望为师，周公

旦为辅，召公毕公之徒左右王，师修文王绪业"，又营建镐京，积极准备推翻商朝统治。约到公元前 1027 年，各方面的条件已经成熟，加之殷纣王杀王子比干，微子出走、箕子被囚以后，周武王找到了进攻的口实，遍告诸侯说"殷有重罪，不可以不伐"，于是开始向殷发动进攻。周联合起微、彭、濮、羌、庸、蜀、髳等部族，武王亲率戎车 300 乘、虎贲 3000 人、甲士 4.5 万人，沿渭水、黄河向东进发，十二月大会诸侯于孟津。全军渡过黄河后，即向殷商都城朝歌推进。二月癸亥，周军进至距朝歌约 70 里的牧野附近时，与殷纣王的军队相遇。

殷纣王三十三年（公元前 1027 年）二月甲子日凌晨，殷周两军于牧野附近展开交战。周武王亲自指挥大军，"以大卒驰帝纣师"，就是以戎车与虎贲甲士向纣军冲击。

纣军纷纷倒戈，配合周军攻打商军，因而商军在周军的冲击之下，迅即崩溃。殷纣王见大势已去，返回朝歌，登上鹿台，自焚身亡。周经过牧野决战，终于灭亡了有 500 多年统治根基的殷商政权。

周王朝建立两年，武王就死了，子成王诵年幼，不能管理这个新建立的国家，于是武王弟周公旦"履天子之籍，听天下之断"。管叔、蔡叔对此不满，放出流言，说周公将不利于成王。由于王位继承问题，周统治阶级内部发生了矛盾。以武庚为首的商代残余的奴隶主贵族便利用这个机会和管、蔡勾结，发动徐、奄、熊、盈等东方诸部落，举行大规模的武装叛乱，企图推翻周的统治，恢复商王朝。

据《尚书·大诰》说，武庚叛乱，声势浩大，致使周人的根据地"西土"也出现了骚动和不安。周公主张用武力讨伐叛乱，有些周贵族不同意，周公作《大诰》，就是为了说服那些在叛乱面前动摇和畏缩的贵族。据《逸周书·作雒篇》说，周公、召公"内弭父兄，外抚诸侯"，终于协调了统治阶级内部的分歧，出兵东征。

周公东征，遇到了商代残余奴隶主贵族顽强的反抗。经过 3 年的残酷战争，周公削平了商代残余的奴隶主贵族的叛乱，并压服了以奄为首的东夷诸部落，杀武庚、管叔，流蔡叔、霍叔。在这次战争中，周人才真正遇到商代奴隶主贵族的反抗，也才真正征服了商代奴隶主阶级，把自己的势力伸展到黄河下游，南及淮河流域。

西周前中期，政治情况较好，社会经济发展也较快。至后期，统治集团内部的矛盾日益严重，自西北方向来的戎、狄等族一再侵扰，国力日益衰弱。周厉王在位时，任荣夷公为卿士，为了增加财政收入，就下令把山林川泽收归国家控制，这就侵夺了有关的中小奴隶主贵族的利益；又不许劳动人民进入山林川泽中樵采捕捞，也侵夺了广大劳动人民的利益。厉王专制，引起了中小奴隶主和劳动人民的普遍不满。《史记·周本纪》记载："王行暴虐侈傲，国人谤王。"当时，召公劝厉王不要这样做，说这样，"民不堪命"。厉王不但不听，反而愤怒。命卫巫主持监视诽谤厉王的人。只要发现有"谤王"者，一旦报告，被告者就会被杀掉。于是"国人莫敢言，道路以目"。

这种道路以目的恐怖局面，延续了3年之久，劳动人民再也忍受不下去了，便在公元前841年，发动武装暴动。这次国人暴动，首先在京城爆发，迅即传至"四周"，平民和奴隶们冲到镐京，杀进王宫，周厉王出奔，逃至彘（今山西霍县）。

厉王逃跑后，首都一片混乱，由共伯和代行天子事。史称"共和行政"。共和元年（公元前841年），是中国历史上有确切纪年的开始。

国人暴动对西周统治集团的打击十分沉重，动摇了西周王朝的统治基础，加速了它的崩溃。

厉王逃跑后，"厉王太子静匿召公之家，国人闻之，乃围攻之"，要召公交出王太子，召公以其子代王太子被国人杀死，太子静保得了性命。共和十四年（公元前828年），厉王死于彘，共伯使诸侯奉太子静为宣王，而共伯复归国于静。

宣王即位后，革新内政，外攘夷狄，使周朝一度复兴。但宣王中兴，在历史上仅是短暂的一瞬。

公元前782年宣王死，幽王宫湦继位，他是一个昏暴之君，从而加深和扩大了社会危机。他任用善谀的虢石父为卿士，使"国人皆怨"。那时，

西周青铜簋

又发生长期干旱和地震，"三川（渭、泾、洛）竭，岐山崩""高山为谷，深谷为陵"，饥荒严重，人民大量流亡，纷纷南迁，社会动荡不安，王室史官伯阳父一再预言，"周将灭矣"。周幽王不仅没有采取应急措施，却嬖爱褒姒，使朝政更加混乱。"褒姒不好笑，幽王欲其笑万方，故不笑。幽王为烽燧大鼓，有寇至则举烽火。诸侯悉至，至而无寇，褒姒乃大笑。"这就是"烽火戏诸侯"的闹剧。这使周王室的威信扫地，诸侯叛离。周幽王又废申后及太子宜臼，立褒姒为后，立其子伯服为太子，宜臼逃奔外舅申国，引起诸侯不满。周王室内部这场嫡庶之争成为西周灭亡的直接导火线。

幽王时边境空虚，犬戎东侵，周师大败。但幽王竟不顾犬戎的进犯，却于幽王十年（公元前772年）与诸侯会盟兴兵讨伐申国，企图杀害宜臼。申后的父亲申侯于幽王十一年（公元前771年）联合犬戎、吕（今河南南阳）、鄫（今河南方城）等国举兵攻周。周幽王急"举烽火征兵"，诸侯不至。犬戎攻破镐京，杀幽王于骊山下，西周灭亡。

夏、商、周本代表三个源流不同的民族，他们先后统治了中国北方的所谓中原地区。他们相互同化，同时又各与势力所及地方的土族同化，经过一千数百年的揉塑，渐而抟结成一大民族。他们对外族，觉得自为一整体，自称为"诸夏"，有时也被称或自称为"华"。至迟在西周末年，这种形态已经成立，显然是一种以文化为主的结合。所以华夏之于夷狄，主要是文化程度的差别，而种族的不同尚在其次。因为有若干被诸夏视为异类的部族，实际与诸夏同其种姓，例如羌戎（今山西介休县一带）与周王室母系的姜姓同族，骊戎（在今陕西临潼县一带）则与周室同姓，它们的被视为戎，自然是因为文化上的差异。大体说来，诸夏文化已进至农业和城邦的阶段，所谓戎狄则尚处于游牧部落的状态。由于生活方式的不同，连带着礼俗、服饰、战术等也发生显著的区别。至于异族盘踞的地区，也并不全限于边疆，即使在诸夏的中心地区，也有若干尚未被同化的外族存在。

周室的盛衰与外族的叛服有着连环的关系。当王室盛时，内则诸侯辑睦，外则四夷宾服；至衰世，情形恰巧相反，诸侯不朝而戎狄披猖。

西周时期的记载甚为缺略，甚至若干位周王在位的年数亦不可确考。简单说来，西周共 12 王，武王、成王以后，又有康、昭、穆、共、懿、孝、夷、厉、宣、幽 10 世。成康二世为西周全盛时期，至昭王，因南征而溺死于汉水。穆王喜出外巡游，踪迹所至者极远，但地名已无法确考，并且有若干关于他的神话流传。昭王的溺死和穆王的远游，可能影响周室的威信，至夷王时，周室渐衰，诸侯多不来朝，并且相互攻伐。厉王贪得嗜利，因积久暴虐，为人民放逐于彘（今山西霍县），居外 14 年而死。在此期间，王位虚悬，由两位大臣共掌朝政，史家称为"共和时代"。共和元年正当公元前 841 年，此后的周代历史，才有正确的年代可凭。厉王死后，共和时期告终，由其子宣王继位。宣王的初期，曾对异族大张挞伐，重振周室的声威，号称中兴。但不久政事又坏，诸侯强大难制，戎人屡次寇边。宣王最后败于戎人，周室从此一蹶不振。宣王死后，传子幽王，由于其本身的荒德，更加深王室的危机，终为戎人所杀，西周时期也随之结束。

二、姜嫄生弃做农官，善植后稷称"农神"

周部族的始祖是后稷，姬姓，名弃，意思就是被丢弃的孩子。弃的母亲叫姜嫄，是有邰氏（今陕西武功西）的女儿。相传姜嫄一天与同伴们到野外去游玩，忽然见到路上有一个非常奇怪的大脚印，同去的伙伴们纷纷议论，认为这一定是个大脚的怪物。姜嫄却从内心产生了爱慕之情，她看着大脚印，心中暗暗勾画着这个高大人物的形象：一定是个身材高大而魁

梧的巨人，浑身充满力量。想到这里，姜嫄身不由己地将自己的脚踩到了这个大脚印里，她要与幻想中的高大人物比一比脚，比比个头。当她的脚踩上去后，感到肚子里有了什么东西似的，结果是怀孕了。孩子生下来以后，姜嫄认为这个没有父亲的小孩会给自己带来灾祸，便将他丢弃，让他自己慢慢地死去。开始时，她把孩子丢在狭窄的小巷子里，好让经过的成群牛马把他踩死。但是众多的牛马穿过小巷子时，都小心地躲开了孩子，没有一只牲畜踩他碰他一下。于是姜嫄抱回孩子，又丢到了荒无人烟的深山密林中，正巧遇到密林中来了很多人。姜嫄又将孩子抱出山林，丢在河面的冰块上，好让他冻死，这一次又从天上飞过来许多鸟落在孩子周围，用毛茸茸、暖烘烘的翅膀覆盖在孩子身上，为其驱寒。三番五次，姜嫄看到孩子大难不死，认为他一定有神保佑，也就改变了初衷，将这个孩子抚养下来。因为曾经想把他丢弃，所以就给他起名字叫作"弃"。

弃从孩提时起，就喜爱种植麻、豆等农作物，经常给这些小苗浇水、培土、除草、施肥，因而他所栽种的麻类、豆类作物长得非常好。弃长大成人后，由于少年时就养成的种植农作物的习惯，所以很喜欢钻研种庄稼的学问。他能够分辨土质的优良，能在适合各种不同农作物生长的土地上种植各种不同的庄稼，收获的时候总能获得很好的收成。周族的百姓们看到弃特别善于种庄稼，也纷纷学着他的样子去耕作，个个效果显著，都增加了产量，所以周族以善经营农作物而著称于天下。

弃种植庄稼很有学问这件事就传开了，后来一下子传到了部落联盟首领尧的耳朵里。尧便让人把弃请来，任命他为管理农业的农官，教人民种田耕作，弃便将他种植庄稼的一套好办法向各地区推广，果然，取得了一个大丰收，弃受到尧的奖励。舜时，天降大雨，弃又参加协助大禹治理洪水的事业。大水退去后，赤地千里，颗粒无收，弃又受舜之命帮助百姓种植百谷。刚参加了治水工程的弃，又踏上了广阔的田野，教百姓耕种庄稼。

弃为管理种植黍稷的农官，所以人们又称他"后稷"，我国以农立国，后世人们将他作为农神而长期奉祀。

三、公刘居豳大开发，《诗经》铭记传美名

周族自后稷时期就进入了父系氏族社会。后稷在周人中享有很高的威望，他对周族的最重要的贡献是使农业得到很大的发展。后稷利用周人对他的敬重，逐步地把姬姓部落划归为周族。因此，他可以不经过全部落的选举，把王位传给自己的儿子不窋。

不窋末年，是夏王朝走向衰败的阶段。当时夏朝统治者太康政治腐败、生活奢侈，国内诸侯间矛盾尖锐，社会秩序动荡不安。不窋继承父亲后稷的职务，做主管农业的官，但夏朝统治阶层无心过问农事，以致后来干脆把这个官给罢免了。不窋被罢官后，率领姬姓部落迁移到戎狄地区放牧去了。不窋死后，官位便传给了他的儿子鞠。鞠死后，又传给儿子公刘。

公刘身处戎狄，以放牧为业，但始终对畜牧业不感兴趣，时刻想念着高祖后稷重视农业，发展生产的传统。公刘为了能恢复农业生产，整天在田间劳作，带领部落里的人平整土地，春种秋收。一年下来，部落里的粮食获得大丰收，各系家族也都有自己足够的积蓄。

公刘不满足于这种现状，他要使农业更大地发展。他在巡视的时候，发现渭河对面豳地是个种植庄稼的好地方。为了能得到这块土地，公刘率领着部落里的人，手持弓、矢、斧、钺在武装男子的护卫下到了豳地。部落里的人来到豳地后，看见这里有山有水，土地肥沃，远远比戎狄富庶，便都安心定居下来。公刘看大家辛勤建造房屋，命令杀猪、宰羊，一起痛快地欢庆胜利。

当部落百姓们安定下来后，公刘又率领大家去伐树除草，开

西周兽面纹铜方鼎

姜嫄与后稷

垦荒地，为种庄稼做准备工作。公刘登上山顶，利用太阳的影子测量土地，观察土地的变化情况。后来，他将土地分给父系氏族的家庭，并按照每个家庭的土地多少交税。从此，豳地逐渐被开发，百姓也一天天地富有了。

与公刘一起到达豳地的部落成员都有了一定积蓄，而留在戎狄地区的人们，也因公刘在时，学会了种植农作物，也有了存粮。豳地的人民和戎狄地区的人无不称颂公刘做的好事。留在戎狄地区的人由于怀念公刘的恩情，不少的人也随之迁入了豳地，与公刘一起过着幸福的生活。

公刘在豳地居住时，开发荒地，种植庄稼，使周族的生产力有了长足的发展，据说此时的人们已学会了使用天然的陨铁制作农业生产工具了。这样更促进了姬姓部落的向前发展。由于部落的不少家庭有了剩余的粮食、牛羊，因而私有财产就产生了，氏族社会开始向高一阶段前进。

由于公刘继承了后稷的传统，重视农业的开发，为后代周族的强盛打下了良好的基础。周族的后代铭记公刘的伟大功绩，这在《诗经·大雅·公刘》中有记载。

四、承上启下公亶父，移风易俗改革家

公亶父，姬姓，名亶，又称周太王，豳（今陕西彬州）人。上古周部落的领袖，西伯君主，周文王祖父，周王朝的奠基人。

据推算，古公亶父是轩辕黄帝第16世孙、周祖后稷的第12世孙，在周人发展史上是一个上承后稷、公刘之伟业，下启文王、武王之盛世的关键人物，是一位远见卓识的政治家、改革家、军事家，历史上的著名贤王。

1.定居建国

古公亶父执政时，正是商武乙时代，他继承了周祖遗风，继续致力于豳地的开发。他勤于农业，所种田地收成丰美。每年春天，他和妻子太姜亲自下地，不怕劳苦，辛勤耕作。夏日暴雨倾作，他与青壮年一起，加固堤堰，疏浚河道。秋日黄叶飘零，他带领大家收割、打碾、贮藏粮食。冬季大雪纷飞，他忙着走家串户，访疾问苦。

当值殷商之世，西北戎狄屡犯邠地（今陕西彬州市和旬邑县一带）。古公曰："有民立君，将以利之。今戎狄所为攻战，以吾地与民。民之在我，与其在彼，何异？民欲以我故战，杀人父子而君之，予不忍为。"为此，商小乙二十六年，古公亶父率姬姓周氏2000乘，循漆水逾梁山来到岐山（箭括岭）下的周原。豳和其他地方的自由民，视古公亶父为仁人，扶老携幼皆来归附。

公亶父改变了游牧的风俗，建筑城邑房屋，设立官吏，改革戎狄风俗，开垦荒地，发展农业生产，把民众分成邑落定居下来，建立诸侯国，得到了商王朝认可。"（商王）武乙六年，邠迁岐周。命周公亶父，赐以岐邑"（《竹书纪年》）。因地处周原，故姬姓从此称周人，定国号为周，粗具国家雏形。

公亶父是使周部落兴盛的一位重要人物，后武王有天下，追尊古公为周太王，太吴姓族谱中，尊古公为先祖。《诗经·闷宫》说："后稷之孙，实维大王。居岐之阳，实始翦商。"迁周部落于岐山之阳的周原和开始翦商的事业，是公亶父两项最大的功绩。

2.迁周于岐

先周部落从公亶父迁岐到文王建丰，是其发展的第二阶段。在这一阶段，先周姬姓氏族与姜姓氏族联姻，并向东发展，为武王灭商准备了条件。其生产力得到了进一步发展，其社会形态则已由居豳时的酋邦模式而进入了早期国家时期。有关这次迁移，其他史书也都有载。《竹书纪年》:（殷）武乙元年："邠迁于岐周。"陈逢衡谓："当云邠侯亶父自邠迁于岐周。"武乙三年："命周公亶父赐以岐邑。"自公亶父迁岐之后，先周

公亶父

历史便发生了巨大变化。首先是与姜姓氏族联为婚姻。公亶父带领着姬姓部族来到岐山周原之后，便与原先已住在南面渭水流域武功、扶风、宝鸡一带的姜姓部族联为婚姻。此后，姬、姜两部落便世为婚姻，如武王妻曰邑姜，西周康王、穆王、共王、孝王（或为夷王）、厉王、幽王的妻子均为姜女。

公亶父首先采取了一系列创建国家文明的措施。《周本纪》说公亶父率部落居于岐下之后，"乃贬戎狄之俗，而营筑城郭室屋，而邑别居之，作五官有司。民皆歌乐之，颂其德"，就使国家的存在形式带有亲族关系和地域关系的双重内涵。而公职官员的任命，也开始脱离血缘关系，渐次形成复杂的官僚统治集团。行政机构的充实和健全，正不断加强着周国家权力的运作。同样，在意识形态领域，亦紧紧适应着这种社会构成和政治秩序的演进，出现了宗庙之祀和家社之祭并重的整合，初步形成了一套发于家族或宗族、涵盖社会、上达国家的祭祀系统。

3. 实始翦商

周太王迁岐建国后，天下形势发生了重大变化，其主要标志为：周人打破戎狄的包围，获得了一个有利的生存环境。但是，这时戎狄的威胁依然存在，周人的力量不足以与强殷抗衡，于是太王根据天下形势的分析以及自身安全的需要，制定了对外政策的基本方针，即加强与附近各部落的友好交往，东联强殷，西抗诸戎，为发展生产，增强国力，创造一个良好的外部条件。为了实现这个联殷图存的目的，大王采取了臣属于商王朝的政策。

公亶父一方面强化着统治阶级的政治地位，同时也有效地调整着周围各社会阶层的关系。公亶父的功业在于使先周部落内部实力得到了充实与发展，而至其儿子王季、孙子文王时，先周部落便开始向外扩展。最后到武王时，终于推翻了其东方强国商朝。周武王发建立周朝时，追谥他为"周太王"，他住过的地方叫"太王城"，他的墓叫"太王墓"。

五、行善积德西伯侯，开国奠基周文王

姬昌（公元前1152—公元前1056年），姬姓，名昌，岐周（今陕西岐山县）人。周朝奠基者，周太王之孙，季历之子。中国历史上的一代明君。在商纣王时，他被封为西伯，所以人们又称他为西伯昌。他的封地在周，即今天陕西的岐山，他死后，武王灭了商，追封他为"文王"，所以历史上又叫他周文王。

姬昌出身高贵，少年时候就胸有大志，潜心读书，故能上通天文，下知地理。长成后身材伟岸，气宇轩昂，以社稷民生为己任，而且性情温顺，待人诚恳，很受人尊重。

在纣王最昏庸的时候，他位居三公之中，是当时国家中的重要人物。但是纣王的所作所为，深深刺激了他柔弱的心灵。

有一天，他正在家中慨叹之时，见门外走来一人，此人乃是纣王派来的。只见来人手中托着一个盘子，说是奉大王之命，将九侯和鄂侯的肉饼送给他尝尝。

他听后几乎要吓得晕了过去。望着这些饼子，他真是欲哭无泪，这二人都是和自己朝夕相处的朋友，都是朝廷的贤臣。他愤怒，他痛苦。在座的各位诸侯也都战战兢兢，脸色煞白。

当时在众诸侯中，有一个人叫崇侯虎，这个人是个小人，专门会进谗言，他看到西伯对纣王有所不恭，以为又

周文王

有邀赏的机会了，心里暗暗一笑。

回到京城，他到纣王面前密报："人们都说西伯积累善事和德行，以我所见，的确如此。他为什么这样做，就是为了笼络诸侯，如今很多诸侯都听他的，如果这样下去，恐怕对大王不利。而且他对你的做法有时也感到不满意。"

纣王听后，认为确实危急，于是就宣西伯进京。西伯一到京城，就被囚禁在羑里（今河南汤阴县一带）。

西伯被囚之时，周的群臣当然万分着急。西伯有个儿子叫伯邑考，是一个面相文静而又非常智慧的人，他说："我看纣王是个好色好利的人，不如就送他一些美女和金银财宝，也许他能让我父亲回来。"

大多数人认为这个办法可行。但是有的大臣认为，光给纣这些东西也许还不行，他未必肯放西伯回来。这句话提醒了伯邑考，他说："我看要想让我父亲回来，只有以我为人质。"

当下他就决定自己前往。众大臣认为这样做不妥，怕不但西伯不能换回，可能伯邑考也回不来。但是伯邑考的决心已定，其他人也就没有再上前劝阻了。

伯邑考来到商，向纣献上了礼物，又说自己代父受刑。但是狡猾而又凶狠的纣不但没放了西伯，反而也把他扣留下来。后来纣命他为自己驾马。

一次，纣听人说，现在很多老百姓都说西伯是圣人，纣听到后火冒三丈，说："他是什么圣人？我杀他的儿子给他吃，看他知不知道。"

可怜那伯邑考不但没有救了父亲，倒是连自己的命也未保住。杀伯邑考的时候，纣问他是不是对自投罗网后悔，伯邑考说："为了父亲的生存，我何悔之有？我遗憾的是自己不能亲手杀了你。"

伯邑考的肉被做成饼，送到牢中的西伯面前。西伯这时候已经知道自己的好儿子惨遭毒手，望着他儿子的肉，他似乎很从容，拿了一块饼，大口大口地吃。他心里明白，这人间最难忍受的事此时也要忍住，等来人走后，他和着泪将吃下去的东西全都吐了出来。他对着苍天祈祷，他愿上天饶恕他的罪责。

这边，纣王知道西伯吃了自己儿子的肉，狂笑不止，说："谁说西伯是圣人，吃了自己儿子的肉，还不知道。"

西伯身体被囚禁，但是他的心却没有被囚禁，他仍然在思索，他仔细地研究了据传是从伏羲手上传下来的八卦，后来有了重大发现，在八卦的基础上，扩为六十四卦，并且为之作了卦爻辞。

这样《周易古经》就形成了，这部书对后来中国文化产生了巨大的影响。

西伯被关押的时间太长了，他的诸侯国却一刻离不了他。有一天，他的四位大臣太颠、闳（hóng）夭、散宜生、南宫适去看他。当时周围监视非常严，西伯不能和他们说一句真实的话，他对着他们四位眨了眨右眼，意思是说，纣是个好色之徒，你们赶快送美女给他；又向他们拍拍自己的肚子，意思是，这个昏君要天下最珍贵的宝贝；最后站了起来，快快地走了几步，其含义是，你们千万要快速行动起来。

对西伯这些动作的含义，四大臣心里都明白，最后他们点了点头，就离开了监牢。

他们回到周以后，就广搜美女，聚集财宝。散宜生到了西方的犬戎国，寻得一匹宝马，全身雪白，脖子上却长着红色的鬃毛。他又到了有莘国，找到了几十个美女，一个个如天仙一般。南宫适等又聚集了大量的珍宝。

最后，他们装满了几十辆大车，送给了纣。纣王一见到金银财宝，就笑得合不拢嘴，再见到这么多美女，更是心荡神驰，当他看到那匹宝马时，他惊奇地差点要跪到了地上，高叫一声："这是谁的宝贝？"散宜生急忙上前说："是西伯送来的，以赎他自己的罪。"

纣当时心情一好，就痛痛快快地把西伯放了。临行时，还对西伯说："我看你就是个老实人，都是那崇侯虎说的坏话，不然我怎么会把你关在这里。"

他还送给西伯弓箭、大斧，并准许他有讨伐诸侯的权力。西伯的计谋起到了巨大的作用。

西伯回到了周，受到了人民的热烈欢迎。从此以后，他潜心于灭商的

准备工作。他以自己的德行和智慧享誉于诸侯之中，诸侯们有争端，都请他来裁决，当时，虞、芮（ruì）两个小国为了一件小事争论起来，无法解决，就到了周，请求西伯为之评判。

这两个小国的国君一起来到周国的国界时，见到人们都互让田界，老百姓都习惯于尊重年长的人，这两国的国君还没见到西伯，就已经有所醒悟了，感到愧疚万分，他们感叹地说："我们所争执的事，正是周国感到耻辱的事，我们还去干什么，那只能给自己带来耻辱。"

于是掉头便回去了，以后再也没有争吵了。诸侯们知道这件事后，都说："西伯也许是一位承天受命的君主。"

西伯经过几年的准备，去讨伐了若干小诸侯国，后来消灭了崇侯虎，这个小人为自己的无耻行径付出了代价。文王在位共有 50 多年，周国的国力逐渐强大，他死后，周武王最终消灭了商王朝。

文王在位期间，克明德慎罚，勤于政事，重视农业生产。礼贤下士，广罗人才，拜姜尚为军师，制定军国大计，收服虞国和芮国，攻灭黎国（今山西长治市）、邘国（今河南沁阳市）等国，使天下三分，其二归周。建都丰京（今陕西西安市），为武王伐纣灭商奠定基础；演绎《周易》，得到后世儒家推崇，孔子称其为"三代之英"。

周文王五十年（公元前 1056 年），驾崩，享寿 97 岁，葬于毕原（西周王陵位于今陕西岐山县凤凰山南麓）。

六、灭殷大计得传承，武王伐纣建大周

周武王姬发（？—公元前 1043 年），姬姓，名发（西周青铜器铭文常称其为斌）。周文王姬昌与太姒的嫡次子，岐周（今陕西岐山）人。西周王朝的开国君主，在位 19 年。

周武王能一鼓而灭殷，原因是多方面的。从周一方考察，武王父亲周文王的全面、周密的部署和武王审慎而不失时机地发起决战，都是其成功的重要因素。

周文王在位 50 年，为灭商做了大量的准备工作。大体说来，在他的

前40年"遵后稷、公刘之业，则古公、公季之法，笃仁、敬老、慈少，礼下贤者，日中不暇食以待士"，辛勤治国，增强实力，"三分天下有其二，以服事殷"。在他去世之前的第七年，他"受命"称王，实际上已拉开了灭殷的序幕，灭殷进入了战略准备阶段。《尚书大传》载："文王受命，一年断虞、芮之讼，二年伐邗，三年伐密须，四年伐犬夷，五年伐耆，六年伐崇，七年而崩。"

虞（今山西平陆北）和芮（今陕西潼关西北）是殷的属国。两国发生了领土争端，本应找他们的共主殷调停，但却慕周文王的威名，"相予朝周"，请周文王加以裁断。二国君"乃入周"：入界，耕者皆让畔，民俗皆让长。虞、芮之人未见西伯，皆惭，相谓曰："吾所争，周人所耻，何往为，只取辱耳"。遂还，俱让而去。诸侯闻之，曰："西伯盖受命之君。"所以，"断虞、芮之讼"既是周文王威望达到相当程度的一个标志，又是周在政治和外交方面瓦解殷商并取得了明显优势的标志。

伐犬戎和密须，意在解除后顾之忧。当时周的中心在岐下，犬戎在它的北方，密须（今甘肃灵台西南）在它的西方。文王要东进伐商，扫荡掣肘的小国，确为周到的考虑。

紧接着就是开辟通道。耆（亦作黎，今山西长治西南）、邗（今河南沁阳西北）、崇（今陕西鄠邑区东北）都在商朝政治中心的西面，由北向南连成一线，构成了商王朝西面的藩篱。周文王在他最后的几年将它们一一翦灭，就彻底扫除了周东进的障碍。朝歌已被置于周的矛头之下。

在这种情势下，周文王

周武王

把国都由岐迁至丰（今陕西鄠邑区东北），使指挥中心进入了更为方便的位置。周灭殷的准备工作至此已完全就序了。不幸，文王在这个时候去世了，灭殷的重任便落到了武王肩上。

约公元前1056年文王崩逝，姬发继位，号为武王，沿用"受命"年号。武王继位之后，面对的形势仍然是严峻的。一方面，文王称王、扫除东进的障碍，已使整个国家进入了灭殷的轨道。但是，商王朝也有所警觉，已采取了相应措施加以防范。另一方面，商王朝虽衰，但仍有相当强大的实力和一定的号召力；而武王新即位，不仅实力与商有一定差距，自己的威望也多是借重乃父的余泽。这不能不使武王既继续执行文王灭殷的大计，又要在实施时多方考虑，谨慎行事。因此，在即位的最初两年，他不敢轻举妄动，只是以"太公望为师，周公旦为辅，召公、毕公之徒左右王，师修文王绪业"而已。

周武王即位后的第二年，率大军先西行至毕原（今陕西省长安区内）文王陵墓祭奠，然后转而东行向朝歌前进。在中军竖起写有父亲西伯昌名字的大木牌，自己只称太子发，意为仍由文王任统帅。大军抵达黄河南岸的孟津（今河南孟津县东北），有八百诸侯闻讯赶来参加。人心向周、商纣王孤立无援的形势已形成，诸侯均力劝武王立即向朝歌进军。武王和姜尚则认为时机还不成熟，在军队渡过黄河后又下令全军返回，并以"诸位不知天命"告诫大家不要操之过急。因时机还未完全成熟，还是班师回朝了。这次灭商预演，史称"孟津之会"或"孟津观兵"。这次"观兵"，实际上是武王对自己实力和威信的大检验。虽然，"诸侯不期而会盟津者八百"，且皆曰："纣可伐矣"。但武王仍沉着冷静，回答诸侯们说："女未知天命，未可也。"武王所谓的"天命"，实际上是"时机"。

又过了两年，"纣昏乱暴虐滋甚，杀王子比干，囚箕子"，"太师疵、少师强抱其乐器而奔周"，商政权处在一片混乱之中。武王认为灭殷的时机来到了。

于是武王遍告诸侯曰："殷有重罪，不可以不毕伐。"乃遵武王，遂率戎车300乘，虎贲3000人，甲士45000人，以东伐纣。

周军渡过盟津、与诸侯之师会合之后，武王"作《太誓》，告于众庶"，进行了临战前的第一次动员：

"今殷王纣乃用其妇人之言，自绝于天，毁坏其三正，离逷其王父母弟，乃断弃其先祖之乐，乃为淫声，用变乱正声，怡说妇人。故今予发维共行天罚。勉哉夫子，不可再，不可三！"

周军士气高昂，长驱直入，"朝食于戚，暮宿于百泉，旦压于牧之野"，寻找商军主力决战。在仅距当时商都70里的牧野，周武王又向全军发表了誓辞，史称《牧誓》。其略曰：

"古人有言曰：'牝鸡无晨。牝鸡之晨，惟家之索。'今商王受惟妇人言是用，昏弃厥肆祀，弗答；昏弃厥遗王父母弟，不迪；乃惟四方之多罪逋逃，是崇是长，是信是使，是以为大夫卿士，俾暴虐于百姓，以奸宄于商邑。今予发，惟恭行天之罚。

"今日之事，不愆于六步、七步，乃止，齐焉。夫子勖哉！不愆于四伐、五伐、六伐、七伐，乃止，齐焉。勖哉夫子！尚桓桓，如虎如貔，如熊如罴，于商郊。弗迓克奔，以役西土。勖哉夫子！尔所弗勖，其于尔躬有戮！"

誓师典礼结束后，盟誓后，武王便率大军浩浩荡荡地杀奔商都朝歌，一路上势如破竹，很快便打到了离朝歌只有70里的牧野，双方军队就在牧野附近摆开了阵势进行决战。

纣王认为自己有军马70万，可周军只有5万，这简直是以卵击石、飞蛾扑火。可他哪知武王的军队是经过严格训练的精锐之师，作战勇敢顽强，而他那70万大军中，一多半是临时武装起来的奴隶和从东夷捉来的俘虏，他们平日受尽了纣王的压迫和虐待，对纣王恨之入骨，又有谁肯为他卖命。所以两军刚一交锋，奴隶们就掉转矛头，纷纷倒戈投降，配合周军攻打商军，纣王所谓的70万大军顷刻间土崩瓦解。姜尚便指挥周军，乘胜追去，一直追到朝歌。

商纣王见大势已去，即逃回王宫，登鹿台自焚而死。朝歌的百姓闻听纣王已死，便列队欢迎周军入城。武王入城来到鹿台，看到纣王的尸体便连射三箭，并砍下纣王与妲己的脑袋，悬挂在宫廷外的白旗下示众。纣王

的两个宠臣恶来、费仲也被斩首。群凶斩除，人心大快。从此延续了500多年的殷商王朝，随着恶贯满盈的纣王的自焚而彻底灭亡，史称武王克殷。

武王四年（约公元前1046年），武王灭商后，还师西归，在他新迁的都邑镐京（即宗周，今陕西西安西北沣水东）举行盛大典礼，正式宣告周朝的建立。周武王追封父亲姬昌为文王，并分封诸侯。

由于过度的辛劳，姬发在灭商后的第二年就病倒了。当时，天下尚未安宁，周室大臣们都担心姬发的逝世将会带来动乱。姬发的病情一度稍有好转之后，很快又恶化了。弥留之际，还念念不忘尚未安宁的天下，他担心自己的儿子姬诵年纪尚幼，缺乏政治经验，不足以担起管理天下的重任，便把辅政的大事全部委托给了姬旦。

周武王有着广阔的心胸和长远的眼光，同时有着果断的处事能力，在看到商朝的无道，他打出了为民请命，替天行道的旗号来获得广大人民群众的拥护，从而大大地扩大了自己的实力和影响力，在伐纣的过程中，他以大无畏的精神亲自带领兵马直捣朝歌，打了纣王一个措手不及。同时周武王有着很杰出的个人魅力，他也因此受到人们的爱戴，这也是他获得人们支持的一个重要原因。

七、"成康之治"周公辅，太平盛世衰象显

周武王灭商居功至伟，他死后，太子诵继立，是为成王。成王年幼，曾经辅佐克商的武王之弟周公旦摄政，代行国政。周公是一个大政治家，依据周国原有制度，参酌殷礼，有所损益，定出一套巩固封建统治的制度来，这就是后世儒家极力称颂和推崇的"周公礼乐"或"周典"。

武王的两个弟弟管叔、蔡叔怀疑周公将篡夺王位，诋毁周公，并与武庚为首的殷遗民联络，一时朝野流言四起。武庚本人也认为有机可乘，便积极图谋复国。于是，他们勾结在一起，并纠集了徐、奄、薄姑和熊、盈等方国部落起兵反周。周公处在内外交困的地位，非常困难。他首先向召公解释，寻求帮助，随后毅然地率领军队，进行东征。经过三年的艰苦作战，周公杀武庚，黜管、蔡，攻灭奄、徐等17国，俘商贵族及遗民为俘虏，

因为他们顽固地反抗周的统治，被周王称为顽民或殷顽。

为了消弭殷商的残余势力，也为了巩固西周的统治，周公首先命令诸侯在伊洛地区合力营建新城，即东都洛邑。洛邑建成之后，把曾经反对周朝的"殷顽民"迁徙到这个地方，严加控制。同时，封投降西周的纣王兄微子启于商朝故都，成立宋国，管理殷商之后；封武王的弟弟康叔于纣都，成立卫国，赐以殷民七族；封周公的儿子伯禽以奄国旧地，

周成王

成立鲁国，赐以殷民六族。这样，殷商余民遂被分而治之，天下局势大体太平。

为慑服商顽民而建的东都成周城落成后，辅政大臣周公还政于成王，周朝进入巩固的时期。成王及其子康王继承文王和武王的功业，务从节俭，克制多欲，以缓和阶级矛盾。又令周公制礼作乐，即王朝各种典章制度的创立和推行。西周的疆域空前广阔，为了进行有效的统治，实行了分封制，即周天子实行"封土建国"政策。西周分封，是以宗法血缘关系为纽带，建立起周天子统辖下的地方行政系统，按疆土距京城的远近，把土地及土地上的人民赐予分封者（大部分都是诸侯）。一方面，受封者在所封的土地上握有政治、经济、军事等大权，实行全面的统治；另一方面，受封者要对周天子承担镇守疆土、出兵勤王、缴纳贡赋、随王祭祀等义务。西周的分封，在武王时即已开始，但大规模分封是在成王及康王时期。西周的分封，在一定时期内加强了周王朝统治的作用，维护了天子、诸侯、卿、大夫、士这一等级序列的礼制。成康时代的诸侯，均由中央直接控制。康王之世，周还曾命诸侯征讨淮夷、东夷，加强对

周康王

异邦的控制。

成王姬诵在位后期，政治清明，人民安居乐业。后来，姬诵病倒，担心儿子姬钊不能胜任国事，于是下令召公、毕公用心辅佐。不久，姬诵病死，康王姬钊继位。召公、毕公率领诸侯，陪姬钊来到祖庙，把文王、武王创业的艰辛告诉康王，告诫他要节俭寡欲，勤于政事，守住祖先的基业。姬钊在位时，不断攻伐东南各地的少数民族，掠夺奴隶和土地，分赏给诸侯、大夫。

"成康之治"是中国历史上记载最早的太平盛世。西周成康时期农业生产蓬勃发展、人民生活相对改善、四方少数民族纷纷来贺等升平景象，指出这是由于西周初年以礼治国、崇尚道德教育、实施惠民政策和严格执行法制的结果。不过"成康之治"到康王后期已经出现种种衰乱迹象，如沉湎女色、征伐不断、刑罚不慎等；而非史家历来所说，是自后来昭王开始衰落的。

八、王道微缺朝纲斜，南巡不返昭王故

周昭王姬瑕（？—公元前 977 年），周康王姬钊之子，周朝第四任君主。康王二十五年（公元前 996 年）周康王去世，姬瑕即位，是为周昭王。

1. 王道微缺

姬瑕，周康王姬钊嫡长子。康王二十五年（公元前 996 年）周康王去世，姬瑕即位，是为周昭王。

中国第一个见于史册的治世成康之治后，西周王朝应该迎来一个盛世，

但此时西周王朝的执掌者却"王道微缺"。周昭王十四年（公元前982年）夏四月初八，镐京突然出现反常的自然现象，河、井、泉、池里的水同时泛涨，井中的水竟然溢出井外，紧接着宫殿和民宅山川大地都摇晃起来。夜里有五色光气入贯紫微星座，遍于四方，尽作青红色，天空竟然看不见二十八宿。古人认为天象和人间为表里，王道缺失才招致异象迭生。

如果说所谓天象只是古人迷信无知，那么周昭王处置国事的态度就是确证无疑的"王道微缺"。周昭王十四年秋七月，鲁国发生政变，鲁侯之弟姬沸杀死兄长鲁幽公姬宰夺取侯位，自称魏公。如此大逆不道之事，周昭王竟听之任之，既不发兵征讨，也不兴师问罪，致使天下恃强凌弱的现象屡屡发生，朝纲由此偏斜。

2. 东夷之战

周昭王十六年（公元前980年），昭王率军对东夷各国（今山东、江苏、安徽一带）进行军事威慑。

东夷是古代对东方各族的泛称。西周初年，这些方国部落对周王朝时服时叛。经周公、周成王东征，周势力达到今山东境地，淮夷、徐夷仍倔强不服。是年，以楚为首的方国部落进犯周朝疆土，周昭王集结大军，南征楚荆。为稳定后方，先向东夷进兵。各夷国见众寡悬殊，纷纷归顺。至周昭王伐楚时，东夷南夷有26个邦国前来臣服朝见。

东夷之战加强了周王朝对东夷诸国的控制，孤立了荆楚。

3. 昭王伐楚

据《竹书纪年》记载，昭王伐楚，主要有三次：

第一次，周昭王十六年（公元前985年），周昭王"伐楚，涉汉，遇大兕"。一般认为此次战争与上

周昭王

述《墙盘》记载相同。周昭王领军渡过汉水，深入荆楚一带，渡汉水时还遇见"大兕"（犀牛）。

第二次，周昭王十九年（公元前982年），周昭王派祭公、辛伯攻楚，"天大曀，雉兔皆震，丧六师于汉"。周军渡汉水时，阴风骤起，气候恶劣，将士惊恐，军队损失严重。

第三次，"昭王末年，夜清，五色光贯紫微，其王南巡不返"。据鲁纪年推算，此时为周昭王二十四年（公元前977年）。此次伐楚声势浩大，陕西扶风出土的"墙盘"铭文记载："弘鲁召（昭）王，广笞荆楚，唯狩南行。"但结果全军覆没，周人讳言此事，模糊地说"南巡不返"。

昭王伐楚与早期楚史和楚文化研究有极重要的关系，但这样一件西周史和楚史上的重大事件，却因为周人的隐讳而蒙上了重重迷雾，甚至连周昭王征伐的对象到底是谁都存在争议。根据现代学者的考证，周昭王所伐之"楚"并非"楚国（楚子）"，而是西周时期和楚国（楚子）并立于楚地的楚蛮。

"楚"有二义，一是指芈姓楚国，二是指南方楚蛮。周成王十九年，楚国先祖熊绎被封为楚子，封地在楚蛮之地，因此楚国与楚蛮有交集，到东周时，楚国崛起吞并了楚蛮，两者才混为一体。在周昭王时期，楚国爵位不过是楚子，封地仅50里，荒僻贫弱。在这种情况下，周昭王不可能尽起六师，倾力南下攻打小小的楚子，更不会收获颇丰，大小贵族均兴高采烈地作器铭功。而且如果周昭王果真的因为南征楚国而丧命，则周、楚必为不可解的死敌，周昭王之子周穆王不可能不报此仇，楚国更不可能在周穆王十四年还作为周朝的封国参与伐徐之役。

而楚蛮在周昭王时期占据地域广大，大约在今汉水中上游的丹江地区和下游的汉东地区，且占据铜矿主产地铜绿山。在先秦时期，铜是极其重要的战略资源，政治、经济、战争等方方面面都广泛需求。楚蛮虽然人数众多，分布广泛，但始终没有如从前的三苗和后来的楚国一样形成一个强大统一的政治体，只是一些分散的部族，这种情形下的楚蛮正适合作为周昭王南下征伐的对象。

昭王南征之"楚"为楚国的说法最早出现于东汉,王逸注《楚辞·天问》。后世学者多信此说,口口相传代代为继,昭王南征楚国几成定论。

4. 南巡不返

《古本竹书纪年》载:"昭王末年,夜清,五色光贯紫微,其王南巡不返。"

第三次伐楚对西周的军事力量打击很大,周昭王薨于汉水,全军覆没。经过春秋笔法润饰的正史对此事讳莫如深,无法获知详情。北宋时期,在湖北安陆一带出土了六件西周时期的青铜器,称为"安州六器",透露了周昭王南巡的相关信息。

周昭王十六年,昭王南巡亲征,征伐楚荆。为了保证进军的顺利,他任命一个姓南宫的人为统帅,一个叫中的人为先锋。中带领军队联络汉阳的姬姓诸侯,为大军开路,并在邓国和曾国为昭王准备行宫。一路上得到了汉北各姬姓诸侯的支持,军队人马更加壮大,很快深入江汉腹地。原来臣服于楚荆的大部族、小方国纷纷归顺。

中的先头部队到达长江,后军随后赶到,王师攻占了鄂部驻地,大军沿汉水东岸南下,到达长江边后,昭王留下一支人马在江北守卫渡口,自己亲率大军渡江南下。扬越的鄂部将主力退缩到南面的大山中,昭王占领了铜绿山。然后昭王渡江北上,在唐国(今湖北随州西北)大会汉阳诸侯,论功行赏,给先锋中很多马匹和铜材,元帅南宫也得到了很多赏赐。后来,中用昭王赏赐的铜材铸造了一批青铜礼器,并在上面刻上了文字,记载此次战争和他所得到的赏赐,昭王给贵族们分发一些铜材,然后将大量铜材运回。这些铜材多被用来铸造青铜器,其中就包括安州六器。

周昭王占领铜绿山后,留下了少数王师镇守铜绿山,率领大部队返回。然而,鄂部一听周军主力已经撤走,又夺取了铜绿山,昭王决定再次亲征。

周昭王十九年,昭王率大臣祭公等,以成卫镐京的西六师再攻楚荆。开始时形势很好,周军从唐国(今湖北随州北面)出发,经过厉国、曾国向南顺利推进。为了壮大声势,昭王还派出使臣到长江中游的大小邦国,争取支持。昭王本人则率师沿江而上,直抵夔国边境(今湖北秭归)。然而回师汉水时,周军却遭到了楚荆部队的强烈抵抗,又遭遇了异常天气,全军覆没。

姬瑕 27 岁即位，在位执政虚记 20 年，卒于昭王十九年（公元 977 年），终年 46 岁，尊号周昭王。古书上说"仪容恭美曰昭"，故谥号昭王。

周昭王崩后没有向诸侯告丧，宗室诸侯拥立周昭王长子姬满继位，是为周穆王。

九、西征昆仑东攻徐，穆王西巡传佳话

周穆王姬满（公元前 1006？—公元前 922 年），又称"穆天子"，周昭王之子，西周第五位君主。一说在位 55 年，是西周在位时间最长的周王。

1. 吕命刑书

周昭王十九年，昭王姬瑕第三次亲征荆楚，薨于汉水。是年太子姬满践位，成为西周第 5 位帝王，是为周穆王。

周穆王统治初期，没有像昭王那样靠武力征伐四方，平息国内各种矛盾，而是认为是统治阶层内部出现了问题。他命令大臣伯臩向朝廷官员重申执政规范，并发布《臩命》；又用吕侯（亦作甫侯）为司寇，命作《吕刑》，告四方，以正天下。刑书制定墨、劓、膑、宫、大辟 5 刑，其细则达 3000 条之多。

在周穆王的励精图治下，天下再度安宁。

周穆王陵

2.两伐犬戎

从周武王始，周王朝开拓经营的重点是东方，其次是东南。到周昭王时，国力强盛，又向南开拓发展，对北方戎族采取守势。周昭王虽死在第二次南征途中，但周仍达到向南扩张的目的。周穆王时继续保持向外扩展的态势，并开始对北方犬戎采取主动攻势。

《国语·周语》记载，王朝西方边远地带的犬戎属于周的"荒服"，常向周王室进贡方物特产。周穆王十二年（公元前965年），犬戎没有及时进贡，周穆王以此为由，亲自领兵对犬戎征伐。大臣祭公谋父曾提出不同意出征的意见，主张实行文王时"耀德不观兵"的政策，即以政治手段求得犬戎的"荒服"（只按时来朝拜周王，无其他义务），但穆王不接受建议，执意西征。

穆王十二年春，周穆王西征，进兵阳纤，周军大胜。但是由于史料缺乏，战争经过不详。从战果来看，此次战争的军事胜利并不大，仅仅"得四白狼四白鹿以归"。而且由于穆王对边疆少数民族采取高压政策，导致的后果对周极为不利。《史记·周本纪》谓："自始荒服者不至"，边远国家不再朝见周穆王，说明周王朝在周边外族中失去了威信。

边夷不朝，更加剧了矛盾，穆王重整人马二次讨伐，"广获其五王"，并把部分戎人迁到太原（今甘肃镇原一带）。此次征战以周大获全胜告终，但却加剧了与犬戎的对立。

3.西征昆仑

两征犬戎，平定西方后，穆王继续西伐，于穆王十三至十七年（公元前964—公元前960年），进军至昆仑之丘，这段历史被记录在《穆天子传》中。近代人认为《穆天子传》为战国所作，内容多不真实，但反映了当时西周与西北各方国部落往来的情况，是中原与西域进行交流的最早史料记载。

传统学者们认为，按照故事中所说的里程，西王母之国应在西亚或欧洲。但在1992年中日两国关于《穆天子传》的学术研讨会上，学者们指出，中国秦以前的"里"指的是"短里"，只有今77米长。因此，西王母之国应在今甘、新疆一带，它以西宁、兰州为前庭，以新疆为后庭，中心在敦煌、酒泉一带。

4. 东攻徐国

周穆王西略，长年不在朝，位于周王朝东南的徐国趁机作乱，率领臣服于自己的诸侯攻打周。于是周穆王西征之后，转战东南。

徐国在商代就是淮夷大国，周初曾跟随武庚叛乱，周公二次东征后，徐国时叛时服。穆王时期，徐国再次兴盛起来。据《史记·秦本纪》《史记·赵本纪》记载，徐戎趁着周穆王在外巡游时作乱，周穆王在造父的协助下日驰千里返回救乱，将事态平息下去。《后汉书·东夷列传》的记载有所不同：徐夷的君长统率九夷诸部侵扰宗周，穆王见其势大，作出妥协，让徐偃王管理东方诸侯；此后，穆王又让造父驾车赴楚国要求其攻徐，楚文王举兵，徐偃王不忍兴兵抵抗，主动撤走。诸说不同，后世亦众说纷纭。

平定徐乱后，穆王继续东进，抵达九江，开始南征。通过巡游征伐，周穆王使东南许多方国和部落归顺于周的统治，对周王朝的发展具有积极意义。在南征取得成就后，穆王仿照祖先，在涂山（今安徽怀远东南）会合诸侯，巩固了周在东南的统治。

5. 穆王西巡

周穆王富于传奇色彩，史料中还有关于穆王西游见西王母的记载，其中以《穆天子传》最为详细。

清代郎世宁《八骏图》

周穆王好大喜功，企图向四方发展。穆王十二年（约公元前965年）西征戎，获其五王，并把戎人迁到太原（今甘肃镇原一带）。约公元前961年，乘着征讨的胜利，穆王向西巡行，一直到达了青海东部一带。艰苦的千里往返并没有打消穆王对西方乐土的向往。据说周穆王有个善于驾车的车夫，名叫造父，其先人以擅长养马驾车而著称。造父受宠于周穆王，精心挑选八匹毛色相配、力量相当的骏马，加以调驯，名为"骅骝""绿耳"等，献给周穆王。穆王乘坐八骏所驾之车，造父为驭，西行至西王母之邦，乐而忘返。穆王西征的故事，如战国竹简《穆天子传》所载，反映了当时穆王意欲周游天下，以及与西北各国部落往来的情形。周穆王环游西北地区的真正意图，后人有种种说法。从政治的角度看，他似乎是想向这些地区的民族展示一番周朝的力量，使他们不敢轻易反叛；或者是想转移国内的政治矛盾，以巩固自己的地位。殊不知，正是这种无谓的炫耀，才使周朝的势力进一步衰落下去。

十、周共王励志改革，周懿王王权不振

1. 共王改革

周共王姬繄扈（公元前1019—公元前900年），一作伊扈，周穆王姬满之子，西周第六位君主（在位时间为公元前922年—公元前900年），谥号共王，一作恭王，西周青铜器铭文多称他为龚王。

周穆王五十五年（公元前922年），姬繄扈的父亲周穆王姬满去世，姬繄扈继承王位，当年改元，是为周共王。

周共王继位时，国家因周穆王远游，耗费了巨量财富，使得国家财政十分空虚，经济上渐渐难以支持。但是，在许多场合又不得不维持着天子的架子。如为了表示赏罚分明，周共王不得不将都城附近的土地陆续分封给诸侯和大夫，使自己直接支配的地域越来越小，收入越来越少。周王朝的国势开始衰落。

周共王继位后，对治国的策略进行了很大调整，在军事上，他改变父祖两代以武力征服天下的做法，裁减军队，明法息民，让更多的百姓安于生产，创造财富，以增加国家的财政收入。在对外关系上采取和平稳定的外交政策，对边境争端主要采用和平谈判的办法解决，尽量避免武装冲突。在政治上，他废除原来的"土地国有，分封臣下"的旧制度，施行土地私有制，允许土地自由买卖。国家按规定向土地所有者收缴税金。这是西周王朝首

次把土地私有合法化。

周共王这些举措对国家十分有利。因为在此之前国家只按原有可耕种的土地面积收税，贵族们私自开垦的耕地是不交税的。如今国家允许私田存在，私田拥有者必须如实申报，否则便视为非法私田，一经查出一律充公。这就迫使贵族们不得不将自己的私田如实上报，而一旦上报，就必须得按规定交税，从而增加了国库的收入。

周共王二十三年（公元前900年），周共王去世，其子姬囏继位，是为周懿王。

2.懿王迁都

周懿王姬囏（约公元前937—公元前892年），周共王姬繄扈之子，西周第七位君主。

周懿王生性懦弱，继位后政治日趋腐败，国势不断衰落，由于西戎屡次进攻，他被迫将都城迁往槐里（今陕西兴平东南）。

周懿王元年（公元前899年），猃狁侵犯西周，国人深受其苦，作诗讽刺周懿王治国无能。

周懿王七年（公元前893年），西戎侵略周境，一度兵临宗周镐京。

成康昭穆时期，边境戎狄一直被压制，而周懿王即位后，他们不断侵犯西周，甚至数次抵达京畿所在，证明此时西周国力衰落的很厉害。

国力衰弱是由各方面原因造成的，而统治者自身问题是重要原因之一。周懿王七年二月，朝廷任命益公牧统辖百事僚（天尹之职）。在任命辞中

西周史墙盘

说：官僚骄横淫奢，不顾先王制定的律令乱行暴虐，残害小民，结果引起小民反抗，危及己身，都是咎由自取。严令益公牧要按先王政令办事，明察确断，以律量刑。这既证明周懿王

有整顿朝纲之心，也证明了当时政治混乱的局面。而从事后的发展来看，周懿王并未能扭转颓势。周懿王八年，虢公奉懿王命率领周师北伐犬戎，结果大败而归。

（1）王权不振。

册命制度是西周时期的一种任命、赏赐官员的制度，是周礼的一个重要组成部分，也是彰显王权非常重要的表现仪式。

《走簋》《卫簋》《免尊》《师毛父簋》《师奎父鼎》《豆闭簋》《辅师嫠簋》《扬簋》《免簋》等彝器铭文表明，周昭王、周穆王时期的册命制度，其主要标志是在任命、赏赐的过程中出现了导引受命者的佑者和宣读册命的史官。

册命制度进一步完善，是在任命、赏赐的过程中有朝觐周王的礼仪："立中廷，北向。"要特别指出的是"立中廷，北向"并不是简单地立于庭院中央面向北方，它实际上是接受册命之前朝觐周王的两种礼仪的名称，相当于文章的标题。"立中廷"可能是受命者在佑者导引下到达接受册命的位置的礼仪，而"北向"则可能是受命者到达接受册命的位置后，对周王行拜见之礼的礼仪，这些可以从《望簋》《盠方彝》《救簋盖》《利鼎》《师虎簋》等彝器铭文中可以看出。

而周懿王时期的《师□鼎》和《訇簋》铭文都只记载了册命的内容，却没有像前代那样对整个册命过程进行描述，昭穆时期宣读册命的史官在册命过程中消失了身影。特别是《訇簋》中具体提到了诸侯进宫接受册命："王在射日宫，旦，王格，益公入佑訇。"过程却没有只言片语。这表明，在册命过程中朝觐周王的礼仪，显然引起了元老大臣们的不满，加剧了周王室与诸侯大臣之间的矛盾。正是在这样的情况之下，一些旧有的礼仪和制度被打破，不再呼史官宣读册命。

不仅如此，从□簋盖、同簋等铭文中直接用"命"这个词能够看出，册命程中宣读册命的人改为周懿王本人。由此可见，周王至高无上的光环这时已经开始消退。

《史记·周本纪》载："懿王之时，王室遂衰"，至于具体衰落到什么程

度却语焉不详。这些彝器铭文正好可以补充史料的不足，从侧面证明周懿王时王权不振的情况。

虽然周懿王治国能力欠佳，不过还是在一定程度上有效控制着周王朝的政权。周懿王九年九月，懿王命益公征眉国。益公获胜，归京向懿王报捷，并报告眉国酋长敖即将前来朝拜周王。同一年，周懿王委命吕服余接替备仲，统辖周六师，赐六师将服；命申承其祖大祝之职，管辖丰人兼九戏祝 。周室顺利迁都也证明了这一点。

（2）忧惧而终。

周懿王七年（公元前893年）冬，西周遭遇特大自然灾害，暴雨和冰雹袭击王都槐里，有许多家畜和家禽被冰雹打死，继而寒流猛增，天气奇冷，连嘉陵江和汉水都封冻。有的人来不及防寒，竟被活活冻死。

周懿王十分迷信，因为"天再旦"感觉不祥，将国都从镐京迁往新都槐里，没想到的是在新都依然诸事不顺，出兵远征犬戎被打得狼狈而归，民生怨恨。紧接着降临罕见的天灾，王都附近一片狼藉。他感到十分恐惧，认为是上天在惩罚他，终日担心天神会来索取性命，疑神疑鬼，寝食俱废。

周懿王八年（公元前892年）春，周懿王去世，终年约46岁，谥号懿王，葬于毕原。史书上说"温柔贤善曰懿"，故谥号周懿王。

周懿王死后，其叔父姬辟方继位，是为周孝王。

（3）击败猃狁。

西周叔牝铜方彝

周懿王二年（公元前898年），北方的狄人猃狁入侵西周的发祥地宗周（今陕西岐山县东北），疯狂抢劫周人的财物，还杀死许多西周百姓。边关守军出击，反而被猃狁军队击败，敌军乘胜追杀周军，一直攻至岐山。岐山离王都镐京距离不足 200 千米，岐山的安危直接影响着镐京。岐山守军一面坚守关隘，一面接连向朝廷告急。周懿王姬囏急忙挑选国中精兵，同时征调各诸侯国军队联合出兵，北征猃狁，保卫岐山。

周懿王命虢公统率六帅讨伐猃狁，大军进至凤翔（今陕西宝鸡市凤翔县）一带，与猃狁军相遇，双方展开激烈的战斗。经过数日交战，猃狁军被击败，逃归本国。周军在后追杀，迫使猃狁人一直逃往太行山。

（4）迁都槐里。

史书记载，周懿王三年（公元前897年），出现了"天再旦"的天文现象，即在一天之内，接连出现两次天亮，实际上"天再旦"就是日出之后发生了日全食。

古人崇信天象，周懿王心中有一个阴影始终挥之不去，总觉得国都镐京对他不利。经过反复思考，他决定将国都迁往他处。周懿王亲自选定新都为镐京西北的犬丘（又名废丘，今陕西兴平东南），认为此地处于周人的祖源岐周与宗周镐京之间，是最佳的建都之处，下令在全国征调工匠，采办建筑材料，择日开工营建新都。

周懿王四年（公元前896年）秋，犬丘的宫殿还没有完全建造好，周懿王就迫不及待地下令迁都，"天再旦"的阴影始终笼罩在他心头，他感觉多待一天就多一分危险。在他的催促下，大臣们只好跟着他一起迁往新都。迁都后，周懿王将新都命名为槐里。

（5）北伐犬戎。

周懿王六年（公元前894年），由于多次遭受外敌入侵，周懿王感觉到军队建设的重要性，没有强大的军队既不能约束国内的诸侯，也无法抵御强大的外患。于是下令加大国防建设的投资，征招国中青壮年参军入伍。他任命虢公为主管军队的最高领导，扩大军队编制，加强军事训练。

位于周王朝西方的犬戎长期和周朝不睦，周穆王时曾经两次征讨，随着周王朝国力的衰退，来自西北方的威胁再次严峻起来。周军强大以后，周懿王亲自检阅这支威武之师，产生了征讨四方称霸天下的野心。

周懿王六年秋，懿王命虢公率师北伐犬戎（今宁夏固原北），结果大败而归。征伐犬戎的失败，唤醒了周懿王对外扩张的梦想，也打消他称霸天下的野心。

周懿王在位期间，周朝开始走上衰微之路，京畿之地数次遭到戎狄侵略，以至于《史记》记载："懿王之时，王室遂衰，诗人作刺。"

但周懿王不思进取，而是采取退避的消极态度，简单地以迁都作为挽救国运的手段，进一步打击了周王朝统治阶级，使其相关利益和尊严都受到了严重损害，加剧了统治集团内部的矛盾。"懿王之世，兴居无节，号令不时，挈壶氏不能共其职，诸侯于是携德"。而这也为他死后周孝王夺取王位准备了条件。

十一、孝王夺权兴周室，夷王信言烹哀公

1. 周孝王壮志未酬

周孝王（公元前960—公元前886年），姬姓，名辟方，周穆王姬满之子，周共王姬繄扈之弟，周懿王姬囏的叔父，西周第八位君主，在位时间公元前891—公元前886年。

周懿王死后，理应由太子姬燮继位，但是姬燮懦弱无能，姬辟方乘机夺取王位，是为周孝王。

（1）夺取王位。

西周铜禁

周懿王八年（公元前892年），西周第七位君主周懿王姬囏去世，周懿王的太子姬燮未能继位，而是由其叔祖姬辟方继位，是为周孝王。

周王朝为了长治久安，避免统治集团

内部斗争，制定了嫡长子继承制。整个西周时期，周王朝统治者严格按照嫡长子继承制确定继承人，有效避免了王室内部因为争夺王位自相残杀，确保了周王朝前期的稳定。但在宗法制森严的西周，却出现了一位没有遵守嫡长子继承制而登上王位的君主——周孝王，这是一种异常的现象。

《史记》对于孝王的记载甚少，只有简短的一句话："懿王崩，共王弟辟方立，是为孝王。孝王崩，诸侯复立懿王太子燮，是为夷王。"之后再未提及孝王。孝王作为违背祖制之君，司马迁好似有意回避，对于其在位时期的文治武功丝毫未曾涉及，今人对周孝王继位缘由的了解主要来自于《竹书纪年》。

《竹书纪年》载："懿王七年西戎侵镐，十三年翟人侵岐，十五年，王自宗周迁于槐里"。周懿王之时周王朝国力衰落，导致宗周镐京备受戎狄威胁，被迫迁都。王朝的衰落必然引起统治集团内部的分裂，"懿王之世，兴居无节，号令不时，挈壶氏不能共其职，诸侯于是携德"。统治集团内部对懿王国政心存不满，为周孝王成功登上王位准备了条件，尤其是由于懿王无能，放弃故都镐京，对于周王朝统治阶级来说是一种沉重的打击，使其利益和尊严都受到了严重损害。而周懿王的太子姬燮软弱无能，不能在危难之时重振周朝，最终周孝王凭借自身能力，在懿王统治无方和太子姬燮软弱无为的背景下成功夺得王位。

（2）西征犬戎。

周孝王元年（公元前891年），孝王不忘周朝遭受犬戎入侵之辱，命令申侯率军，大起六师西征。

申侯是申国（姜姓封国，今河南唐河县西北）国君，他虽然受命率军出征，但内心却不愿去打仗。认为出兵征讨犬戎是不义之战，只能使两国的百姓和士兵遭受无谓的伤亡，给两国都造成巨大的损失。

申侯向周孝王建议说："从前我的祖先娶骊山氏之女，生下一个女儿，嫁给西戎的胥轩为妻，后来生下一个儿子名叫中潏（战国时秦国和赵国的祖先）。中潏因为母亲的缘故归服周朝，使周朝西部的边境不受侵犯。现在我把女儿嫁给中潏的后人大骆，生下嫡子成。如果大王能保证让我的外

孙来继承大骆的嗣位，申、扈两族就能保证让西戎人顺服，使西周西部边境永远安宁。"

那么申侯为何会提出这样一个建议呢？原来大骆庶生的长子名叫非子。非子从小就喜欢养马，他养的马匹个个精良，人见人爱。有一次他往犬丘贩马，无意间撞见刚刚即位的周孝王。周孝王见他精明能干，便把他留在王都担任主管畜牧的大臣。申侯担心日后周孝王会让非子回国承嗣，与他的外孙争位，故此才有以上建议。实际上他这是在假公济私，表面上是在为朝廷出主意，骨子里是为了自己的外孙。

周孝王觉得这倒是个好办法，既可以减免士兵和百姓的伤亡，又可以节省军费开支。于是当即承诺，不会放非子回国，也不会支持非子回去与申侯的外孙争夺国君之位。于是申侯便出面与西戎讲和，西戎果然接受申侯的调解，同意与西周息兵言和，并且表示此后永不侵犯西周边境，一场一触即发的战争就这样被申侯化解。

（3）西戎献马。

周孝王登基之后励精图治，西败西戎，迫使西戎贡马求和，《竹书纪年》载："元年辛卯春正月，王即位，命申侯伐西戎。五年，西戎来献马。"周孝王元年，西戎遣使入朝，进献良马百匹。周孝王十分高兴，重赏来使，并回赠许多粮食和布匹等礼物。

（4）非子封秦。

周孝王三年（公元前889年），孝王命非子为王室养马。西周王朝时，马已经成为国家重要的战略资源，无论是祭祀、农耕、还是战争都需要大量优良健壮的良马。但周朝养马业发展一直缓慢，许多优质马匹都靠买进。此次西戎进献的一百匹马，大部分都是母马。周孝王为发展王朝的养马业，让非子前往汧（今陕西陇县西南汧山）、渭（今甘肃陇西县西北鸟鼠山）之间，为周王室养马。

孝王开辟专门的牧场，保证周王朝马匹供应，对于最终解除少数民族的军事威胁提供了可靠的保证，同时也是对周王朝内部各诸侯国进行军事震慑，加强了宗周的统治力量。

周孝王六年（公元前886年），非子为王室养马三年，马群大增，为西周王朝创造一笔很大的财富。周孝王因非子养马有功，将他封于秦邑（今甘肃省张家川城南一带），建立秦国，号称秦赢。

（5）壮志未酬。

周孝王六年，还没有完成中兴周室的大业，周孝王薨，谥号孝王，葬于毕陌。史书上说"慈惠爱亲曰孝"，故谥号孝王。

周懿王之子，周孝王侄孙故太子姬燮继位，是为周夷王。

2.周夷王难挽狂澜

周夷王姬燮（？—公元前878年），姬姓，名燮，西周第九位国王。出生地楚国丹阳今湖北荆州，在位时间公元前885年至公元前878年。

姬燮在位时期，周王室处于衰落阶段，因此诸侯有的不来朝贡，而且互相攻伐。周夷王曾听信谗言，烹杀齐哀公；出兵讨伐太原之戎，攻至俞泉，获1000匹马。公元前880年，周夷王去世，其子姬胡继位，是为周厉王。

（1）煮杀齐君。

周夷王二年（公元前884年），蜀国与吕国派遣使者向周王朝进贡，进献琼玉给周夷王，周夷王在黄河边上用宾客之礼接待。

周夷王三年（公元前883年），纪国国君纪炀侯向周夷王进谗言，陷害齐国国君齐哀公，周夷王于是烹杀（古代一种酷刑，施刑者将犯人衣服脱光，推入一个如成人般高的大锅中，放在柴火上烹煮。犯人大多因灼伤而死，有些甚至全身烧焦）齐哀公，并改立齐哀公之弟吕静为君，是为齐胡公。

周夷王六年（公

西周利簋

元前880年），周夷王在社林打猎，捕获一头犀牛。

（2）出兵伐戎。

周夷王七年（公元前879年），周夷王派遣虢国国君率领六军之师攻打不服王命、常来侵扰的太原之戎，一直打到俞泉，获得1000匹马。

（3）衰落去世。

当时，周王室处于衰落阶段，一些异姓诸侯国，乘国家衰落之际，便不来朝见进贡，甚至进攻周王室，起兵叛逆，态度十分嚣张，楚国国君熊渠便是其中的代表。熊渠僭越制度，仿效周天子，将其三子分封为王。

周夷王七年（公元前879年），周夷王患病，使他不能治理国事。同姓诸侯十分忧虑，祈求天神保佑，但是依然不能挽救周夷王的生命，周夷王最终病逝，谥号夷王。周夷王死后，由其子姬胡继位，是为周厉王。

十二、暴虐厉王钳民口，国人暴动向共和

周厉王姬胡（公元前904—公元前841年），姬姓，名胡，周夷王姬燮之子，西周第十位君主，在位时间为公元前877—公元前841年。

1. 杀一儆百

厉王天生秉性暴烈，特别是他认为自己的父亲夷王软弱无能，以致王位被叔祖孝王抢占好多年，他要大树特树自己的威严，实行严厉的统治措施。他即位不久，就准备寻求有过失的名臣开刀，以儆效尤。恰在这时，山东半岛有两个姜姓的国家，齐国和纪国（山东寿光南），为争夺和周室联姻，他们常常钩心斗角，相互倾轧。厉王即位，按惯例要聘娶王后。周室有成法，同姓不通婚，王后人选只能从姜姓等诸侯国选取。当时纪侯深怕从齐国选取王后，若齐侯为国丈，齐国更会仗势欺压纪国。纪侯诡计多端，他抢先朝见厉王，奏本谗陷齐侯不辰。他向厉王说："齐侯不辰身为国舅，理应忠心为国。然而他畏怕我王英明，却阴谋策划孝王之子夺取王位，臣探知密谋，为大周社稷，特来奏知我王。"厉王听了半信半疑，又问纪侯如何得知此情？纪侯有根有叶地编造谎言，厉王不能不信，勃然大怒。他一来怕父亲夷王不被诸侯敬重，因而牵连自己王

位不固，王位会被孝王之子抢去，二来要以齐侯"为臣不忠"的罪名开刀，严厉惩办，杀一儆百。

当诸侯们前来朝见新王，行朝贺礼毕大宴诸侯之时，待酒过三巡之后，宫仆抬进一个热气腾腾的大鼎，众诸侯不知是什么山珍海味来犒赏他们。这时厉王宣布："齐侯不辰为臣不忠，现烹煮赐给各位分享！"然后由侍人分送给诸侯，每人一碗。诸侯们手捧着齐侯肉汤，毛骨悚然。他们领受了新天子的厉害，个个胆战心惊。诸侯们的朝贺不欢而散，各自回国。

2. 贪财好利

厉王烹了齐侯，自以为得计，更加专横暴虐。但周室自穆王西征以来，国库财物已经耗空，各诸侯国贡献不足，财政拮据。周厉王岂能过着经济困乏的生活？便以严厉的措施征收财物。他一方面向诸侯索贡，凡是贡献太少的诸侯，要严加制裁；另一方面，他宠信荣夷公，专授理财之职。荣夷公和厉王一样，贪财好利，不恤百姓。他教唆厉王，对山林川泽的物产实行"专利"，由天子控制，严禁平民（国人）任意进山林川泽。原来在镐京周围的山林川泽，是国都内的平民赖以生存的资源地，他们大都是沦为平民的贵族后裔，可以随意到那里砍柴、打猎、捕鱼，赖以谋生。周天子实行"专利"，断绝了国人的谋生出路，国人无不愤懑，怨声载道。大夫芮良夫担忧这样下去，国家会发生祸乱。他向厉王进谏说："荣夷公喜欢专擅财利，却不知道大难降临。货利之物，是天地所育成，为民众所取用，不能由一人专利。作为天子应为万民造福，把财布施给民众，使他们有饭吃，有衣穿，安居乐业。人民生活安定了才能长治久安，倘若像荣夷公那样搜刮民财，断绝百姓生路，对国家是很危险的事情，将来周一定会发生祸乱，衰败下去，请我王三思。"芮良夫好言劝诫，但厉王根本听不进去，依旧重用荣夷公。荣夷公是个善于面谀的势利小人，投厉王所好，无所顾忌地搜刮和征收财物。对于诸侯国贡献之物，不论有无灾情，一律少不得分文。

3. 军事征伐

在军事上，周厉王力图改变周边少数族屡次入侵的状况，解决积弱积弊。

周厉王三年（公元前875年），淮夷进逼到洛邑，已为周王朝的大患，周厉王派虢公长父攻打淮夷，但由于国力不强，故虢公长父不能取胜。

当时江汉间强大的楚国，在周夷王时即已称王。但到周厉王改革后，周王朝强大震慑四方。楚国国君熊渠畏惧周王朝强大，恐其伐楚，于是自动取消王号。

（1）攻噩之战。

西周自周懿王以后，国力日渐衰弱，四周方国部落交相发动对周朝的进攻和侵扰。周厉王时，原来臣属于周朝的噩国（在今河南南阳东北一带），乘机反叛周朝并企图侵占周朝的疆土。于是噩侯联络淮夷和东夷部落，出兵进攻周朝的东部疆域和南部国土，声势浩大，气势凶猛，一直打到成周（今河南洛阳）附近，严重影响京畿安危。

周厉王为保卫京都和周朝的社稷，从宗周调来西六师的部队，还从北部调来殷八师的大军，从西、北两个方向向河洛地区聚集，企图形成夹击之势，一举歼灭噩国的军队。周厉王依靠贵族大臣的亲兵来抵御噩国的进攻，周朝将领禹率领大臣武公的私家兵车百乘，厮御200人，徒兵千人参战，经过激烈的战斗，周厉王最终击败噩侯，保卫成周的安全。

（2）淮夷之战。

周厉王攻噩之战后，居住在今安徽北部淮河流域的淮夷，再次发兵向周朝进攻。周厉王命虢仲率兵反击，未能取胜。淮夷气势更为嚣张，又一次发动更加凶猛的进攻，一路浩浩荡荡，深入到周朝的中心地带，打到伊水、洛河之间，并掠杀无辜平民，抢夺财物。周厉王亲临成周指挥反击战，命令周将率领精兵反击。

所率的周兵自洛水上游连续发动多次反攻，使淮夷无法招架，只得败退，纷纷逃窜。周军乘胜追击，最后彻底击败淮夷，斩俘140余人，夺回被淮夷掳去的周民400人。

由于周厉王攻噩和平定淮夷的胜利，大振军威，周朝的军力有所增强，周朝国威也有所振作。

4. 拒谏止谤

周天子统辖的京畿之地的人民，是周厉王直接剥削的对象，所征财物如不定期交纳，就要受到刑罚处理，百姓恨之咬牙切齿，咒骂厉王和荣夷公。周公和召公看情形不妙，一再劝谏，厉王还是不听。

厉王一心想要制裁咒骂他的人，他把卫巫召来，这是个会弄鬼使神，花言巧语的巫人。这样的人唯利是图，一切坏事都能干得出来。厉王吩咐道："我召你不为别事，我派你为我监视臣民，有敢骂我者，要立即向我奏报，切不可隐瞒。"卫巫领旨叩头而去，他认为这是个好差事，既可趁机敲竹杠子，捞点油水，又可以官报私仇，陷害几个与自己过不去的人。过了几日，他罗列了一个名单，报告给厉王。厉王马上派人，把名单上的人尽数捉来杀掉。如此这般，卫巫报来一批，厉王命令杀掉一批。被捉杀的人都是以"诽谤天子"的罪名，朝野上下无不震惊。起初，百姓更加怨恨，骂的人更多，卫巫认为个人无能为力，便召集一帮无赖做爪牙，分布各地探听，这样被杀的人越来越多。卫巫等一帮爪牙们，听到有人说牢骚话的也捉，有人在谈其他事的也捉，他们不分青红皂白，害死了许多人。终于听不到骂声了，甚至听不到有人讲话了。在偌大的京都里，只见路上人来人往，没有一人说话，整个的都城，寂静无声。后来卫巫等人再也捉不到人了，向厉王报告说："现在已经没有敢咒骂的了，连说话的人都没有了。"厉王得意得很，夸奖了卫巫几句，然后把召公召来，他对召公说："你所说的不假，虽

西周对龙乳钉纹青铜鼎

然有人在背后骂我，我已把他们都消灭了，现在再没有人敢骂我了。"他得意忘形地对召公笑了笑，他认为自己用恐怖的镇压手段就能解决问题。召公严肃地向厉王说："这可不是好办法，这是钳制人民的口。堵塞人们口不让人们讲话，比堵塞一条河水的祸患还要大（防民之口，甚于防川）！一条河水拦截堵住，河水会冲毁堤坝泛滥成灾。治理河水的道理是疏通河道，使水畅通无阻，才能避免水灾发生；治理国家也是同样的道理，治民要广开言路，要让人民发表意见，敢于说话。所以天子听政治事，一定让上至公卿大夫，下至列士、乐师，都能把他们所听到的意见或讽谏诗歌反映上来，内亲外戚、乐师、太史，不分尊卑贵贱，都可畅所欲言。这样公卿可根据所听到的意见，提出治理措施，然后由王权衡决断，才能把国家治理得好，避免过失。人民有口，好比土地有山川，一切财用都是从山川里出产的；口能抒发言论，政治的得失与成败，都可以从人们的言论中得知。如果堵塞人的口，不让讲话，那么有几个归心于王的？"召公反复向厉王揭示、规劝，厉王无论如何总是听不进去，只是一再摇头，否定召公的意见。

召公扫兴退出回家，一路上确实看不到有人讲话，甚至也不再有人向他打招呼。在以后公卿朝会中，大小官员也缄默无语。闷热无风的天气，这正是暴风骤雨来临的前兆。

5. 国人暴动

公元前841年的一天，荣夷公匆匆上朝来报，向厉王说："臣近日派人到近郊收取田租，农民拒不肯交，反而杀了派去的人。臣听说农民聚到一起，恐要滋事，请我王派兵镇压。"接着周公、召公也赶来，向厉王说："近郊农民聚集数千人，要进城来，恐有事端发生，王看如何是好？"厉王以农民聚众闹事为由，要派兵镇压，格杀勿论。然而周公和召公的意见是由王降旨，减免田租，释放无罪者，把事情平息下去。不料厉王以天子自居，认为大权在握，水来土挡，兵来将挡。正在他们来言去语争论解决措施之时，凡伯跟跄跄跑了进来，慌慌张张地说："大事不好，农民已经涌进城来，臣一再劝阻，答应给他们减租减刑，但他们不听，这如何是好？"厉王已经听

共和行政

到了嘈杂的声音由远而近，忙命令调兵镇压。召公说："我们大周寓兵于农，农民就是兵，兵就是农民。现在农民暴动了，还能调谁呢？"

这次人民的反抗剥削斗争，历史上叫作"国人暴动"。在西周，国人是指住在京都城内的平民和四郊的农民。这些平民多数是各级贵族的疏远宗族成员，他们虽然具有自由民的身份，但在政治和经济上依附于贵族。另外，"国人"中还有从事各种手工业生产的百工和商贾等社会下层的群众，四郊则是些农民。周厉王的暴虐，激起他们极大的愤慨。他们自发集结起来，手持木棒、农具和武器，从四面八方向王宫扑来。人越聚越多，甚至宿卫王宫的军卒也参加进来，一时间形成一股巨大的洪流。他们冲垮了厉王、荣夷公所设置的路障，向王宫冲击，讨伐昏君。

周公、召公在国人中享有一定的威望，但这时已无能为力了。不可一世的周厉王此时此刻吓得无所适从。周厉王只好在大臣的敦促下离开王宫，随同厉王的一些人员急忙从宫后门逃出。周公、召公出面拦挡民众，好言劝说，以赢得时间让厉王逃走。周厉王一路狼狈，心惊肉跳，他甚至把小太子静丢下，来不及带上。他们逃出城，沿渭水向东北逃去，路上不敢停歇，披星戴月，过了黄河才松了一口气。然后沿着汾水，一直到彘（山西霍县东北）的地方，才安居下来。

厉王逃跑了，农民冲进王宫，到处搜查，不见昏君，愤怒的民众知道厉王逃跑后，追赶莫及，就去搜查太子。在召公家里把一个假太子打死后，算是泄了气愤，这才纷纷散去。

6. 共和行政

国人暴动之后，京城一片混乱，只好由周公、召公收拾残局，二人召集公卿研究善后事宜。太子虽然健在，但年龄小，又不敢轻易露面，况且厉王活着，不便另立新王。研究最终的结论，决定由周公、召公二人共同执政，管理国家大事。重要政事，由六卿（天官冢宰、地官司徒、春官宗伯、夏官司马、秋官司徒、冬官司空）合议，这种临时的政体，称为"共和"。

共和行政是中国历史，尤其是编年史上的一件大事。正是从共和行政开始，中国的历史有了确切的纪年，从此一直到今天，千百年来不曾间断，是中国历史得以保证延续性的重要开端。

共和元年，即公元前841年，是中国现存史料中有确切纪年的开始。共和十四年（公元前828年），周厉王死于彘，次年，太子静即位，是为周宣王，共和时代结束。中国汉代的历史学家司马迁在《史记》中便从共和行政的第一年，即公元前841年，开始纪年。这也使中国的历史从此有了确切纪年。按照中国传统纪年，自共和时期开始，中国的中原历史有了连续不断的纪年体系。

国人暴动后，周王朝中央政权在风雨飘摇的状态下，王位虚悬14年，其间周召行政与诸侯干王位是并存于中原大地的。这种纷乱状态一直持续到周宣王即位，周王才又一次获得天下共主的地位。而周宣王并非周厉王的长子，他之所以能登上王位，是共和时期局势混乱的结果。

防民之口甚于防川，厉王的下场，咎由自取。

十三、效先祖宣王中兴，重规范昭王盛世

周宣王（？—公元前782年），姬姓，名静，一作靖，周厉王姬胡之子，西周第十一代君主，公元前828—公元前782年在位。

1. 宣王中兴

周宣王继位后，政治上任用召穆公、尹吉甫、仲山甫、程伯休父、虢文公、申伯、韩侯、显父、仍叔、张仲一帮贤臣辅佐朝政；军事上借助诸侯之力，

任用南仲、召穆公、尹吉甫、方叔陆续讨伐猃狁、西戎、淮夷、徐国和楚国，使西周的国力得到短暂恢复，史称"宣王中兴"。

周宣王即位后，吸取他父亲周厉王的教训，决心效仿文王、武王、成王、康王，重用召公、周公、尹吉甫等贤臣，整顿朝政，振兴周朝。在他的励精图治和贤臣们的精心辅佐下，国家逐步恢复了往日的繁荣景象，诸侯们又纷纷来朝见周王了。

可是时间一长，他就有些懈怠了。

周宣王的王后姜后，是一个既聪明又贤惠的女人。她看到周宣王天天早睡晚起，不想去上朝，心急如焚，心想："要是这种情况继续下去的话，不仅不能振兴周朝，还可能重蹈周厉王的覆辙，这可怎么办啊？"于是，她决定向周宣王进谏。

姜后脱下王后的衣服，摘下头上身上的金银饰品，然后穿上罪人的衣服，把自己关进监狱，命令宫女去禀告周宣王。宫女来到周宣王的寝室，告诉周宣王姜后的情况。正睡得迷迷糊糊的周宣王一听，立即从床上跳起来，急忙穿上衣服，来到监狱，看到自罚为囚犯的王后关在监狱里，周宣王急忙问怎么回事。

姜后跪下哭着说："臣妾的品德太差，致使大王迷恋上我，害得大王上朝经常迟到，给大臣、诸侯和百姓们留下了大王好色失德的印象。大王好色，必然会穷奢极欲、酒池肉林，导致社会动荡，国家灭亡。当年夏桀王迷恋妹喜，商纣王迷恋妲己，结果导致百姓怨恨、诸侯离心，落得个身死国灭的下场。如果说现在我们国家存在潜在

周宣王

的动乱，那么动乱的根源就是我，是我让大王沉迷女色荒废朝政。"周宣王听了，大受感动，非常羞愧，连忙把姜后扶起来，给她穿上王后的衣服，把她接回王宫。

从此以后，周宣王每天早晨准时上朝，勤于政事，不敢有丝毫倦怠。在大臣们的辅佐下，周朝逐渐恢复了过去的强盛。

周宣王非常重视黎民百姓的疾苦。有一年大旱，田里颗粒无收，周宣王亲自登上祭坛，向上天祈祷，希望上天把灾害降临在自己身上作为惩罚来拯救黎民百姓。

周朝四周的少数民族趁着周朝衰落不断侵扰。当周朝复兴后，周宣王命召公及卿士南仲、大师皇父、大司马程伯休父等率军讨伐，沿淮水东进，淮夷纷纷降服，向周朝进贡物品；派秦庄公兄弟五人和尹吉甫征伐猃狁（即西戎），大获全胜，迫使猃狁向西北退走。周宣王还命方叔率军征伐楚国，也获得了胜利。从此周朝天下太平，人民安居乐业。

在周朝的君王中，周宣王是仅次于周武王的明君，他在位期间，励精图治，使周朝复兴，史称"宣王中兴"。

但周宣王晚年对外用兵接连遭受失败，尤其在千亩之战大败于姜戎，南国（今长江与汉江之间的地区）之师全军覆没，加之独断专行、听不进忠言、滥杀大臣，宣王中兴遂成昙花一现，也为西周在周幽王时期的灭亡埋下伏笔。

2.连年征战

（1）征伐猃狁。

猃狁是位于中国北方和西北方的部族，在周厉王时期就曾出动部队劫掠镐京周围的财物及人口，被大臣武公派多友击退。公元前823年（周宣王五年）六月，猃狁再次进攻西周，主力部队集中于焦获（今陕西泾阳北），前锋部队抵达泾阳（今陕西泾阳境内），直接威胁到镐京和旁京的安全，周宣王命尹吉甫率军反攻。尹吉甫以元戎10乘为先头部队，日行30里在彭衙（今陕西白水东北）击败猃狁，继而追击至太原（今甘肃平凉附近）。周宣王又派南仲率兵至朔方（北方边境地区）筑城设防，缓解了猃狁的威胁。公元前816年，周宣王派虢季子白率军攻打猃狁，在洛水北岸大败猃狁，斩首500人，俘获50人。虢季子白在班师回朝举行献俘礼时，又命属下不其率兵追击败退至洛水的猃狁，取得胜利。此战过后西周解除了猃狁之患，周宣王在太庙为虢季子白举行了隆重的庆典来表彰他的功绩，赏赐他马匹、弓箭、彤矢和斧钺并赐予其征讨蛮夷的权力。

西周生簋

（2）征讨西戎。

西戎是对中国古代西部部族的统称，长期威胁西周王朝的西部边境。周宣王在位时，多次命诸侯征讨西戎。周宣王三年（公元前825年），周宣王任命秦仲为大夫，命其带兵征讨西戎。周宣王五年（公元前823年），秦仲战败身亡，周宣王召见秦仲之子秦庄公兄弟五人，给他们7000兵卒，命令其讨伐西戎。秦庄公击败西戎，周宣王封秦庄公为西垂（今甘肃一带）大夫，加封大骆犬丘（甘肃礼县一带）的土地。

此外，晋国也多次奉命征讨西戎。周宣王二十二年（公元前806年），晋穆侯率军攻打条戎（今山西夏县西南）。周宣王二十五年（公元前803年），在千亩（今山西介休南）战胜当地的戎族。周宣王三十八年（公元前790年），又在汾水、隰水击败北戎。

（3）东征淮夷。

淮夷是淮河、汉江一带的东夷部族，又称南淮夷、淮南夷或南夷，自周穆王时期开始强盛，多次入侵伊水、洛水流域。周厉王时期，曾为西周南方屏障的鄂国国君鄂侯驭方联合淮夷、东夷大举进攻西周，深入

周朝腹地。周厉王调集西六师和殷八师派虢公长父征讨，未能取胜。多亏大臣武公派属下禹调动兵车百辆、甲士200、徒兵千人参与作战，最终击退联军，俘获鄂侯，灭亡鄂国。周厉王随后又与虢公长父亲自率兵征讨淮夷至角（今江苏淮阴南）、津（今江苏宝应南）、桐（今安徽桐城北）、遹（今安徽霍邱西南），终于平定了这次叛乱。战后淮夷震慑于周朝的武力，稍加臣服。

周宣王五年（公元前823年），周宣王命尹吉甫向淮夷征收布帛、财宝、粮食及力役，并且颁布法令，规定淮夷在经商时，不得扰乱当地的治安和市场秩序。后因淮夷停止纳贡以及再次反叛，周宣王命召穆公率军征讨。据《师寰簋铭文》记载，此战师寰作为随军将领统率齐、杞、莱等国军队，消灭了淮夷的冉、翼、铃、达四位首领，获得俘虏、牲畜及财物，取得战功。此战过后，淮夷彻底臣服于西周。

徐国在西周时期是东夷的强国，后在周朝的连续打击下，徐国的一些部族南迁至淮水流域，逐渐发展成淮夷中最强的一支力量。周宣王在位时，命卿士南仲和太师皇父在太祖庙整顿周六师，然后亲率大军与太师皇父、司马程伯休父前往征讨。大军沿淮水东行，经过激烈战斗，周军击败徐国。徐国臣服后，四周各方国、部族皆臣服于周。公元前810年，南仲派驹父、高父前往淮夷，各方国、部族都奉命迎接来使，进献财物。

（4）讨伐楚国。

楚国又称荆蛮，虽然被周天子封为子爵，但楚国极少承担周王室的职贡义务，加之周天子抑制楚国发展的政策、对于楚国国君的歧视以及楚国君主僭越称王，因而楚国屡次招致周王室的讨伐。周宣王五年八月，周宣王以元老重臣方叔为将，率兵车3000进攻楚国，大获全胜。据推算，周宣王此次伐楚动用军队多达36000人。晋穆侯墓所出土的楚公逆编钟，应在此战作为战利品被周宣王获得后转赠与晋穆侯。经过以上一系列战争，西周的疆域以及国家声望得到大幅扩大。

3. 昙花一现

周宣王继位后，多次对外用兵，使周王朝一度呈现"四方既平，王国庶定"的局面。但因连年征战消耗国力，加剧了西周王朝的社会危机，加上周宣王晚年独断专行、听不进忠言、滥杀大臣，宣王中兴遂成昙花一现。

（1）干涉鲁政。

周宣王十一年（公元前817年）春大，鲁国国君鲁武公和长子公子括、少子公子戏，朝见周宣王。周宣王喜爱公子戏，想要立公子戏为鲁国太子。周宣王的大夫樊仲甫（一名仲山甫）劝阻周宣王说，废长立幼，不合旧制，周宣王不听，执意立公子戏为鲁国太子。同年夏天，鲁武公回国后去世，公子戏继位，是为鲁懿公。

周宣王二十一年（公元前807年），公子括之子伯御与鲁人攻杀鲁懿公，伯御被立为鲁君，史称"鲁废公"。

周宣王三十一年（公元前797年），周宣王讨伐鲁国，杀死鲁废公伯御，周宣王询问大臣鲁国公子中谁能胜任鲁国国君之位。樊穆仲说，鲁懿公的弟弟公子称，庄重恭敬，敬重老人，处事执法必定遵循前朝礼制。周宣王于是在夷宫（周宣王祖父周夷王的庙廷）立公子称为鲁国国君，是为鲁孝公。经过此次事件之后，周天子声望大减，诸侯多有违抗王命之举。

（2）屡战屡败。

周宣王晚年多次对周边部族用兵，但大多以失败而告终：

周宣王三十一年，周宣王派军队攻打太原之戎，没有成功。

周宣王三十六年（公元前792年），周宣王派军队征讨条戎、奔戎（今山西夏县西南），战败。

公元前789年（周宣王三十九年），周宣王派军队征讨申戎（即西申国，今陕西省米脂县北）获得胜利。同年，周军在千亩之战大败于姜戎，南国之师全军覆没，周宣王在奄父的帮助下才得以突围。

（3）不听劝谏。

藉礼原是村社中每逢某种农业劳动开始前，由首领带头举行仪式，耕种集体所有的藉田，具有鼓励集体耕作的作用。西周时期，原本属于集体所有的藉田，即公田变为天子、诸侯以及贵族私有，藉礼也成为在春耕、耨耘、收获时，天子、公卿百官举行仪式，监督和巡查庶人耕种、无偿占有庶人劳动成果的一种活动。周宣王在位时，不到千亩举行藉礼，虢文公劝谏周宣王，宣王不听。有观点认为，井田制在周宣王时期已经遭到严重的破坏，公田被大量私有化，周宣王承认了既定事实，相关的藉礼也被取消。

周宣王丧南国之师后，想在太原普查人口来补充兵员、征调物资。仲山甫认为自古以来，人口不用普查就能知道数量，因为司民负责登记生死；司商负责赐族授姓；司徒负责人口来往；司寇负责处决罪犯；司牧知晓职员数量；司工知晓工匠数量；司场负责人口迁入；司廪负责人口迁出，人口数量天子通过询问百官就可以知晓了，还可以通过管理农事来调查，没有必要劳民伤财去刻意普查。周宣王不听劝阻，最终还是在太原普查了人口。

周宣王四十六年（公元前 782 年），周宣王去世，其子周幽王姬宫湦继位。关于周宣王的死因，许多著作记载为周宣王游猎圃田（今河南省中牟西）时，杜伯的冤魂乘白马白车，由司空锜护左，大臣祝护右。杜伯戴着红帽子从道边奔驰而来，执红弓搭红箭，一箭射中宣王心脏，周宣王脊梁折断后倒伏在箭囊上而死。

十四、沉湎酒色废国事，幽王亡国又亡命

周幽王姬宫湦（公元前 795 ？—公元前 771 年），姬姓，名宫湦，周宣王姬静之子，母姜后，西周第十二任君主，公元前 781—公元前 771 年在位。

西周青铜簋

周幽王是周宣王姬静之子，母亲姜后是齐国国君之女。干宝《搜神记》称姬宫湦生于周宣王三十三年（公元前 795 年），一说可能是依据《竹书纪年》。周宣王

在位时期，将姬宫湦立为太子。

周宣王四十六年（公元前 782 年），姬宫湦的父亲周宣王去世，姬宫湦继位，是为周幽王。周幽王继位后，立妃子申后为王后，申后所生之子姬宜臼为王太子。

周幽王二年（公元前 780 年），发生多起严重的自然灾害，西周都城镐京（今陕西西安）发生地震，并引发泾、渭、洛三条河川发生震动。同年，泾、渭、洛三条河川枯竭，岐山发生崩塌。

后来，周幽王任命叔父郑桓公担任周王室的司徒，掌管全国土地和户籍。

周幽王贪婪腐败，不问政事，任用虢石父为卿士，执掌政事。虢石父为人奸佞乖巧，善于奉承，贪图财利，但周幽王却很重用他，因此引起百姓强烈不满。周幽王八年（公元前 774 年），周幽王废嫡立庶，废黜王后申后和太子姬宜臼，而立宠妃褒姒为王后，褒姒所生之子姬伯服为太子，并加害太子姬宜臼，致使申后的父亲申侯大为愤怒。

周幽王十一年（公元前 771 年），申侯联合鄫国、西夷犬戎攻打周幽王，于是在骊山下杀死周幽王，西周灭亡。周幽王死后，诸侯们与申侯共同拥立前任太子姬宜臼继位，是为周平王，史称东周。

周幽王沉湎酒色，不理国事，在位期间各种社会矛盾急剧尖锐化，政局不稳，为政贪婪腐败，重用奸臣虢石父主持朝政，加重对百姓的剥削，激起百姓怨愤，最终致使西周灭亡。

十五、平王东迁东周始，残破江山一隅安

周平王姬宜臼（？—公元前 720 年），姬姓，名宜臼（一作宜咎），周幽王姬宫湦之子，母王后申后（申国国君申侯之女），东周第一任君主，公元前 770—公元前 720 年在位。

西周末年，周幽王无道，于后宫得褒姒以后，生子伯服。不久，竟废申后及姬宜臼，以褒姒为后，以伯服为太子。于是姬宜臼逃奔申国，申侯联合鄫国和犬戎进攻周幽王，周幽王与郑桓公均被犬戎所杀。随后，申、鲁、

许等诸侯国拥立姬宜臼继位。姬宜臼为避犬戎之难，于公元前 770 年迁都洛邑，是为周平王，史称东周。"平王之时，周室衰微，诸侯强并弱，齐、楚、秦、晋始大，政由方伯"，周平王在内外交困中度过五十年，于公元前 720 年去世。

周平王姬宜臼，姬姓，名宜臼，是周幽王姬宫涅之子。其母为王后申后，姜姓，是申国国君申侯之女。周幽王在位时，将姬宜臼立为太子。

后来，周幽王宠幸妃子褒姒。周幽王八年（公元前 774 年），周幽王竟然废嫡立庶，废黜申后的王后之位，姬宜臼的太子之位；改立褒姒为王后，褒姒所生之子姬伯服为太子。姬宜臼便与母亲申后暗中逃到申国，投奔申侯。

周幽王十一年（公元前 771 年），申侯因周幽王废黜女儿申后、外孙姬宜臼之事而恼怒，于是联合鄫国（河南方城）、西夷犬戎大举进攻西周都城镐京（今陕西省西安市）。不久，犬戎攻陷镐京，在骊山之下杀死周幽王，掳走褒姒，取走周朝的全部财物离去。申、鲁、许等诸侯国拥立姬宜臼继位，是为周平王。

周平王元年（公元前 770 年），周平王为躲避犬戎的侵袭，于是在秦国军队的护送下，将都城东迁到洛邑（今河南洛阳）。

正在平王重整山河之际，西戎以强兵侵占岐丰之地，渐逼镐京，西部边陲不得安宁，与西戎战争屡屡发生，使平王及其周室的统治者心神不定。宗周镐京自周建立以来，经 10 余代的经营，成为繁华盛地，但西戎兵入，毁之一旦，糟蹋得不成样子，国库也被掠夺一空，无力修复宫殿。平王面对现状，心情不快，这时许多王公大臣多以西戎为虑，建议迁都洛邑。他们向平王奏称："洛邑为天下之中，与中原各国交往方便。周公营建东都，宫室制度与镐京大致相同。先王每逢朝会之年，行幸东都，接见诸侯，此乃是便民之政；今镐京被西戎破坏，宫室残缺，营建不易，劳民伤财，我王不宜在此为政。况受西戎威胁，迁都洛邑，确保安全。"

对于一个堂堂的大国，迁都之事谈何容易？国王举国一动，震惊朝野，连及百姓，此乃是国家命脉所系。故当时卫武公分析指出："镐京左有崤山

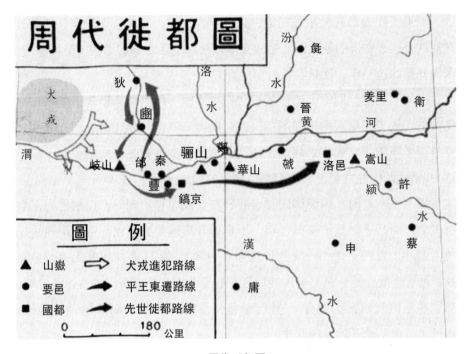

周代迁都图

函谷，右有陇山险要，南有巴蜀之隔，披山带河，易守难攻，故先王都此，以御天下。今若弃镐京东迁洛邑，恐王室自此衰弱，受制于诸侯。"他强调对西戎以强兵制敌，使他不能恣意吞食周土；宫室可因陋就简，以勤政爱民为主，坚决反对迁都。

平王不愿固守旧地，执意迁都，遂出榜文，示谕京都百姓："如愿随驾东迁，速做准备。"选择良日起程，先由祝史将迁都缘由祭告先王神灵。届时，大宗伯抱着七庙神主牌位登车先导，平王御驾随后，秦伯嬴开领大兵护驾，随从百姓成千上万，扶老携幼而行。据后人传说，宣王在世时祭祖庙之夜，曾梦见一美女大笑三声，大哭三声，然后将七庙神主捆作一束东去。后有人附会，"三笑"，指周幽王为博得褒姒笑容举烽火戏诸侯事；"三哭"，预示幽王、伯服、褒姒三命该绝；"神主捆束东去"，预示国都将要东迁。扬弃迷信之说，从中可窥视周王朝自宣王以来逐渐衰败之势。西周灭亡之后，平王被迫抱庙东迁，周王室虽有八百年的天下，已走上了名存实亡的道路。

周平王任命郑武公担任司徒，让他与晋文侯一同辅佐周王室。周平王在郑武公、晋文侯的辅佐下，勉强支撑残局。东迁之后的周朝，史称东周。东周开始的这一年，便是春秋时期的开端。

在周平王继位同时，诸侯虢石父拥立周幽王的弟弟余臣为天子，史称周携王，周王朝出现两王并列的局面。周携王二十一年（公元前750年），支持周平王的晋文侯攻杀周携王，使周王朝再度重新统一。结束周王朝长达10年的两王并立局面，稳定东周初年的局势。

周平王东迁时，因秦国国君秦襄公在犬戎攻打周朝时，作战得力，立有大功，而且还派兵护送他迁都，于是提升秦襄公为诸侯，赐封给他西戎攻占的岐山以西土地（今陕西省凤翔县一带），说："西戎凶恶无道，掠夺我们岐、丰的土地，只要秦国能攻打并赶走西戎，如果秦国攻占这些土地，那这些土地就归秦国所有。"并与秦襄公盟誓。不久，秦国攻占岐山以西地区，秦国从此开始发展起来。

由于大片故土丧失，周王朝仅仅拥有今河南西北部的一隅之地，东不过荥阳，西不跨潼关，南不越汝水，北只到沁水南岸，方圆只有600余里，地窄人寡，与方圆数千里的大诸侯国相比，它只相当于一个中等诸侯国而已。周王朝因此大大衰落。郑、晋、齐、鲁、燕、宋、楚等大国为了争夺土地、人口和对其他诸侯国的支配权，相互之间不断进行兼并战争，形成诸侯争霸的纷乱局面，中国历史进入一个大变革的动荡时期。

周平王五十一年（公元前720年），周平王去世，谥号平王。周平王的太子姬泄父（姬洩父）很早去世，故由周平王之孙、姬泄父之子姬林继位，是为周桓王。

周平王在位时期，相继委任郑武公、郑庄公父子担任周王室的卿士。后来由于郑国实力雄厚，周平王对郑庄公怀有戒心，不愿朝政让郑庄公所操纵，便乘郑国多事，郑庄公没有前来上任的机会，想撤掉他卿士的职务，并暗中将朝政分托给虢公。郑庄公得知后，便埋怨周平王，马上赶到洛邑（今河南洛阳），对周平王施加压力。周平王再三赔礼，但郑庄公仍然不依。周平王只好提出让王子狐（姬狐）到郑国作人质。不过此举太有损周天子的颜面，于是群臣提出相互交换人质的办法，让郑庄公的儿子公子忽也来洛邑作人质，而王子狐去郑国则用学习的名义，史称周郑交质。从这一史实可知：周平王东迁后，周王室已势力衰微，周王名为天子，实际上要看大诸侯的脸色行事。

周王室自迁都洛邑之后，权势衰微，王纲失羁，各诸侯相继蜂拥而起，萧墙之内战火频频发生，历史已进入大国争霸的春秋时期。

十六、周天子威风扫地，周王室任人宰割

东周末年，周天子地位衰微，强大起来的诸侯逐渐不听从王室的指挥。到春秋前期，这种状况愈演愈烈，以致在周桓王十三年（公元前707年），爆发了周、郑繻葛（今河南省长葛市北）之战，郑国的祝聃竟敢以箭去射天子周桓王。

春秋初年，郑国同王室的关系最为密切。郑武公以大军保护周平王东迁，其后成为王室卿士。郑庄公继位后，仰仗祖先的功劳，在王朝内专横跋扈。庄公在国内与其弟共叔段不和，经常不理王室之政，于是周平王就打算让虢公与庄公为左右卿士共同掌管王事。郑庄公得知这个消息后，即责问平王。平王矢口否认，并提出君臣交质，以示信任。周平王五十一年（公元前720年），平王去世，太子林继位，是为桓王。桓王上台后便准备授虢公政以分庄公之权，庄公得知，想给新即位的天子一个下马威，派祭足带领人马把王室在温地（今河南温县）的麦子割掉，又把成周（今洛阳东）的禾割走。至此，周、郑交恶。

桓王毫不示弱，郑庄公意识到失去同周天子的密切关系，对自己在诸侯中争雄不利，于是便采取了怀柔策略，于周桓王三年（公元前717年）亲自到王都朝见桓王，桓王却不加礼遇，不久又任命虢公忌父为王室右卿，与郑庄公共理朝政。郑庄公的退让，使得周桓王得寸进尺。周桓王八年（公元前712年），桓王把本来不属于王室的12个邑作为空头支票，换取郑国四邑，使郑国白白丢了4个邑；到周桓王十三年（公元前707年），桓王又干脆罢免了庄公的左卿士之职，因而庄公也就不去朝见他。这样，桓王

便率领王师及蔡、卫、陈之师讨伐郑国,郑国也出兵抵抗,两军在繻葛摆开阵势。

王师方面的部署是:桓王亲率中军,虢公林父将右军,周公黑肩将左军;蔡、卫两国军队属右军,陈国的军队属左军,呈"鸟阵雁行"的阵势,突出中军。郑国方面针对王师的部署,采取"鱼网之阵"的阵法,把主力放在左右两方阵上,中军摆在两方阵中间靠后,郑庄公率中军,祭仲将左方阵,曼伯将右方阵,左右方阵中把战车排列在前面,步卒配置于战车之后,填补车与车之间的空隙,构成密集队形。开战时让左右方阵先接敌,打垮对方力量较弱的左、右军,然后三军呈鱼网状合围对方中军主力。

两军交战,郑庄公在原繁、高渠弥的护卫下坐镇中军,并与祭仲、曼伯约定中军大旗挥动时,左右两方阵同时发起攻击。开战后,陈国由于内政处于动乱之中,士气不高,遇到郑军方阵的攻击,立即溃逃,周王室的左军士卒跟着也败下阵来;蔡、卫两国的军队本无战斗力,在受到攻击后,抵挡不住,转身而逃,王室的右军也随之溃败。然后,郑国三军合围周王中军,祝聃一箭射中周桓王的肩膀。桓王忍着箭痛,指挥军队退却。祝聃请求庄公下令追击,庄公认为君子对一般人尚且不能逼之太甚,何况对于天子!如果能够使国家免于危亡,这就足够了。因此,按兵不动。当天晚上,郑庄公派遣祭仲去慰问周天子及其随从,表示郑国只是不得已应战,愿同王室和好。繻葛之战是诸侯强大、王室衰微的一个标志,祝聃"射王中肩",王师惨败于诸侯军队名下,这使周天子的威风扫地,事实上等同于诸侯。同时这一仗也拉开了列国争雄的序幕。

十七、周赧王债台高筑,昭襄王除周移鼎

东周时期,周考王于十五年(公元前 426 年)封其弟于河南地,建立周公国,是为周桓公。这是周王朝最后一次分封。自这次分封后,周王的土地全部分封完毕,连自己也是寄居于此周公国。

周桓公死,其子威公代立。威公卒,子惠公代立。周赧王时,周惠公封其小儿子于巩以奉王,号东周惠公。东西周分立,西周都河南旧于王城,

东周都巩。

西周自立国以来，一直采取讨好各大强国的政策，尤其是秦国。秦国和周围列强经常向西周和东周征收赋税和兵源。同时，西周和东周常相互倾轧攻伐。周赧王在位时，周天

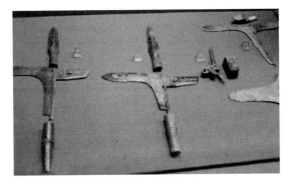

战国时期兵器

子地位已经完全徒有虚名，其土地（周天子的王畿）也被韩、赵一分为二，以洛邑之河南王城为西周，仍都洛邑，以巩附成周为东周，分别由东、西周公治理，周天子由成周迁于王城，依附于西周公。

战国时期，周王室的土地缩小，人口减少。公元前367年，周公姬威去世，少子姬根在王城东部争立，赵、韩用武力支持，使小小的周王室，又分裂为两个小国。建都在巩地（河南巩义市西南）为东周，以王城（河南洛阳市王城公园）为都的为西周。东、西二周公各统治一块地区，国王还是一个，居住王城。

公元前314年周赧王姬延即位，他所统治的地盘只是王城周围的三四十座城邑，3万多户，其势力已极其衰弱。

此时，秦昭襄王已不满足国王的称号，要以帝号凌驾于诸侯之上，随时操戈于周室，取而代之。公元前288年10月，他约齐王共同称帝，秦为西帝，齐为东帝。事过二个月在纵横家苏秦的劝说下，齐王取消帝号，借以孤立秦国，秦昭襄王也被迫取消帝号，此已暴露秦吞并天下的企图。

公元前257年秦军围攻赵国邯郸兵败，大将郑安平率秦军2万投降于魏，秦昭王动怒。郑安平是范雎推荐为将，范雎恐惧，说秦王灭周称帝，以讨好秦昭襄王，秦王灭周之意遂起。

秦军在邯郸的失败，给东方一些国家带来了一线希望。楚考烈王认为秦兵新败，士气衰落，在春申君的劝说之下，欲奉周赧王为盟主，挟天子约诸国共同讨秦，他遣使者说赧王以天子名义发号各国。周赧王愿趁此一

搏，以挽救周室将倾覆的局势。他命令西周公在国内收罗壮丁，凑合一支5000人的队伍，在缺乏武器、粮饷的情况下，向境内富户筹借军资，付给富户债券为凭，待班师之日以战胜品偿还。

这时秦国派张唐为大将，令其率兵先取阳城（河南登封东南告成镇），以通三川（郡名）之路。秦王见赧王与燕、楚联军无所作为，一举攻下阳城。另派嬴缪为将，领兵10万扬威于函谷关之外。

公元前256年，周室经过一番努力，赧王任西周公为将，率领五千士卒，并约六国集兵到伊阙（洛阳市南）。是时，秦即攻韩，韩自顾不暇；赵邯郸刚刚解围，恐惧未息；齐与秦通好，以图自存。只有燕国派将军乐闲、楚派将领景阳，带几万兵会集在伊阙，坐观事态，无意进取。他们等待其他各国军队，三个月过去不见踪影，在秦关外之兵的威胁之下，三国联军撤去，无功而还。

西周的富户见军队回来，手持债券，纷纷向赧王讨债，每日从早到晚喧闹于宫门之外。赧王无资财可还，只好躲到宫后边的一个高台之上避债，后来这个高台被称为"逃债台"。

秦王闻知燕、楚兵散去，即令嬴摻与张唐合兵进攻阳城，再攻西周。这时赧王姬延惊慌失措，想要逃到韩国或是晋国避难。西周公劝说："过去太史儋曾说过：'周秦五百岁而合，有王伯者出。'秦吞并天下已是大势所趋，韩、魏也不可能幸免，三晋不日为秦所有。大王与其到那时被俘受辱，不如于今奉土归降，其结果或许能好一些，得到一块封地。"

秦国大军已向周地开来，赧王已到了山穷水尽的边缘，别无出路，只好率领宗室成员及群臣，到祖庙祭祀，向先祖先烈号啕痛哭，陈述不孝子孙亡国绝祀之罪，悲切无状，哭喊之声缭绕太庙。三日之后，即在公元前256年，周赧王带领家眷群臣、地图户册到秦军中投降，嬴受献36城，3万户。张唐押送赧王君臣及其子孙入关至咸阳。

周赧王谒见秦昭襄王，顿首谢罪。秦王安慰一番，以梁城（陕西韩城市南）之地封赐，将周王降为周公。赧王由于年事已高，一路劳苦，几个月后便在忧郁中死去。

秦昭襄王下令，除掉周国，发洛邑壮丁摧毁周的宗庙，运其祭器及九鼎入咸阳。原西周民众不愿为秦役使，纷纷投奔到东周巩的地方。

搬运九鼎之时，传说鼎中有哭泣之声。及运到泗水，其中一鼎从船上掉进水中。当时嬴慌忙招会泗水之人潜水寻找，不见踪迹。那时人们非常迷信，嬴负责搬运周的国家重器，心中不免有所忌讳。日有所思，夜有所梦，那天夜里梦见周武王坐于太庙，召嬴斥责道："你为什么迁我重器，毁我宗庙？"然后命令左右鞭打其背三百下。自此嬴患得背疽。到了咸阳，将祭器和八鼎献给秦王，并向秦王编造说所失一鼎是从舟中飞出，落水之后见苍龙一条，翻波作浪，不敢复求。

秦王查阅所失之鼎，正是豫州（主指河南之地）之鼎，他感叹地说："地都归入秦国，难道其鼎就不归于我吗？"秦王还想多派卒众前往打捞，嬴一再谎称："此神物有灵，不可复取。"秦王只好作罢。

秦王命令将八鼎陈列于秦太庙之中，遍告列国，要他们进贡朝贺，于是东方各国相继至秦入朝。鼎迁至于秦，宣告周的灭亡，秦代之而有天下。公元前256年周赧王病逝，秦国攻入洛邑，西周公投降。公元前249年，秦相邦吕不韦又带兵灭掉了位于巩邑（今河南巩义）的东周公。至此，周朝正式宣告灭亡。

第二章 八百年周室风云

一、渭水垂钓会文王，子牙佐周灭殷商

姜尚（约公元前1118—公元前998年），西周著名军事家、政治家，字子牙，东海（现江苏、山东一带沿海）人。

姜尚踏上历史舞台正值商朝末年。商朝最后一个君主名叫商纣，是历史上著名的昏君、暴君。商纣王生活极其奢侈腐化，为了满足自己奢侈的生活，命成千上万的劳工不分日夜地为他修建了一座高台，称为"鹿台"。高台长三里，高千尺，上面饰满奇珍异宝。他还在院内挖出方池，在池中灌入美酒，称为"酒池"；在池边树林中挂上肉块，称为"肉林"。另外，纣王还有一个美艳绝伦的妃子名"妲己"。他非常宠幸妲己，为了讨她的欢心，整日不理朝政，沉湎于宴饮荒淫之中。

不仅如此，纣王残暴成性。为了修鹿台，无数劳工死在沉重的劳役中。他命人打造一根铜柱，内置炭火，待铜柱烧红之后，将人衣服剥光，绑在铜柱上烫烙，称为"炮烙"之刑，专门用来惩处那些直

明戴进《渭滨垂钓图》

言上谏，不按自己意愿办事的大臣。

姜尚就生活在这样的一个时代。他早年贫困，曾在棘津司厨卖过饭，在朝歌屠过牛、卖过肉，还做过小官，但深感纣王的无道而抑郁不得志，最后辞官而去。妻子马氏也离开了他。于是，无牵无挂的姜尚决定周游列国，寻一贤明君主佐之。后来，他听说西伯姬昌在西岐尊老且怀雄心大志，于是不远千里跋涉到西岐。姬昌久闻姜尚之名，便封他为宰辅，即宰相之位。

西伯侯任人唯贤，姜尚也急于施展才华，以报"伯乐"识才。第二天，姜尚就上疏奏道："鸷鸟将要捕击时，必先弯曲其身子，收敛翅膀；猛兽将要捕斗时，必先垂下耳朵，趴在地上。大王要行动之时，必先装出愚钝的样子。"并提出了"修德以安内，施奇以谋商"的方针。

姬昌非常信任姜尚，也采用了他提出的方针，对内实行农人助公田纳1/9租税，八家各分私田百亩，大小官吏都有分地，子孙承袭的政策。君臣的默契配合，使得西周迅速兴盛起来。

西周兴盛之后，姜尚开始了他的扩张计划。首先，调节了芮、虞之间的矛盾，使之成为自己的盟国。接着，征犬戎、伐密须、渡黄河，征邘灭崇，逐步翦除了商的羽翼，最后达到了"天下三分，二分归周"的局面，为一举灭纣创造了有利条件。

此时周的版图已经非常大，为了方便治理，姜尚建议，文王迁都丰京。不久，文王死，武王姬发即位，尊姜尚为"尚父"。姜尚又助武王推行善政，并教导之慎于行赏，使西周的政治愈加清明。公元前1046年，姬发与姜尚一同率领周师沿渭水循黄河向孟津进发。为了显示其不夺胜利誓不罢休的决心，率军渡过黄河之后，姜尚命令将船只全部烧毁，桥梁尽数拆除，以示此次出征已无退路。行军途中，忽然一阵狂风将军中大旗折断，接着又出乎意料地下了一场大雨。武王命人占卜，卦象显示不利。有人建议姜尚退兵，姜尚非常生气，说："今纣王将比干挖心、将箕子囚禁，重用蜚廉之流的贪官污吏，伐之有何不当？用枯草占卜，能指望有什么结果？"仍令进兵。

两个月后，武王的部队在商朝都城朝歌外的牧野与商纣王的军队对峙。商朝的军队虽然人数众多，但大多数都是临时凑集的奴隶，他们早已恨透了商纣王的残暴统治，盼望有人早日推翻纣王，使他们获得解放。所以战事一开始，他们不仅没有抵抗周军的进攻，而且反戈一击，商纣王的几十万大军瞬间就溃不成军，土崩瓦解了。

纣王率领残兵败将逃回城内，感到穷途末路，气数已尽，于是穿上锦绣衣服，聚集起搜刮来的珠宝，登上鹿台，命令手下架起干柴，一声长叹，自焚而死。商朝的江山也随之化为灰烬。

姬发和姜尚率军杀入朝歌，发现纣王已死，于是宣布商朝灭亡，周朝建立。安抚好朝歌的百姓之后，姬发和姜尚凯旋还师。不久，武王建都于镐，周朝正式建立，史称西周。

武王论功行赏，大封功臣谋士，共封了71个诸侯。姜尚因辅佐文王、武王兴周灭商建立了功勋，以首功封于齐，建都营丘。然而姜尚并没有马上离周，而是先辅佐武王推行了安周大计。经过多年战乱，人心思定，盼望着明君临朝，生活安定。姜尚佐武王依民情、顺民意行事，攻破商都后即把纣王横征暴敛的金银财宝、锦缎粮食分发给百姓。姜尚还辅佐武王接受商纣诸侯叛乱的教训，重新分封诸侯，把姬氏宗亲均封于内域或外域要地，有力地控制全国。在诸侯归附、万民拥戴、大局安定后，姜尚才入齐建国。

姜尚封齐，是武王靖边安周的重大决策之一。当时，齐地强国林立，造成东夷10余国不附、周边难宁的局面。让出身东夷、熟知东夷地理和风土人情的姜尚入齐，可收以夷制夷之效；而姜尚为西周三公首辅，军政大权集于一身，故封姜尚于齐是安周降夷的最佳选择。

姜尚治齐，盛事初显，正欲大展宏图之时，武王驾崩。成王即位后，武王胞弟管叔、蔡叔、霍叔"三监"和纣王子武庚内外勾结叛周，南境淮上九伯和东夷五侯也先后背叛。在这千钧一发之际，是姜尚擎天扶危，使西周又经住了一次生死存亡的考验。姜尚以其雄韬伟略制敌，与周公兵分两路出击：周公率京畿之兵，伐诛武庚、"三监"；姜尚奉成王诏书，讨五侯九伯。两路兵发，二年败武庚、诛管叔、流放蔡叔后，姜尚继以齐军降淮上九伯，并迁其君；灭蒲姑平息东夷五国之乱。武庚残部窜入东海上，姜尚擒杀了武庚。两路大军胜利之后，姜尚顺势一鼓作气，又靖平了不顺者50余国，从而使周转危为安。这次平叛之战，史称周公东征，实则姜尚为帅。正是姜尚立下了二次安周大功，所以他才应成王诏，使齐成为专征伐大权的东方主盟之国。

平叛胜利以后，周成王把蒲姑领地又封姜尚，使齐国版图大

姜 尚

大超过500里。而齐专征伐大权，权力所及，"东至海、西至河、南至穆陵、北至无棣"，这为姜尚提供了发展政治、经济和军事的有利条件。其中特别是"专征伐大权"，在当时乃是天子的权力，具有最高的权威性。商、周时，天子授诸侯征伐大权者，只有商纣王授权西伯姬昌、周成王授权齐侯姜尚两例。西伯姬昌以"征伐大权"统一了殷之西壁；姜尚专征伐大权立周之东天。用这个权力，姜尚可臣服周边诸侯，可代天子伐不顺，令出五侯九伯不敢不遵。

姜尚面对齐国连年战乱而造成的生产遭到破坏、社会动荡不安、人民流离失所的局势，实施了三大基本国策：一是"举贤尚功"，即选拔有德有才有建树的人，给爵位授实权，让他们在国家建设中发挥应有的作用。实践证明"举贤尚功"的用人路线，为后来"齐日大至于霸"的基业奠定了坚实的政治和组织基础。二是"因俗简礼"，就是因东夷土著之俗，简化西周的繁礼，以适应当地社会的民情。姜尚深知，要调动人民的积极性，最有效的办法是顺乎民情，尊重传统，取得人民的信任。他

要求官吏对民要："利而勿害，成而勿败，生而勿杀，与而勿夺，乐而勿苦，喜而勿怒"，"与民同忧、同乐、同好、同恶"，从而调动了人民兴齐建国的积极性。三是"通商工之业，便鱼盐之利"。姜尚在注重发展农业生产的同时，又注意发展工商业，实行农、工、商并举。他提倡发展纺织、刺绣、铸造、煮盐和捕捞业，并使盐业迅速成为齐国的支柱产业之一。工农业的发展带动了商业的繁荣。姜尚把买卖做到了国外，推动与列国通商的政策，在"来天下人"的同时，又"聚天下财"，从而使齐国迅速成为雄踞东方的第一富强大国。到了春秋中期，齐国成为五霸之首，到战国末期，齐国仍是七雄之一。后世把齐国经久不衰的功劳，归功于姜尚初建国时所立的"国本"。

两年后，武王姬发病逝，其子姬诵即位，号成王。成王年幼，由武王弟弟姬旦辅佐，代为执行政务。武王的另外两个弟弟管叔姬鲜和蔡叔姬度非常不服，令下属四处散布谣言，说周公旦名曰摄政，实际想篡位。流言传到周公那里，使他惴惴不安，连忙写信给远在齐国的姜尚，对此事作出解释。姜尚非常理解和支持周公，并给予了有力的帮助，最终消除了流言。

管叔和蔡叔见流言破灭，却仍不罢休，并且勾结商纣之子武庚叛乱。叛乱先由武庚的封地开始，逐渐蔓延到东至大海的广阔区域，刚刚平定的周室江山又硝烟四起。在这紧要关头，周公决定平乱，并请求姜尚出兵协助，同时，授权姜尚及齐国可以征讨任何一个不服从周朝的诸侯，这使齐国多了一个特权，地位也明显高于其他诸侯国。姜尚欣然应允，经过3年的征战，终于平定了叛乱，纣王之子武庚被斩首，主谋管叔也被周公大义灭亲处死，蔡叔被流放。从此，齐国巩固了诸侯大国地位，成了周朝的东方屏障、擎天之柱。

姜尚的一生富有传奇色彩，前半生一直不得意，直到渭水边垂钓遇到文王拜相，此时他已年过花甲。其一生辅佐西周三代君王，无论文治还是武功都业绩非凡，几千年来一直受到人们的推崇与爱戴。

二、伯夷叔齐让国位，不食周粟死首阳

1. 夷齐让国

伯夷叔齐，是孤竹君的两位王子。伯夷为长子，叔齐是三子。孤竹君生前有意立叔齐为嗣子，继承他的事业。后来孤竹国君死了，按照当时的常礼，长子应该即位。但清廉自守的伯夷却说："应该尊重父亲生前的遗愿，国君的位置应由叔齐来坐。"于是他就放弃君位，逃到孤竹国外。大家又推举叔齐作国君。叔齐说："我如当了国君，于兄弟不义，于礼制不合。"也逃到孤竹国外，和他的长兄一起过流亡生活。在没有办法的情况下，人们只好立了中子继承了君位。春秋战国时期形成的儒家学派，对他们的这种行为非常赞赏，评论这种事情说："能以国让，仁孰大焉，伯夷顺乎亲，叔齐恭乎兄。"对他们给以很高的评价。

2. 不食周粟

为了躲避残暴的商纣王，伯夷叔齐居住在北海之滨和东夷人一起生活。听到西方伯主周文王兴起，国内稳定，生产发展很快。他们高兴地说："应该从东夷回去了，我们听说西伯的国内很安定，很适合老年人居住。"于是他们相约到周国去。但是走到中途，就遇见了周武王伐纣的大军，原来这时周文王已经死去，周武王用车拉着周文王的木主奔袭商纣。他们二人大失所望就叩马而谏说："父死不埋葬，就动起武来，这能算作孝吗？以臣子身份来讨伐君主这能算作仁吗？"武王的卫兵要杀害他俩，军师姜尚劝解说："这是讲义气的人呀，不要杀害他们。"就把他俩扶走了。后来周武王与商纣王大战于牧野，血流漂杵，由于商纣王阵前的奴隶兵倒戈，周武王才取得了决定性的胜利，

伯夷叔齐

李唐《采薇图》

灭掉了商朝，建立了新的王朝周朝，这正是公元前1046年。伯夷叔齐认为这种做法太可耻了，发誓再不吃周朝的粮食。但是当时各地都属于周朝了。他们就相携着到首阳山上采薇菜吃。在采薇菜时，他们还唱着歌说："上那个西山哪，采这里的薇菜。用那强暴的手段来改变强暴的局面，我真不理解这样作算是对呀？先帝神农啊，虞夏啊！这样的盛世，恐怕不会有了。我们上哪里去呢，真可叹啊！我的生命就要结束了。"于是就饿死在首阳山之上。他们的让国和不食周粟，以身殉道的行为，得到了儒家的大力推崇。当子贡问孔子："伯夷叔齐何人也？"孔子立即回答说："古之贤人也。"又问："他们对所作的事不觉得后悔吗？"孔子说："他们求仁而得仁，没有什么后悔的。"后来又进一步地说："齐景公有马千驷，死之日，民无德而称焉。伯夷叔齐饿于首阳之下，民到如今称之，其斯之谓与。"原来伯夷叔齐的行为正符合儒家的价值观。儒家认为，人生价值不在于你能获得什么功名利禄，而在于你对社会作出了什么贡献，在后世对你的评价中来体现人生价值，这就是所谓的留名千古。所以孔子强调说："伯夷叔齐……奋乎百世之上，百世之下，闻者莫不兴起也，非圣贤而能若是乎！"

伯夷、叔齐独行其志，耻食周粟，饿死首阳山以后，在全国产生了广泛的影响。许多名人，包括著名思想家、政治家、史学家、艺术家、文人学者、帝王将相纷纷以各种形式歌颂、褒扬伯夷、叔齐。

三、武王勤政病缠身，临终托孤周公旦

武王灭掉商纣以后，就回到了自己原来所属的领地丰京，后来，又

在距离丰京 25 公里的地方建立了一座更为雄伟气派的新都城，并命名为镐京。

在镐京，武王登上了帝王的宝座，建立了周王朝，历史上称为西周。

为了巩固周王朝的统治，安定民心，防止商王朝的余党再起兵造反，武王采取了一系列的措施。

他首先封纣王的儿子武庚为殷侯，继续留在殷地，治理殷地的人民。

为了更好地监视武庚，他又派三弟管叔鲜治理管国，五弟蔡叔度治理蔡国，八弟霍叔处治理霍国，人称这三人为"三监"。

他还将今天山东北部地区分封给在灭商过程中战功最显赫的姜子牙。后来，姜子牙在营丘励精图治，不断改革，建立了历史上有名的齐国。

武王还下令释放被纣王囚禁的百姓，并且恢复了微子启的职务，安顿了流浪街头的箕子，重新修整了比干的墓。

本来，他将自己的四弟周公旦封到了鲁地，也就是今天山东的南部地区，将召公奭封到了燕地，可是，后来，他觉得在灭商的时候，大家在一起，尽管艰苦，却手足情深，实在是舍不得让他们走，再加上周王朝刚刚建立，自己又没有治国的经验，非常需要有几个贤臣能士在一旁辅佐，于是，最后，武王还是决定将周公旦和召公奭留在自己身边，而让他们的两个儿子伯禽和克分别前往了鲁地和燕地。

第二年，各国诸侯朝拜天子的时候，武王又将姜子牙留在了自己的身边，这样他的身边就有了三个心腹之臣。

在众大臣的辅佐之下，武王吸取商纣的教训，他不荒淫，不挥霍，励精图治，广开言路，广纳贤臣良士，虚心听取大臣们的意见，将国家政事治理得井井有条，同时，他还大开粮

周武王封比干墓铜盘铭

仓，向广大穷苦的饥民散发粮食，减轻赋税，减轻刑罚，鼓励人民生产劳作。

就这样，在武王兢兢业业的领导下，国家终于从商纣王时期的败落贫穷中走了出来，恢复了安宁，恢复了祥和，变得越来越富裕，人民的生活越来越好，而武王也越来越受百姓的爱戴。

正在国家蒸蒸日上，奴隶制进一步发展的时候，辛勤劳苦的武王却病倒了。

武王这一病倒，王宫内可就乱了套了。王公大臣都非常着急和担忧，他们有的为武王找来神医，有的为武王找来良药，而更多的则是默默祈祷。尽管大家做了各方面的努力，却仍然不见武王有半点好转。

武王知道自己马上就会不久于人世了，于是，就派人叫来了王公大臣们。

看着他们那一张张哭丧忧郁的脸，武王微笑着说："不要难过，人固有一死，我想这是先王见我使命已经完成，要召我过去和他做伴吧！"

大臣们听了，更加地难过了。

武王继而又忧虑地说道："只是，我的儿子年龄还太小，怎么能管理这么大的一个国家呢？"

他看了看身边的周公旦，说道："我考虑再三，在众多的兄弟里，只有四弟最有才干，所以，我就把他托付给你了，请你一定要帮助他治理好国家，还要把他培养成一个有才有德的人。我知道，这并不是一件容易的事，甚至可能会招来杀身之祸，但是，我相信，你一定会尽心尽力把这件事办好，所以，我绝对地放心把儿子和国家托付给你！"

周公见武王一脸的憔悴，实在不忍心让他难过，同时，从武王的眼睛中流露出了一种对周公极其信任的坚定的目光，周公深感责任重大，于是，就坚定地说："还请大王放心，臣下一定尽心尽力，不辜负大王的一番信任！"

武王得到了满意的回答，就在微笑中永远地闭上了双眼。

四、周公握发三吐哺，避嫌平乱安天下

成王名诵，是武王之子，即位元年为公元前 1042 年。因年幼即位，由周公旦宣摄王位，代行国政。七年归政于成王。成王初年，关于周公地位，史书有两说：一说周公即天子位，七年后还政于成王；二说周公为相，摄行政事。摄政期间，成王和大臣召公等疑忌周公，管叔等三叔也造谣说周公要谋害成王。因此，内部不和。武庚利用三叔与周公的矛盾，联合东方的徐、奄等邦国乘机叛乱反周。周公稳定内部后，奉成王之命与太公望、召公奭等率军东征，很快诛灭了以武庚为首的叛周殷贵族，并杀死管叔，流放蔡叔，又经三年苦战相继平定了徐、奄等东方诸国的叛乱，加强了对东方广大地区的控制。为统治商朝百姓，封殷后微子启于宋以治殷民。为进一步控制东方，成王、周公按照武王的遗愿继续大规模营建洛邑。周人把镐京称为宗周，把在洛邑新建的城市称为成周。又在成周西南修建王城（今河南洛阳市内），派兵监视殷百姓。为了加强王室的统治力量，周公、成王时期还大封诸侯，即把大片土地连同人民赏赐给自己的亲戚和功臣，立 71 国，姬姓居 53。成王将新征服的一些东方地区和人民封给了功臣太公望，建立了齐国。周公的儿子伯禽受封到奄国故地，建立了鲁国，又封地处长江中游的楚国熊绎为子爵。这些藩国成为周王室的屏障，巩固了西周王朝的统治。

周公旦

周公姬旦是周文王之子，周武王的弟弟。他贤能多才，协同周武王灭商，周武王伐商的著名文告《牧誓》，是他起草的。灭商之后，被封于鲁，为辅佐周室，自己仍留在京都，让其儿子伯禽赴国。他识大体，顾大局，在成

王继位后，以强烈的责任感和使命感，担任起巩固政权、处理国家大事的重担。

周公礼贤下士，善待来者，多方网罗天下人才。曹操在《短歌行》一诗中歌颂道："山不厌高，海不厌深，周公吐哺，天下归心。"在伯禽就封鲁国时，周公告诫儿子说："我是文王的儿子，武王的弟弟，今王的叔叔，论我的地位很高了，资格也够老的了。但我为了接待贤士，在洗发时，常常是把散发握在手中，忙去接待客人；在吃饭时，往往把没有来得及咽下去的饭吐出来，去接待客人。我即使这样做，还恐怕天下的贤能义士不来见我，你到鲁国，切不可以国君自居，慢待天下人。"这就是周公"一沐三握发，一饭三吐哺"勤政爱士的佳话。

周公既是成王叔父又是成王的老师。为教育成王，使之成为一个有作为的天子，周公把自己的儿子伯禽叫来陪伴成王学习。一旦成王有了过失，臣下是不能打国王的，周公就打伯禽一顿，用这种方法教训国王。伯禽受到多次冤打和责备，成王受到一次又一次教育，不断地有所长进。他教育成王不要贪图安逸、享乐，要了解稼穑之艰难，知民疾苦，牢记先王创业之劳，勤于政事，才能使周的政权长治久安。

周公勤政爱民，颁布法令，用周礼教化百姓，注重农业，发展生产，社会经济得到了很快的恢复，人民生活安定，政权稳固。就在周公集中精力，忠心耿耿治理国政的时候，流言蜚语出现了。召公被流言所迷惑，对周公产生了疑心。召公是武王的异母兄弟，曾同周公一样协助武王治理国政。他看到现今周公摄行天子之职，把大权握在手中，怀疑周公有可能趁成王年小篡位，不免流露出对周公的不满情绪。召公想离开京城这个是非之地，回到自己的封地燕国，便来向周公告辞。周公听到后十分诧异地问召公道："现在周的政权建立不久，需要我们同心合力治理天下，不知你为什么要离开京都？成王年小，难道你对国家能撒手不管吗？"召公叹了一口气，淡淡地说："现在传言太多，我不愿意不清不白混在其间，不如早早离去。"周公还不清楚什么意思，追问道："于今有什么传言，我怎么听不到？"召公不得不把话明说："现今朝中上下一些人，议论纷纷，说你将要把今王废掉，自己登天子之位，这样的话难道你一点没听到吗？"周公一听，如同五雷轰顶，顿时目瞪口呆。他回想自己为了周的天下，尽职尽责，唯恐发生一点差错，上对不起先王，下对不起百姓，没想到不被人理解，反而生起疑心。他更担心在姬姓贵族内部这样猜忌下去，破坏了团结，危及周的政权。他对召公推心置腹地说："我所以不避嫌而摄理政事，实是怕一些势力乘今王年小发动叛乱。先王们历经艰辛创下周的基业，不幸武王过早逝去，侄王年少，我为了巩固周的政权不得不这样做，我绝没有篡位的野心，别人不理解，你还不理解我吗？"两人相对诚恳交谈，召公深受感动，紧紧握住周公的手说："你不必多说，我一切都明白了。"

召公对周公的误会虽然消除了，但是外边的流言越来越盛，周公时而听到，不禁恐慌起来。他所担心的不是别的，他怕祸起萧墙，旧势力乘机叛周。他认为自己不能再在京都待下去了。便同召公、太公（姜尚）商议，他说："时今外边传言日烈，我不能在镐京过问政事了，我要到东方去，现在东边商的势力很大，随时有可能发生叛乱。原先武王曾和我说过，洛邑是中原的中心，应在那里建立一个东都，加强对东方的控制。不幸武王崩逝，我又不便离开京都，就把此事放下了。现今我不如去洛邑，这里由你们两位协助国王管理朝廷政务。我到洛邑一方面营建新都，另一方面可随时了解东方动向，同时也可以避开嫌疑。"太公、召公一再挽留，周公执意不肯，事情就这样定了下来。

周公把一切事情都安排妥当，辞别成王、太公、召公等人，便赴洛邑。在洛邑一边处理国家大事，一边把周文王演的六十四卦作了爻辞，这便是传至今日的《周易》。

周公为避嫌虽然离开京城，但谣言仍然四起，这谣言是来自于周公的亲哥哥管叔。管叔原是文王的第三子，他很有才干，曾帮助父兄作事，文王时就参加政务，武王时参加灭商。周分封时，封商纣王之子武庚于殷，为监视武庚，武王认为管叔有能力临视商的遗族，就分封管叔于管（河南郑州），又分封蔡叔于蔡（河南上蔡西南），霍叔于霍（山西霍县西南）号

称三监。周公虽然被封于鲁，由于武王多病，便把周公留在身边，帮助料理国事。武王死后，周公摄政，管叔妒忌起来。他认为武王死后，自己最长，应由他来辅佐成王，而今弟弟周公常以摄政王的身份，号令诸侯，及到己身，心里不是滋味。有了妒忌之心，便把周公勤政看作是贪权夺利，准备篡位。蔡叔也是周公的兄长，他认为他和管叔被分封在外是周公做的手脚，和管叔有同样的妒忌心理。他们快快不快，这种隐情被武庚窥视到。武庚仇恨周夺去了他的天下，虽然有殷这块封地，还在人家监视之下，他希望周王室发生内乱，以求乘机恢复已失去的天堂。于是，他就设法极力挑唆，用一些话外音促使管叔、蔡叔加重疑心。管叔、蔡叔认定周公有篡位的野心，便张扬谣言，制造紧张空气。这种流言蜚语很快传开，同时也传到了小成王的耳里，成王不免动疑。

周公到洛邑后，查出流言出自管叔、蔡叔，非常气愤，又很难过。不承想是自己的同胞兄弟，造谣生事，制造祸乱，为剖心明鉴，派人请管叔、蔡叔到洛邑来，好好谈一谈。然而二人心怀鬼胎，本来周公到洛邑，就已使他们吃了一惊，接到召见信息，更使他们坐卧不安。他们认为周公已查出他们的卑鄙行径，要惩治他们。就在他们进退维谷的时候，武庚乘机派密使分别到了他们那里。使者对他们二人神秘地说："殷侯听到周公来洛邑，是要惩治制造谣言者，特派我来送信给你们。我君殷侯自就封以来，小心翼翼遵守周的法规，不幸有人传播谣言，周公召殷侯去洛邑，要加重罪，我君时下不敢前往，请二位为殷侯做主。"管叔、蔡叔听到了这个消息，证实了自己的想法。管叔心里更加紧张，这时蔡叔也为此事找他，两人合到一处，看法一致，认为去洛邑凶多吉少。最后议定不能自投罗网，并通知武庚、霍叔，不要他们去洛邑，以免遭到不测。实际周公并没召武庚等诸侯，武庚一见他们兄弟中计，不胜欢喜，便联络徐戎（安徽泗县）、淮夷（淮河一带）、奄（山东曲阜旧城东）等国，准备举兵叛周，并想把管叔、蔡叔、霍叔逼上圈套，抓其把柄，牵他们鼻子走。

周公不见管叔、蔡叔来洛邑，料知事情不好，又探知东方许多地方小国蠢蠢欲动，断定必有叛国的事情发生。他开始布置，调集军队训练兵卫，做防范和平叛的准备。管叔、蔡叔得到情报，收拾弓箭，武装军队，剑拔弩张，跃跃欲试；武庚更是积极发动商的残余势力，想要乘机捞一把。

在这一触即发的形势下，周成王不清楚东方的实际情况，只听到有人传说周公在洛邑扩展势力，猜疑周公是要用武力篡夺王位。周公左右为难，举步维艰，只恨管叔、蔡叔与武庚狼狈为奸，自毁周室王朝，叹息自己不被侄王理解。他为表示明白自己的心志，作了《鸱鸮》诗送给成王。诗中把武庚比作鸱鸮，把周室比作鸟巢，把管叔、蔡叔等比作小鸟。诗的大意是说："鸱鸮已把我的小鸟掠去了几个，可千万不能叫它毁掉巢穴，为保护这些可爱的小鸟，我是多么的辛苦。我要趁风雨到来之前，去剥取桑根树皮，把巢穴修理系牢，你们不要侮辱我。我辛辛苦苦地操劳，是一心想把鸟巢修得稳固安好，为此我已付出了很大的代价，我们的鸟巢还没有牢固啊，风雨来临之时还会动摇，我心急火燎地叫喊着。"成王看了之后，虽然明白周公的寓意，但不能完全打消疑虑。

就在周公左右为难的时候，在京城突然黑云滚滚从西而来，不一会儿，把阳光遮盖得严严实实，地面昏暗如夜。接着电闪雷鸣，震撼着大地，狂风猛烈，暴雨倾泻，顿时树倒房塌，禾歪苗淹。暴雨成灾，人民叫苦连天，似乎苍天向人们示威。当时人们还很迷信，解释不了这种自然现象，成王和太公、召公等朝中大臣，对这突然降临的天灾，吓得手足无措，都认为是人间做错了什么事，上天震怒，发了大脾气。他们心怀畏惧，只好叫卜人占卜。当他们恭恭敬敬来到占卜的场所，先打开以前占卜的匣子，查看从前卜过的事，是否有违背天意的。揭开封匣的金縢，拿出记载卜辞的竹策等，左翻右看，没有发现什么能触犯天威的事。有人突然发现其中不被人所知的卜策，上面记载着周公替武王死的内容。成王接到手中读了一遍，便交给太公、召公等人传看，人们都很诧异，不知缘由。成王令人召唤卜人、祝史和一切有关人员，成王问他们："此竹策从何而来？"所有人同声答道："这是武王病重的时候，祭告先王的事，周公叮嘱我们不要张扬。"

原来武王在灭商两年后身患重病，太公望和召公曾想用占卜的方法，

为武王消灾免难。但周公认为周刚刚灭商，国家政权还在建设之中，一旦武王崩逝如何得了？只有恳求祖先保佑，如果武王命里该死，请祖先神灵留下武王，自己宁愿替死，以保障国家政权的安定。于是，他命令役匠筑起三个神坛，设太王、王季、文王的神位。在三座祭坛的南边另筑一坛，是为自己行祭的场所。一切准备好之后，他沐浴更衣，手秉玉，登坛向先王祷告。史官在祭祀颂辞中说："诸位祖先神灵，你们的长孙、长子武王姬发，患了险恶的疾病，他受命于天，在下界治理天下，辅佐周的臣民。他已被四方臣民所景仰，受到拥护和爱戴。周公姬旦为大周社稷愿替代武王，姬旦仁厚孝顺，多才多艺，请求先王神灵让姬旦代替武王归天吧！姬旦能很好地侍奉先祖，呜呼哀哉！"祷告完毕，让卜人卜了三卦，都是大吉，周公松了一口气。然后命人把祷辞竹策和卜辞放到用金縢封的匣里，收藏起来。之后武王病情曾有一度好转。

成王听到有关人员介绍的情况，深切地认识到周公一向光明磊落，顾全大局，一切都为国家着想。他被周公的无私精神所感动，不禁簌簌泪下，他拿着竹策呜咽地说："不用卜了，不用卜了！一切都清楚了，当初周公为了我们的国家，受尽千辛万苦，勤劳国事，只是我年小不懂事理。现在上天动威以明周公之德，这是我的过错。"说完，就立刻去东都迎接周公回京。他同朝中公卿大臣冒雨走出镐京，恰巧，这时雨停风转向，把已刮倒的庄稼又给扶立起来。接着云收风止，天色放晴。

成王在东去的路上，周公已接到飞报，知成王来接，悲喜交加，急忙乘车上路。途中双方相遇，成王与周公见面，顾不得君臣与叔侄之礼，谁也没有说一句话，拥抱在一起。此时无声胜有声，泪水与情感交融，以往的一切隔阂都云消雾散了。他们共同回到镐京后，成王仍请周公摄理国政，朝野上下一片欢腾，臣民无不为之高兴。

管叔、蔡叔被武庚牵着鼻子越走越远，已到了无可挽回的地步，只好铤而走险，发动了叛乱。周公率兵东征，把他们一举歼灭，从此周朝政权更加稳固。

五、同流合污管蔡乱，忠心耿耿君臣和

虽然人民爱戴周公，相信他，但还是有一些王公贵族对他有疑心，他们认为周公这样尽心尽力地为国家办事，一定是想夺取王位。

这些流言，不是来自别处，正是出自武王的三弟管叔之口。

原来，在武王还没有去世的时候，固定的王位继承制度还没有形成，周王朝一直采用与商朝相同的传位制度，也就是哥哥死了，应由弟弟来继承王位。

管叔因为是武王的弟弟，且排行第三，所以，他一直梦想着等武王去世后，自己就可以登上王位，成为下一任帝王，可是，没有想到，武王刚死，周公就立武王的儿子姬诵为王，还制定了一个什么"王位继承制度"，真是气煞人也，这不是和他过不去嘛！

于是，他就和弟弟蔡叔议论这件事，以发泄心中的愤恨。

蔡叔说："我看这姬旦天天忙得不可开交，一定是心怀鬼胎，他不想当君王才怪呢！我还听人说，他最近常常叫人占卜，你说，这是不是在确定他什么时候当王啊？"

管叔说："就是嘛！现在的君王这么小，这姬旦一人把持朝政，呼风唤雨，你说他不是想争夺帝位，那还能是什么！可是，要真论当君主的话，说什么也轮不到他啊！"

西周大克鼎

"就是！我看你我当初被封到管国和蔡国作诸侯，名义上是派我们到那监视武庚的一举一动，实际上，可能就是周公在背后捣的鬼，他把我们几个兄弟都派到外面去，好让自己一个人留在京城，独掌大权。"

管叔听蔡叔这么一说，也觉得有理，就更加生气了。

之后，他们又联合了霍叔，一起在各诸侯国四处散播周公要夺取王位的谣言，使得整个国家流言遍布，人心惶惶。

周公知道这件事以后，很是愤慨，感到自己受到了极大的侮辱和委屈，但是，他此时头脑十分清醒，他想到现在国事繁多，不能有丝毫的懒惰和懈怠，如果为了争一时之名，而陷入这场无休止的纷争之中，那就相当于又一次把国家推入了灾难，绝不能让这种事发生！个人的荣辱是小事，国家的兴亡才是最大的事！国家正值建立之初，很多事情都还没有走入正轨，如果这时就起内乱的话，怎么对得起先王对自己的嘱托呢！

于是，周公根本就不去理会那些流言蜚语，照样勤勤恳恳，按部就班地做着自己的事。

然而，流言蜚语越传越凶，越传越广，终于也传进了君王周成王的耳朵里。虽然周成王平时一直待在周公身边，向他学习治国方法，让他帮助自己管理国政，深知他工作认真，态度严谨，任劳任怨，忠于职守。同时，周公又是先王信任的重臣，自己也非常相信他，敬佩他。可如今，大家都在传言周公有反动之心，周成王不免也对周公有了一些怀疑。

其他人不明真相怀疑自己也就罢了，如今，就连成王也开始怀疑自己的一片忠心，周公真是感到非常难过，无奈他只好将政权全部交给了已经成年的成王，自己黯然神伤地离开了都城。

再说三位王叔，他们自从对周公存有偏见以后，就各自处心积虑地谋划着自己的利益。

而此时，居住在殷地的商纣王的儿子武庚虽然表面上臣服于周王朝，但是一直怀有复仇之心，总想着有朝一日能够灭掉周王朝，复兴商王朝，并且还在暗地里为灭周而做着积极准备。

他听说三位王叔对周公存有不满之心，认为这是个千载难逢的好机会，于是，就派人去和这三位王叔联系，探听他们的意图，并且还送去了很多金银财宝。

没想到，三位王叔对武庚不但没有戒心，反而还很欢迎他，于是，武庚就亲自与三位王叔见面密谈。

他极力地挑拨三位王叔和周公之间的关系，不怀好意地说："我看周公确实有夺取政权，自立为王的意思，否则他为什么要把你们派到这么偏远的地方来！而且，如果周公一旦真的成为君王的话，那你们不就成了他的眼中钉了嘛！到那时，他还能放过你们吗？"

三位王叔听武庚这么一说，感到很有理，于是当即决定，要和武庚一道，联合起来去对付周公。

他们知道周公已经离开王都，本打算在周公所在之地将其消灭掉，可不久，就传来消息说周公已被成王接回王都。

原来，成王自周公离开之后，就来到周朝先人的宗庙拜祭，并报告此事，可是，没想到却看到了当初武王卧病在床时，周公为武王写的一段祷文，上面写着周公愿代替武王得病，希望武王能够长命安康的话。

看到这些感人肺腑的话，成王由衷地感到非常惭愧，觉得自己不应该听信流言，而错怪了周公。于是，就立刻派人请回了周公，并和他重归于好了。

三位王叔知道此消息后，真是气急败坏，他们都认为成王是一个昏庸无能之人，居然还要重用周公！既然如此，那就别怪我们不客气了！

当即，三位王叔就领兵，联合着武庚一起造反了，一些不明真相的小诸侯国也加入了反叛大军。

三监和武庚联合造反的消息，很快就传到了王都。周公立刻集结了大批军队，准备出兵镇压叛乱。

在出兵之前，他对将士们说："武王将成王和江山托付给我，我一直遵王命治理着国家，可三监和武庚出兵造反，根本就是欺负我王年幼，要夺取我王的江山。所以，在这里，我要以武王的名义，来讨伐这些逆贼！勇敢的将士们，你们也要不负使命，讨伐逆贼！胜败在此一举。"

将士们听完周公的话，立刻士气大振，浩浩荡荡地向逆贼所在之地进发了。

经过了几个月的交战，周公的军队终于将叛军镇压了，并且杀死了武

庚，擒获了三监。

周公考虑到三监之所以起兵造反，都是因为管叔的挑拨，于是杀死了管叔，流放了蔡叔，又将霍叔贬为了平民。

自此，周公终于顺利地平定了内乱，巩固了周王朝的统治。

同时为了加强对东方各诸侯国的统治，他又派人兴建了东都"洛邑"。

又过了几年，周公见成王能够独自执掌朝政了，觉得自己的使命已经完成，就放心地来到东都，在这里安度了自己的晚年。

六、姜后脱簪劝宣王，滥杀大臣亡国兆

1. 姜后脱簪

宣王的王后是齐侯的女儿姜氏。年幼时，父母对她的家庭教育非常重视，还专请善传德义的傅母教导训练，所以她不仅有姣好的容貌，更是一位贤德女子，不合礼之言，必不说，不合礼之事，必不做。

周宣王即位之初，在召公等人的扶持下，曾勤于政事。可是时间一久，他不免有些懈怠，不但早睡晚起，而且还常留在后宫不愿离去，延迟上朝听政。

见宣王如此迷恋女色，贤明的姜后十分担忧。她想：宣王身为天子，

姜后脱簪图

肩负造福天下的重责大任，不能全心于天下百姓，长此以往，非但不能力挽周室的衰落局面，而且难免重蹈周厉王的覆辙，甚至还会葬送掉周朝几百年的社稷，自己也将成为历史罪人。当年夏桀不就是由于迷恋妹喜而被商汤讨伐灭亡，商纣也是因为妲己而好色误国，最后落得在鹿台自焚的下场吗？

想到这里，姜后就摘下了头上的簪子和耳环等象征王后的饰品，并且换上普通女子的装束，然后拜托傅母代向宣王禀告说：是臣妾无德无才，滋生淫逸享乐之心，以至使君王受累，常常晚朝失礼，给人留下君王好色而忘德的印象。一旦迷恋于女色，就一定会穷奢极欲，疏于朝政，由此诸侯叛离，百姓怨声载道，引起社会的动乱。今天国家存在动乱的潜在因素，根源就是臣妾，所以特请君王治罪于我。

傅母的禀告，令宣王如梦初醒，惭愧不已，他忙问傅母：王后现在何处？傅母回答说：王后正站在长巷里，等候君王治罪。

周宣王听罢遂赶往长巷，看到已脱去王后衣冠，自罚为平民等待发落的姜后。这种引过自责婉谏于君王的妇德，令宣王内心极受震撼，他既悔过又感激地对姜后说：这怎么是王后的错呢？完全是我的失德，不但没有励精图治，全力重整先王创下的基业，更不懂得防微杜渐，以修身为本。如今幸有王后及时提醒，否则我将会成为愧对列祖先王和天下的千古罪人。

周宣王说完，吩咐随侍将姜后请回后宫。自此以后，他再也没有晚起过，对于政事更加勤勉用心，每天早朝晚归。在修身上，他更是谨小慎微，不失天子威仪。

姜后为了使宣王不再为女色所缚，规定后宫起居内则，侍奉君王者，要等夜色深沉后秉烛而入，一进卧室便要把烛火熄灭。到了鸡鸣时分，就马上起床穿衣，并让身上的玉佩等饰物，相互碰撞发出叮当的声音，然后迅速离开。宣王听到声音，也就马上翻身起床。

在姜后和众臣的辅助下，周宣王以中兴周室为己任，继承文王和武王遗下的礼乐教化精神。最终于执政45年的时间里，不仅有效延缓了西周王朝的快速衰落，而且还恢复到了周厉王前的太平局面，各诸侯国也纷纷

来朝见天子。史称这一时期为宣王中兴。

2. 告神祈雨

周宣王在位期间曾经发生旱灾，周宣王害怕旱灾会使黎民受苦、社稷倾覆，于是亲自到郊外及宗庙奠酒埋玉、祭祀天地、祷告神明祈求降雨，果然在六月天降大雨。大夫仍叔因此事作歌赞美周宣王，即《诗经·大雅·云汉》。

3. 兔舞马变

据记载，周宣王三十一年（公元前797年），镐京城内有兔子跳跃舞蹈，有马变成人。周宣王三十四年（公元前794年），有马变为狐狸。

4. 命作《史籀》

周宣王曾命太史作大篆《史籀》15篇，作为太史教授史学童的课本教材。秦始皇统一天下后，决定统一各国文字为小篆，于是令李斯作《仓颉》七章、赵高作《爱历》六章、太史令胡母敬作《博学》七章作为全国规范字帖，皆取材于大篆《史籀》。《史籀篇》中的文字又被称为籀文、籀篆，到汉光武帝时已失传六篇。经过考证，《陈仓石鼓文》是现今仅存的、最近似于《史籀篇》的文字。

5. 滥杀大臣

周宣王四十三年（公元前785年），周宣王杀害无辜大夫杜伯。关于

陈仓石鼓

杜伯的死因，《太平广记》记载为：周宣王有宠妃叫女鸠，她看上了英俊的杜伯，想方设法勾引他。杜伯不为所动，女鸠恼羞成怒，在周宣王面前诬告杜伯欺侮她。周宣王听信了女鸠的话，不顾左儒的屡次劝谏，先将杜伯囚禁于焦（今河南陕县南），又派薛甫和司空锜将其杀害。周宣王后来因遭受冤魂袭扰，接连杀害了

司空锜和大臣祝二人。杜伯之子隰叔则逃亡至晋国，成为晋国六卿之一范氏的始祖。

6. 亡国征兆

《太平御览》引《琐语》记载，周宣王的王后怀胎未满就生下了周幽王，周宣王向大臣们询问是何征兆。大臣们回答说如果生下的男婴身体有残缺、骨骼有缺失，则国家无碍；如果男婴身体完好无损，则国家就会灭亡。周宣王认为这个男婴是不祥之兆，准备将其遗弃。仲山甫劝周宣王说："天子您年龄大了也没有男嗣，这本身就是上天遗弃了周朝，您如果再把男婴遗弃了，那和国家灭亡有什么区别？"周宣王于是打消了这个念头。果然周宣王死后 11 年，西周在周幽王统治下灭亡。

七、褒女思乡难展颜，幽王烽火戏诸侯

公元前 779 年，周幽王得到一位绝代佳人褒姒，对她十分宠信，以致弄得周幽王神魂颠倒，国破身亡。古代人迷信，认为这是天意，每当一个王朝将要灭亡的时候，鬼使神差，要有一个美女，迷惑亡国之君，倾城倾国。于是把褒姒的来历说得玄而又玄，传得奇而又奇。

公元前 789 年，居住在瓜州（甘肃敦煌西）的姜戎，东下侵周，宣王御驾亲征，并传旨晋国，出兵助战。双方在千亩（山西介休县内）大战，王师败绩，损失大批车马军械，士卒死亡不少。宣王自千亩败回，为图谋再举兵进攻，坐在车上细心思量。当进入京都，忽见市上一群儿童，拍手作歌，宣王听到"月将升，日将没；檿弧箕服，几亡周国"。檿弧是指用山桑制成的弓，箕服是指用箕草编成的箭袋。这首儿歌是用隐语说周朝政权将要出现女人干涉君主的政事，因而会发生战争，几乎造成周的灭亡。宣王对儿歌非常恶感，命令左右将儿童拘来审问："此语何人所编造？"其中一个答道："三日前有个穿红衣的小孩，到市中教给我们的，所以我们小孩都会唱。"宣王又问："于今红衣小孩在哪里？"儿童答道："自教歌之后，不知去向。"宣王告诫不准再唱，便叱退了孩子。

宣王回宫，次日上朝，不免君臣谈论起此儿歌。此歌因有"弧箕"句，

故忌讳起制造与贩卖弧、箕的事。下令不准再有人制造、贩卖此物，违者处重罪，这就不免有人遭殃。

宣王一日退朝回后宫，姜后向他说："今有先王时的一个老宫女，已五十多岁，自先朝怀孕至今已有四十来年，生下一女婴。妾认为此是不祥之物，已令人抛弃清河之中。"宣王感到奇怪，把老宫女召来，问她怀孕由来。老宫女说："婢妾听说夏王桀末年，褒城有神变化为两条龙，降于王庭，口流涎水，对桀王说：'我乃褒城二君也。'桀王害怕，欲杀二龙，命太史占卜，结果不吉祥，欲逐去之，再占，又不吉祥。太史建议：'神人下降，必主祯祥。何不请其漦而收藏它？漦是龙的精气，收藏之必能获福。'于是设祭于龙前，用金盘接取龙涎水，装于红匣之中。后二龙飞去，桀王命收藏于内库。此物经商至周，已近千年。到先王末年匣内放出光来，库官报告先王，查阅簿籍，方知是传下来的龙，先王命打开匣子观看。待匣打开，捧金盘呈递给先王时，先王失手，金盘落地，龙涎淌在地上。妾那时十二岁，无意脚践龙涎，自此怀孕在身，至今已四十年。昨夜腹中作痛，方产下一女。"宣王了解清楚之后，让老宫女退去。

老宫女所生下的女婴，虽然姜后命人将她抛到清河中淹死，但宫人抱到野外，觉得清河路途远，不如丢弃到林中方便。于是把女婴放到林中，就回去复命了。而这女婴后来被褒城卖弓的夫妇拾去收养，这女婴长大成人，便是被周幽王所宠爱的褒姒。

公元前782年宣王死去，太子宫湦继位，他就是西周的亡国之君周幽王。次年，立申伯之女为王后，子宜臼为太子，进申伯为申侯。幽王为人暴戾寡恩，喜怒无常。对国家政事不那么重视，身为国王，谁也管不了，无拘无束，为所欲为。他任国王时，老臣相继谢世，另用虢公（虢石父）、祭公、尹球（尹吉甫之子）为三公。这三人都是贪图名利地位的人，对国王不是尽心辅佐，只是谄谀逢迎，尤其虢石父招高一筹，深得幽王重用。只有司徒郑伯友，非常正直，但得不到重用。那时又有天灾屡屡发生，泾、渭、洛三川发生大地震，惊动了朝野。朝中大臣认为是不祥之兆，劝谏幽王勤政恤民、求贤治国消灾。幽王说："山崩地震，此乃常事。"他不迷信灾异邪说，倒有可取之处，但他对受灾人民不去救济，只是追求自己的享受，寻欢作乐。赵叔带忠言劝告，也被他免官逐走。

大夫褒知道这些，来朝进谏惹怒了幽王，被囚禁在狱中。一连三年不放，急坏了褒家人，千方百计想救回褒。褒子洪德听说幽王正命臣属访求天下美女，于是为父赎罪，也到民间购买美女。一日，在一个偏僻乡村见到一个少女，身材修长，眉清目秀，唇红齿白，乌发粉面。觉得能购得这样一个绝代佳人献给幽王，一定能赢得幽王欢心，放父亲出狱。他访问到该女是姒家之女，年方十四岁，尚未婚配。不惜用300匹布帛从姒家买来。买到之后，取名褒姒，进行调教，习练进退礼节，规范言谈举止。经过一番教练，认为可以了，便沐浴更衣，穿绫披纱，戴银佩玉，送进镐京。先用金银贿赂虢石父，向幽王通融，奏称："子洪德，知父罪当万死，痛父死不能复生，特访求美女褒姒，进上以赎父罪，望我王宽宥。"幽王闻奏，宣褒姒上殿进见，叩拜礼毕，幽王细瞧，果是一名绝代佳人，顿时觉得四方所献美女无一人能比得上，龙颜大悦，降旨赦放褒，恢复官爵。

幽王自褒姒进宫，爱不释手，共同在琼台寻欢作乐，从此申后那里变成了冷宫。申后不甘寂寞，率领宫娥到琼台，见到幽王正与褒姒亲热，褒姒不知是王后，没有起身迎接，申后骂道："何方贱人，到此违乱宫规？"幽王袒护说："此新纳进宫美人，未定位次，所以未参见王后，不必发怒。"申后痛骂一顿，恨恨而去。而那褒姒依仗国王宠爱也不去正宫朝拜王后。王后身为六宫之主，怎能吞下这口气，闷闷不乐。太子宜臼看母亲愁容不展，为给母

褒 姒

亲出气，便到琼台后花园，乱摘园花，惊动了宫娥和褒姒出来阻拦，宜臼乘机将褒姒打了一顿。褒姒含羞忍痛回到宫室流泪，一会儿幽王退朝回宫，见到褒姒泪流满面，披头散发，不觉一愣，忙问发生何事？褒姒伏在幽王怀中放声大哭，委屈地说："太子领着宫人在台下园中摘花，我前往劝阻，太子一见贱妾，出手便打，张嘴便骂，若不是宫娥苦苦哀求，妾性命难保，乞我王做主。"幽王听后，以为是王后主使，安慰几句。那褒姒怨气未消，接着说："太子为母报怨，妾今后性命难保，妾死不足惜，只是已身怀六甲。妾一命即两命，请王放我出宫，保我母子性命。"幽王一再表示："当为你做主。"

不久，褒姒生下一子，幽王十分高兴，取名伯服。遂有废嫡立庶之意，无奈没有什么理由，废立是国家大事，他也不敢随便提出，先放下待以后计议。

申后被国王冷落，独居如冷宫，单身如寡媚，又知国王有废立之意，觉得这样下去，自己王后之位难保，太子也将被废。越想越怕，不知如何是好。侍候她的一位年长宫人，窥其心事，出计让她通报申侯想办法扭转局势。于是修书一封，让宫人老母温媪出宫送去。结果被守门宫监盘查搜出。将信带人押送到幽王那里。因信中有"天子无道，宠信娇女"，"别作计较"等字样，幽王尚未表态，褒姒已忍耐不下，含泪说道："妾不幸身入深宫，受王后嫉妒，偏又生一子，忌恨愈深，势将有谋害我母子性命之事，乞王为妾与子做主。"夜间，褒姒与幽王颠鸾倒凤之后，乘兴对幽王娇滴滴枕边耳语："我王千秋之后，少不得太子继位为王，那时王后母子当权，妾与伯服死无葬身之地。"幽王难为情地说："我不是不想废王后、太子，立你为正宫，立伯服为太子，只是恐群臣不服，此事仍需从长计议。"

幽王暗暗心想，若想另立伯服为太子，必须先除掉太子宜臼。一天，宜臼正在花园里玩耍，幽王令人将笼子里的猛虎偷偷放出，打算让猛虎将宜臼咬死。突然猛虎窜上来，宜臼很有胆量，他迎着猛虎，冷不防大吼一声，吓得老虎吃了一惊，后退几步，大概是老虎被关已久，又吃饱喝足，便懒洋洋地伏在地上，宜臼乘机逃走。宜臼命不该绝，知是父亲所为，后来便同母亲躲避到外祖父申侯那里。

宜臼同母外逃，幽王也觉心静，不以为然，专宠褒姒为乐。但褒姒自进宫以来未曾展示过笑容，虽艳若桃李，但冷似冰霜。幽王心想褒姒若能一笑，定魅力无穷。于是他千方百计想博得美人展开笑容，可是终不能如愿，褒姒就是不笑。幽王心想："爱妃一定是因废立之事未定，心事太重，笑不起来。"便谋求废立之事。一日上朝，提起此事："王后嫉妒怨恨，咒诅于我，难为天下之母，当拘回问罪。"这时，正是小人谄媚之机，虢石父奏道："王后六宫之主，虽然有罪，不可拘问，如德不称位，传旨废除，另择贤德而立，母仪天下。"尹球接奏："臣闻褒姒有贞德，堪主正宫。"幽王又问："那太子怎么办？"虢石父奏道："臣闻：母以子贵，子以母贵，今太子避罪居申，不礼事君王，已失孝子之份，本当废除，另立伯服为太子。"废立有故，其他大臣不敢驳议，于是按议降旨。太史伯阳叹一口气喃喃自语："三纲已绝，周亡不远了。"即日告老辞职，一些较正义的人，也纷纷辞职归田了。

幽王心想，褒姒已立为后，这回该开笑颜了，回宫调戏一番仍然不笑。幽王问道："爱卿为何不笑？"褒姒答说："妾生来不好笑。"幽王笑嘻嘻地说："你不笑，我一定叫你一开笑口！"遂传令："不拘宫内外，有能使褒后一笑者，赏赐千金。"

虢石父闻知，认为这乃是发财邀宠的好机会，便挖空心思，猛然想出妙计，上殿向幽王奏道："先王过去因西戎势强，为防御京城，在骊山置墩火台多处，若有贼寇，放起狼烟，召诸侯发兵相救。今数年不用，我王若让王后启齿开颜，不妨同游骊山，夜举烽烟，诸侯援兵必到，那时王后必笑无疑。"幽王说："此计甚妙！"传令指日而行。

一日，偕同褒后并驾往骊山。至晚设宴骊宫，传令举烽火。

时郑伯友听说，非常吃惊，急忙赶来劝阻，说："墩台先王所设，为备缓急，取信于诸侯。今无敌举火，是戏弄诸侯。他日果有敌情，诸侯必不信矣，将何物征兵以救急呢？"幽王托词："烽火久不用，诸侯若来到，只一试而已，

有何不可？"不听郑伯友谏言，下令大举烽火。

只见大鼓雷鸣声中，烽火燃起，火光起处，烟气冲天。京城郊外远近诸侯，一见烽火，疑京中有变，如临大敌，披挂点兵，火速赶到骊山。到了骊山脚下，只听山上笙歌婉转，幽王同褒后在骊宫上饮酒作乐。幽王差人向诸侯谢说："有劳你们了，幸无外敌。只是一试，请回吧！"诸侯面面相觑，个个垂头丧气，只好卷旗而归。

褒姒在楼上，依栏西望，见到诸侯匆匆而来，将士满山遍野，接着又败兴而归，旷野一扫而空，此景此情，不禁牵动芳心，微微开怀一笑。那幽王在侧，早已聚精会神关注美人颜容，只见褒姒一笑，百媚俱生，不胜欢喜，便朗声说道："你终于笑了！此乃虢石父之功。"遂奖虢石父千金。

这就是周幽王烽火戏诸侯，千金买笑。幽王哪里想到已闯下大祸，那烽火台本是国防重要设备，如同后来的长城。此举失信于诸侯，自毁了长城。诸侯们受到诳骗，大为不满，怀愤而归。俗语说："假作真时真亦假，真作假时假亦真。"后来，申侯听说申后、太子被废，联络鄫侯，借犬戎之兵，向镐京发兵。幽王闻讯急令举骊山烽火，诸侯见了烽火，又以为幽王取笑而已，不加理睬。申、鄫与犬戎联军，兵强马壮，幽王守兵孤军不敌。虢石父领兵战死，幽王见势不妙，用小车载褒姒和伯服开后宫小门逃走，在郑伯护从下奔向骊山。郑伯再举烽火，烟透九霄，仍不见救兵到来。幽王心胆俱裂，同褒姒瘫作一团，战战兢兢，浑身发抖，往日国王盛气凌人的架势丢得干干净净。

犬戎兵追逐骊山脚下，郑伯被乱箭射死，幽王被犬戎主一刀砍死在车上，接着刀杀伯服，褒姒被犬戎抢走。

就这样，西周从公元前11世纪周武王建国，到公元前771年周幽王亡国，历经近300年。

八、引狼入室犬戎侵，勤王联军战镐京

周的北方和西北方，分布着大大小小的游牧部落。他们长于乘骑，流

镇京遗址

动性大。在殷商时代，他们就不断地向东南发展，其中以鬼方和猃狁部最为强大。文王时，曾于击破西戎后建国。武王灭商，定都镐京，接近戎狄。

犬戎盘踞凤翔以北山地，占有乘骑快速突击的优势。岐山之起伏山峦，之丘陵地带，渭河之水深流速，都限制不了戎骑驰突。镐京西北，周朝没有建立强有力的防御屏障，这就形成了犬戎以汧陇地区为基地，通过易于徒涉的渭河，作为侵入镐京的进军路线，向镐京进行突然袭击。

申后是周王朝一个诸侯国申侯的女儿，申侯见幽王废了申后和太子宜臼，自己也由侯爵降为伯爵，私人利益受到损害，决心设法夺回外甥的王位继承权。可他知道凭自己的实力做不到这一点，就把希望寄托在争取外力上。为此，他串通鄫侯，共同联合犬戎，企图通过犬戎入侵镐京，扶植宜臼上台。犬戎正等待有这样的机会，于是双方一拍即合，发动了对镐京的进攻。

幽王十一年（公元前771年），申侯、鄫侯联合犬戎兵大举入侵，矛头直指周统治中心镐京。镐京西北方向没有坚固的防御设施，王室直接统率的主力"西六师"也未进行力战，致使犬戎兵长驱直入，迅速抵达京郊地区，镐京被围。幽王坐拥愁城，只好把解围的希望寄托于众诸侯的勤王部队。按理说，如果各路勤王之师前来援救，镐京解围还是充满希望的，

可是周幽王当年"烽火戏诸侯"的恶作剧，此时显示出严重的后果。

等到镐京失陷，幽王被杀的消息传来，诸侯们才明白这一回举烽火已不再是游戏，于是就纷纷组织勤王之师。其中卫、晋、郑、秦诸国部队成为勤王联军中的主力，它们开到镐京城下，对犬戎兵发起反击。经过激烈残酷的战斗，勤王联军终于击败犬戎兵，将其驱逐出城，收复了饱受兵燹之祸的镐京。

周幽王死后，诸侯和申侯一起拥立以前被周幽王废掉的太子宜臼，即平王，以供奉周朝的祭祀。

周平王即位时，周朝都城镐京（今陕西长安西北）已残破不堪，戎人遍布王畿各地，周王朝常受其滋扰。因此，周平王元年（公元前770年），周平王在各诸侯的护卫下迁都到洛邑（今洛阳）。由于洛邑在镐京的东部所以历史上称为"平王东迁"。迁都后的周王朝便称为东周。

第三章 奴隶王朝的制度集成

一、丧失自由奴隶制，当牛做马为私产

西周社会中，奴隶制十分盛行。奴隶的来源，出于赏赐或买卖的常称为臣妾，来自罪人或战俘的常称为"隶"。

"臣妾"一词，周初已经存在。《尚书·费誓》鲁公誓辞中，将臣妾（男女奴隶）与马牛相提并论，均为特定主人的财产，逃跑了要捉住归还原主，加以隐藏或诱拐的要科以刑罚。约为康王时的复尊铭云"燕侯赏复冂衣、臣妾、贝"，也说明臣妾和财物一样为奴隶主所占有。

奴隶可在市场上买卖。《周礼·质人》说："掌成市之货贿、人民、牛马、兵器、珍异。"其中"人民"，注云："奴婢也。"在同书《大宰》中即称为"臣妾"。臣妾为私家所有，又可作为赔偿来转让。而自由人作为赔偿，则转化为臣妾，他们主要是从事家内劳动，但也不排除被主人驱使去从事生产劳动。

"隶"，据《周礼》有"罪隶"与"四

西周兽面纹铜方彝

翟之隶"两种。罪隶是由于男女本人被判罪，或者家人犯罪而从坐的，也称为"奴"。据《周礼·司厉》，罪隶中男的由罪隶之官管理，在各官府中服种种使役；女的则交给舂人、槁人之官，做舂米之类沉重劳动。四翟之隶据说有蛮、闽、夷、貉的分别，从事畜养牛马禽兽以及把守宫舍。这些奴隶都属于官府。

主要承担生产劳动的，是在田野耕耘的庶人。他们的身份表面虽与臣妾和隶不同，但如《诗·七月》所描述，过着贫困苦难的生活，终身为贵族所使役，地位几与奴隶无异。

二、天子大宗天下主，金字塔下分阶层

分封制和宗法制是西周社会的两大基石，两者相辅相成：分封借助宗法得以顺利实施，宗法则通过层层分封得以固定。宗法制度可上溯到原始社会末期的父系家庭公社以血缘关系为纽带的宗族组织系统。国家产生之后，奴隶主贵族将之改造为奴隶社会的上层建筑。商代末年宗法制基本形成，至西周时已趋完备，并与分封世袭制度相结合，成为西周一代的重要政治制度。西周的宗法制以嫡长子继承制和余子的分封制为核心，通过"大宗"和"小宗"的区分层层分封，最后形成"大邦维屏，大宗维翰，怀德维宁，宗子维城"的局面，以及天子、诸侯、卿大夫、士以至庶民、工、商的金字塔式的宗法社会。

1. 天子大宗，天下共主

按照宗法制的原则，西周的继承制是"立嫡以长不以贤，立子以贵不以长"，即立嫡夫人所生的长子，如果嫡夫人无嗣则立身份尊贵的夫人所生的儿子，这就是嫡长子继承制：嫡长子为大宗，其他旁系庶子为小宗。按照嫡长子继承制，周天子为天下大宗，由嫡长子继承，是姬姓贵族的最高族长，又是治理天下的共主，而其他诸子则为小宗，分封为诸侯。在诸侯国内，也要按照嫡长子世袭的原则，由嫡长子继承诸侯之位，其他诸子分封为卿大夫。相对而言，继承侯位的嫡长子是该诸侯国的大宗，而其他诸子则是小宗。在卿大夫的采邑内，继续执行嫡长子继承制，继承采邑的

太 庙

嫡长子为大宗，其他诸子成为士为小宗。至"士"这一阶层，嫡长子仍为"士"，其余诸子则为庶民。通过嫡长子继承制，从周王室到诸侯、卿大夫，形成"世卿世禄"的特权制度，他们是姬姓氏族中不同等级的大宗，而每一等级都是上一级的小宗。

在嫡长子继承制下，只有大宗才有祭祀宗庙的特权，所以宗庙都建在大宗的所在地。周天子是天下大宗，故天子祭祀的宗庙是最高一级的祭祀祖先的场所，称之为"太庙"。诸侯、卿大夫也在各自所在的地方设立祭祀始祖的宗庙，供奉牌位时，始祖放在中间，其后按照父在左为"昭"、子在右为"穆"的次序排列。在宗法制下，只有大宗才有主祭的权利，故在"国之大事，在祀与戎"的古代社会，只要掌握了祭祀大权就等于掌握了国家的军政大权。

2. 金字塔式的社会阶层

在宗法制度之下，大宗与小宗的关系，是"本根"与"枝叶"的关系，即为一种等级从属关系，小宗必须服从大宗，各级小宗也都要受到同级大宗的支配和约束。周天子为天下大宗，故西周天子所居的都城镐京被尊为"宗周"，而各级大宗都要受到同族子弟的尊崇，故被奉为"宗子"。宗子通过对祭祀大权的掌握强化大小宗之间的等级从属关系。与嫡长子

世袭制相适应，大宗永不迁祖，而小宗"五世则迁其宗"，即高祖以上的远祖神位要迁入祧庙，不再祭祀，大宗与小宗之间至五世之后就成为疏远的族属。

"周之宗盟，异姓为后"，即西周的宗法制同样适用于异姓诸侯。姬姓的贵族通过联姻的方式与异姓诸侯联系起来，故周天子称同姓诸侯为叔父、伯父，称异姓诸侯为叔舅、伯舅。

通过这种甥舅关系，周天子将异姓诸侯也纳入到宗法制的范围中来。

最初，宗法制的原则只在周天子和诸侯之间实行，随着分封制的发展，波及到中小贵族，以至士与庶民之间，在奴隶主贵族内部，形成了"王臣公，公臣大夫，大夫臣士"的等级名分制度。而这种等级之分又产生了"公、侯、伯、子、男"的五等爵位。西周墓葬中的列鼎数目：天子的墓葬为9鼎，卿大夫7鼎，下大夫5鼎，士则1—4鼎，也可反映这种等级制度。故在宗法、分封制度之下，西周成为"天有十日，人有十等"的等级社会。

植根于血缘关系的宗法制度，是西周贵族相互联系的黏合剂，周天子与诸侯之间关系的连接纽带，故宗法制对周代的社会秩序具有积极的稳固作用。而其宗法观念对后世的影响更为深远，成为几千年来中华民族维系与发展的核心纽带之一。

3. 中央制度

东周时期的诸侯国君称公、称侯，只有楚、吴、越称王，国君之下设诸卿，二卿、三卿或六卿，其中主持政务的称正卿或上卿，楚国称令尹，亦称相，秦又曾称庶长、不更。卿出征时为三军之将佐。卿之官职，有司徒、司马、司空、司寇等，分掌民事、军事、工事、法事。春秋初期，晋、楚等国开始在新兼并的地方设县，或聚若干小邑为县，或将私家之田分置县。而在边境地区则设郡。郡县之间没有隶属关系，其长官由国君直接任命，只有少数作为采邑赏给贵族。

东周自公元前770年周平王东迁洛邑到公元前256年被秦所灭为止，共传25王，前后经历了515年。东周实际上分为两个时期，以周平王元年（公元前770年）到周敬王四十四年（公元前476年）为春秋时期；因孔子改

春秋"杜"铜虎符

编的鲁史《春秋》而得名，其特点是天下权力重心由天子下移到诸侯；周元王元年到东周灭亡（公元前 256 年）35 年后的秦始皇元年（公元前 221 年）为战国时期。因西汉刘向所编《战国策》一书而得名，其特点是权力重心继续下移，由诸侯而卿大夫而士，布衣即平民阶层兴起。

春秋时期，是中国奴隶制的瓦解时期。而战国时期，是中国君主集权制的开始。

西周时期，周王保持着"天下宗主"的威权，可禁止诸侯国之间互相攻击或兼并。平王东迁以后，周王室的地位一落千丈，"天下共主"已徒具虚名，再没有控制诸侯的力量，由此历史也开始了一个列国纷争的大动荡、大分裂时期。同时，社会经济的迅速发展，一些被称为蛮夷戎狄的民族在中原文化的影响或民族融合的基础上很快赶了上来。中原各国也因社会经济条件不同，有的强大起来，有的衰落下去。于是，诸侯国互相兼并，大国间争夺霸主的局面出现了。诸侯林立的情况，严重束缚了经济文化的发展；各国的兼并与争霸促成了各个地区的统一。因此，东周时期的社会大动荡，为全国性的统一准备了条件。

三、大封诸侯霸四方，尾大不掉终成患

西周初期建立政权、巩固统治的重大措施，西周政治制度的基本形式是分土封侯。周王把国都附近的地区划为王畿，由王室直接统辖。王畿以

西周时期玉螳螂

外的广大地区分封给诸侯，各建邦国。诸侯主要有 3 种类型：周王的同姓亲属、功臣、古帝王后裔（实际是一些较强大的部落或方国首领）。诸侯对天子保持臣属关系，承担各种义务：镇守疆土、捍卫王室、交纳贡税、朝觐述职等。诸侯在封国内也实行分封制度，把大部分土地封给自己的卿大夫（主要为诸侯嫡长子之外的余子，也有部分异姓功臣），作为采邑。卿大夫又把所受采邑的土地分封给士，士直接统治人民。自诸侯至士，其职位、俸邑都由嫡长子继承。这样，周王、诸侯、卿大夫、士逐级形成一个宝塔式的统治体制。相传周初武王、成王、周公先后封置 71 国，主要封国有鲁、齐、燕、卫、宋、晋等。周初通过分封诸侯，巩固了周王朝对广大被征服地区的统治，并扩大了其影响和势力范围。

据《左传》记载，周公在平定三监之乱后，鉴于管叔、蔡叔的忤逆作乱而"封建亲戚以藩屏周"，开创了西周的分封制，而"封建亲戚"也就成为分封制的核心。

封土建国的封建制度实始于陶唐，虞夏之际，夏、商两朝亦有分封，但周代的分封与夏、商的分封有着显著的区别。周代的分封是建立在"亲亲"的原则之上，将宗亲贵戚按照血缘关系的远近而分封在离周朝王畿远近不同的地方上，这种分封以宗法制为保障，自上而下，层层分封：周王室的嫡长子继承王位为周天子，庶子分封出去为诸侯，诸侯的嫡长子继位为诸侯，庶子分封出去为大夫，大夫的嫡长子继位为大夫，庶子则分封出去为士。周朝的分封在融合了其特有的宗法精神之后，形成了一个完全不同于夏、商社会的"等级"社会。而夏、商两朝时期的分封不过是一种方国部落联盟的松散形式，并没有形成像周天子与诸侯那样严密的君臣关系。

周朝的这种分封制度在周公平定三监之乱后开始形成，经成康之际的大量分封得以确立，成为定制。在此之前，文王和武王也进行过分封，如武王克商之后，"追思先圣王，乃褒封神农之后于焦，黄帝之后于祝，帝尧之后于蓟，帝舜之后于陈，大禹之后于杞"，并封商纣王的儿子武庚于殷，以继殷祀。但是这些分封都不是周公之后真正意义的分封，仍属于传统的巩固部落联盟的分封。

据古书记载，西周分封的诸侯国很多，《吕氏春秋》说周天子分封的国家有400多个，臣服的方国部落有800之众。在这些封国之中，以周王室的宗亲为主，《荀子·儒效》说："周公兼制天下，立七十一国，姬姓独居五十三人。"而这些姬姓的贵族，又集中在文王、武王和周公的后裔当中。据《左传》记载，先后受封的管、蔡、郕、霍、鲁、卫、毛、聃、郜、雍、曹、滕、毕、原、酆、郇等国是文王的后裔；邗、晋、应、韩等国是武王的后裔；蒋、邢、茅、胙、祭等国是周公的后裔。这些封国多在今关中地区和黄河中下游经济发达的地区，属于周王朝统治的核心区域。此外，姬姓之国还有芮、息、随、贾、沈、密、郑、虢、滑、樊等国。在这些姬姓诸侯国当中，周公之子伯禽所建的鲁国，武王同母弟康叔封所建的卫国，召公奭之子克所建的北方大国燕国以及成王弟叔虞所建的唐（即后来的晋国），成为周宗室的主要屏障。

鲁国是周公之子伯禽所建的诸侯国，位于山东半岛。半岛南部的奄国，在三监之乱时参加东夷的叛乱，就是《尚书》大传所说的"三年践奄"的"奄"。武王克商之后，封周公于鲁。由于周公忙于辅佐成王，一直没有就封，直到东征结束之后，周公才派他的儿子伯禽代替他前往封国，成为鲁国的第一任国君。因鲁国尊奉周公为始祖，所以将鲁国位于文王后裔之列。

在伯禽就封前，周公曾告诫他要谨小慎微，千万不要因为自己身份尊贵而傲慢无礼。鉴于镇守东夷之地的重要性，鲁国初封时不仅受赐丰厚，还得到了不少特权。伯禽抵达封国之后，坐镇"商奄之民"，谨行周公教诲，

成为辅佐周室的重要封国。孔子之所以能从周礼，是因为周公所建的鲁国完好地保存了周的礼仪制度。《淮南子·齐俗训》也记载："昔太公望、周公旦受封而相见，太公问周公曰：'何以治鲁？'周公曰：'尊尊亲亲。'太公曰：'鲁从此弱矣！'"这些话未必真的出自周公、太公之口，但是由此可见鲁确实是尊奉周公制定的宗法制度，完好地保存了西周的礼仪制度。正因如此，孔子才能根据周的文献，删《诗》《书》，定《礼》《乐》，编著儒家经典。

卫国的始祖为武王的同母少弟叔封，因初封于周室王畿内的康国，故称康叔封。周公在平定三监之乱后，封康叔封于卫，都城在今河南淇县。由于地处殷人旧地，封赐仪式颇为隆重，由司空聃季授土，司徒陶叔授民，得到殷民七族以及车、旌旗、钟等玉器仪仗。在临行前，周公亲自向康叔封发布训诫，即为《尚书·康诰》。为了让年轻的康叔封谨记殷商亡国的教训，周公还特别作了一篇《酒诰》以告诫康叔封。在成王时期，康叔封还担任司寇一职，执掌刑罚大权。卫国在所有封国中封地最大，又地处中原，其地理位置十分重要，所以又执掌"成周八师"，成为当时屏藩周室的重要支柱。

燕国是西周北疆的一个大国，由召公奭的长子克所建。燕国的军事位置十分重要，此地不仅可以震慑曾为殷商与国的孤竹国的殷顽，还是沟通中原和辽海地区的枢纽。

西周青铜鬲

晋国是成王弟叔虞的封国。晋在今山西境内，历来是戎狄杂居的地方。武王死后，这里的唐国曾经参加叛乱，成王时封其弟叔虞于唐，以加强对唐的控制，叔虞之子燮父时改国号为晋。传说晋的建国始于成王的一次戏言，一天年幼的成王与叔虞一起玩耍，成王把一张桐叶剪成圭状，作为封土的宝玉赐给叔虞。

后来成王果然兑现儿时的戏言，把唐封给了叔虞，这就是有名的"桐叶封弟"传说。

除了姬姓之国，西周还分封有功大臣及臣服的与国。在这些异姓诸侯当中，姜姓的齐国、子姓的宋国、芈姓的楚国等都是有很大影响的国家。子姓的宋国是周公为了稳定殷遗民而立的，芈姓的楚国在文王时始封为子男，后来成为与周天子分庭抗礼的强国；姜姓的齐国则是周初所立的诸侯国中最显赫的异姓国。齐国毗邻鲁国，其地东至海滨，西至黄河，南至穆陵，北至无棣，是抗周势力蒲姑的旧地。武王克商之后封吕尚即姜太公于此，周公东征之后又命姜太公征服这里的"五侯九伯"，使之成为夹辅周室的重要力量。

分封制度终西周之世而存在，以周公、成王和康王时期最为集中，故至西周中期的宣王时期，在西周的版图上形成了姬姓诸侯与异姓诸侯交错并列的格局，如《国语》所说："当成周时，南有荆蛮、申、吕、应、邓、陈、蔡、随、唐；北有卫、燕、鲜虞、潞、洛、泉、徐蒲；西有虞、虢、晋、隗、霍、杨、魏、芮；东有齐、鲁、曹、宋、滕、薛、邹、莒，是非王之支子母弟甥舅也，则皆荆蛮戎狄之人也。"即姬姓国家以东、西两都为中心散布，似众星拱月般环绕在王畿四周，同时又与异姓诸侯以及地方土著居民相间，形成星罗棋布、犬牙交错之势。

周王室与诸侯之间通过分封与受封的形式形成主从关系。受封的诸侯对周天子承担捍卫王室、镇守疆土、定期朝觐纳贡以及奉命征伐等义务。除了周天子分封诸侯外，在诸侯内部，诸侯也可以将本封国内的土地和人民分封给卿大夫，卿大夫也可以继续分封给子弟和家臣。周通过分封，形成天子与诸侯的上下君臣关系，诸侯臣服于天子，而在诸侯内部又有自己的臣民和疆土，形成相对独立的地方政权。而这种分封制既有别于夏、商的部落联盟，又异于后来中央集权制兴起后的郡县制，是周在政治体制上的一种创举。

西周通过这种独特的分封建国制度，加强了周王朝对四方的控制力度，建立起一个幅员空前辽阔的奴隶制王朝，对各地区政治、经济、文化，尤

其是边远地区的开发起到了重要作用。但是，随着周王室的衰微和诸侯的强大，形成了尾大不掉之势，最终导致了春秋战国之际诸侯争霸、列国纷争的局面。

四、以德配天天命观，周礼制度定伦理

1. 周礼的制定

西周初年，实际掌握周朝大权的摄政周公姬旦制定了完整的周礼系统，成为西周及东周数百年间统治人民的另一种手段。它决定了人们的生活方式，起着调节社会矛盾、稳定社会秩序的作用。周礼的思想基础和核心是天命观。天命观的本质是德。德是人的行为，"以德配天"是天人交合的方式，与殷商民族求天、祭天、问天的一元决定论有了区别。周公把周人取代殷商成为统治民族归因于德，文王"明德慎罚"，德行敦厚，勤劳谨慎，具备了"德"，才得到上天和小民的认可，被赐予王权。这不但是周人王统的理论论证，也是周公对周王朝统治构成的规定。"以德配天"肯定了人的主观努力，把它作为天和上帝对人们的作用方式，从而形成了周礼中主动的伦理学。周礼之下的统治者同人民一样不能再像殷商民族那样依靠上天、列祖列宗的恩惠和启示生活，而要主动地靠有德的生活方式来取得上天的监督和赏罚。

由这种天、德二元基础出发，周礼形成了一系列伦理道德观念，它们成为周礼的精神和核心。在统治上，周公从"敬德"出发，阐发了"保民"和"慎罚"的主张，以之作为"德"。这一点不但是周统治的中心思想，经战国儒家张大后，也成为全部中国封建政权的根本规范。从"德"的各种含义引申出"君子"，这个合德的人的概念，把"有孝有德"作为"君子"的规范，以君子为"四方之则"。"孝"与"德"并行，"孝"是传统宗族宗法观念的伦理化，"追孝"是周人用礼器追念、祭祀先人的活动的总称，以祖先为核心的宗族观念发展为"孝"的伦理范畴。

2. 夏商周时代的交际礼仪

我国古代把居住在中原地区的主体民族称为华、夏、华夏或诸夏。华

夏族在中原建立的国家为夏朝。作为交际礼仪重要物质形态的饮酒，在夏朝时已十分盛行。有的文献很形象地描绘出他们痛饮的场面：醉了的人扶着没醉的人，没醉的人又急忙扶住喝醉的人，并且嘴里不停地嘟嘟哝哝地唱着歌，活现出酗酒成风的情景。"无酒不成礼仪"，社会生活中群饮多半为了交际，当然有相应礼仪，可惜缺少文字记载。婚恋是交际礼仪的重要部分，《吕氏春秋·音初篇》："禹行水，见涂山氏之女，禹未之遇而巡省南土，涂山氏之女命其妾候禹于涂山之阳，女乃作歌，歌曰：'候人兮猗！'实始作为南音。"涂山氏之女命其妾站在大禹必经之道旁，见大禹来了，便放开歌喉："等你呀！"以转达主人的爱慕之情，直接、热烈而率真，省却了繁文缛节，和今日西南少数民族青年男女婚恋对歌礼俗相去不远。

夏、商、周三代的民族，一当进入中原立国之后，都尊黄帝为自己的祖先。所以，华夏族交际礼仪共识于黄帝时代传承下来的礼仪核心，亦即统一于华夏交际礼仪。同时，也发展了交际礼仪文明。《礼记·礼器》："三代之礼一也，民共由之。"这里所谓礼，虽然主要指统治阶级的典章制度，也包含交际礼俗。"一也"即一脉相承之意。《论语·为政》："殷因于夏礼，所损益可知也；周因于殷礼，所损益可知也。"孔子在强调"因于"，即继承关系的同时，又指出有所"损益"即变化发展。其实，每一个民族的交

西周青铜礼器

际礼仪，都以本民族固有的为基础，在发展过程中不断吸收其他民族的文化。夏、商、周交际礼仪的发展，是黄帝到尧、舜、禹时代，以长期融合而成的华夏交际礼仪为基础，同时也不排除商人吸收东方的东夷文化和东北的燕文化；周人吸收西北的戎、狄文化，以至南方的苗蛮文化等等。吸收和融合的结果，使华夏交际礼仪日臻严密，且有广泛的适应性。

以宴饮为例。西周时期，实行礼治，宴饮受政治制度的影响，成为庆典活动和交往的礼仪形式。为了适应这种礼仪性质，对宾、主在宴会中的行为、使用的食品、食品的陈放形式、音乐、环境布置等均开始有了一系列的烦琐的规定。如规定了宾、主应酬中酒的数量和饮酒的秩序及许多礼貌；规定酒具、饭食、荤肉、素菜摆放的位置和组合的形式；规定了选贤任能的"乡饮酒礼"歌《诗经·鹿鸣》等按宴会主题选择歌曲的原则；规定了宴会的席位座次。

又以文字为例。作为书面语言，其创造仍然为的是适应交际需要，也必然反映并扩大、推动交际礼仪发展。汉字兼有象形表意的综合功能，其间有一部分至少是比较原始、客观地记载了夏、商、周交际礼仪习俗。例如宾、客，甲骨文里的宾，上面像屋形，下面从人从止，意思是客人来到屋下，即宾客到门，本义是客人、贵客。《仪礼·士冠礼》："主人再拜，宾答礼。"指以宾客之礼相待。客，比甲骨文稍晚的铜器铭文里有此字，上部像屋子，下部"各"是到的意思，即从外面而至，亦即有人自外而入，即所谓拜访。由此可知，在阶级社会初期，人际交往的频繁，华夏民族好客的古风。又如"契"字，上部的"丨"像木棍，"三"是刻成的印记，"丰"像一条木棍上刻成印记，这就是古时的契据。"刀"是刻的工具，"大"是大小的大，即大家必须公正、自觉遵守，任何一处不得私自随意在棍上刻画。说得直白些，如甲向乙借了三把石斧，则在木棍上刻三条横道，将木棍对着刻痕剖分为二，各执其一，甲奉还时，拿出自己所执一半契与乙验合，以证借、还数量不差。所以，春秋战国时代有人捡到判契，高兴得发狂，以为天外飞来横财。此相当于现在的借贷交际礼仪。直到今天，大宗买卖双方立约据时，其末尾必写上："恐此后口说无凭，立此契据是实。"

如果说夏以前的交际礼仪尚有史前传说之嫌，那么被公认为信史的夏、商、周三代，特别是典籍上所载商、周礼仪，有大量的出土文物佐证，则不容置疑。这三个朝代所处的阶级社会，整个礼仪的思想基础都建立在对上帝、鬼神、天命的迷信上，从出土的卜骨、礼器和殉葬品以及传世的文献资料来看，足见其"国之大事，在祀与戎"。而在诸多频繁的祭祀中又有等级身份的区别，于是交际礼仪的内容和形式，在尧、舜时代一脉相传的基础上，更加突出了君臣、父子、兄弟、亲疏、尊卑、贵贱等关系，而且形成传统，一直延续下来。

值得注意的是，中国文化史上第一部系统记载礼的书《周礼》已在周初出现，此即为后世传颂的"周公制礼"。《礼记·明堂位》称："武王崩，成王幼弱，周公践天子之位，以治天下。六年，朝诸侯于明堂，制礼作乐，颁度量，而天下大服。七年，致政于成王。"通常认为传世的《周礼》和《仪礼》就是周公的遗典，并与其释文《礼记》同为后儒的经书，总称"三礼"。虽然尚有争论，但《仪礼》是先秦时代部分礼制的汇编，因为其间有从礼俗采来，故包容交际礼俗，看来是不应怀疑的。因为《仪礼》所讲为士所习的礼节，汉人称为《士礼》或《礼经》；又因其所讲为具体仪节，不是礼的意义，晋人改称为《仪礼》。以上情况说明，《周礼》和《仪礼》未必全出自周公之手，史传的周公制礼，可能颁布了一套维护奴隶主统治的典章制度，即礼制，构成了《周礼》的原始形态。这套由周公奠定的典章制度，不仅从文字上确立了礼制的历史，而且还从概念上承认了包括交际礼仪在内的礼俗的历史，对后世的交际礼仪影响颇大。

自周代开始，礼正式两向分流，礼仪制度成为国礼，而交际礼仪所在的礼俗就逐渐成为家礼。特别在春秋战国时代，这种分化尤为明显。《管子·牧民》中有"人礼"和"小礼"之说，注释为："礼之大者在国家章典制度，其小者在平民日用居处行习之间。"另一方面，礼制的制订又常从庶民中吸收一些礼仪习俗，即所谓"礼失而求诸野"。故《礼记》有"礼从俗，事从宜"的说法。正因为这样，在《周礼》（大礼）中仍保存着部分交际礼仪习俗（小礼），且至今还在民间世俗中起作用。如关于说话、坐、立、行、出，在老者面前，在父辈友人面前，等等，均有详细礼仪。比如《礼记》开篇的《曲礼上》云："《曲礼》曰：毋不敬，俨若思，安定辞，安民哉！"翻译过来：《曲礼》说：不要不谨慎，态度庄重像有所思虑，说话要安详确定。这样才能使人幸福啊！这是当时关于交际的说话礼仪。

五、统治机构趋完善，六官之制分权利

周王室在推行分封制和宗法制的同时，也建立了一套比夏、商两代更为完善，对后世影响深远的统治机构。成书于战国的《周礼》系统地记述了西周的这种统治机构，它说周有六官之制，即"天官冢宰""地官司徒""春官宗伯""夏官司马""秋官司寇""冬官司空"，可见周朝的官职整齐而严密。但是，《周礼》在编辑之时经过了儒家的改造，加进了大量的理想化和系统化成分，只能作为代表儒家思想的著作，所以关于西周一代政权机构的详情已难考查，仅可从《诗经》《尚书》等先秦资料以及铜器铭文的记载中略知一二。

召公奭

在西周初期的政治机构中，周天子下面重要的辅弼之官为太师和太保，故有"召公为保，周公为师"的说法。"师氏"与"保氏"的性质相同，只不过一个主内，一个主外，故太师和太保作为西周初期中央政权的首脑，掌握着朝廷和军政大权，并成为保育和监护年少君主的长者。

召公名奭，其采邑在召，后封于燕，由于辅佐成王未能就国，遂让其长子姬克就

封，其次子一支则留在周室世代继承召公的职位。在周初的铜器中有不少"公大保"的铭文，可以佐证召公曾担任太保，并被尊称为"公大保"。在召公担任太保期间，曾奉命率兵出征，后来康王的即位大典，也由召公布置。

周公名旦，其采邑在周，武王克商之后封之于鲁，但因战事频繁一直未能就国，故在平定殷顽之后，让其子伯禽就封，次子一支相周，世代袭为周公。周公是武王的弟弟，成王的叔父，原为太宰，辅佐武王伐纣。武王死后，成王年幼，周公摄政称王7年，至东征胜利，营建成周之后还政成王。成王命周公留守成周，主持东都事务。

姜尚，姜姓，名望，因官至太师，又称尚父，又因被尊为齐国的始祖而称太公，民间则称其为姜子牙或姜太公。太公在武王时统率大军相武王伐纣，武王死后，与召公、周公一起作为辅政大臣辅佐成王。

"三公"是后起的称谓，在西周之时不是官职而是对周公、召公和太公的尊称。其中，召公居太保之职，而周公与太公都居太师之位。所以说太师和太保为周初的最高官职，而非"三公"。

根据西周金文资料，西周的中央政权可以分为卿事寮和太史寮两大官署。

金文的"卿事"即为文献的"卿士"，周将执政大臣称为卿事或卿士，是卿事寮长官的简称，主要执掌军政大事。前文所述的"三公"即属于卿事寮，西周初期为太师和太保，而到了后期则为太师，他们是卿事寮的最高级官员。

按《周礼》所说，自"天子立三公"之后，又有"冢宰、司徒、宗伯、司马、司寇、司空"等为"六卿之属"。虽然《周礼》为后儒所编，但据史料及金文记载，周的卿事寮与《周礼》六卿大体相同，司徒、司马、司空确为西周的重要大臣，其位仅次于称"公"的太师或卿士。司徒又称司土，管理农田耕作及劳役征发；司空也称司工，负责管理百工职事和工程建设；司马则管理军赋征收及军旅事宜。司徒、司空、司马并称为"三司"，其管理的事务又被称为"三事"。除"三司"之外，诸尹、里君和百工也属于卿事寮系统，但职事不如"三司"重要。

与卿事寮相对的是太史寮。《诗经·小雅·节南山》说：尹氏和太师是周王室的砥柱，执掌着国家大权。这里的"尹氏"，就是内史尹或作册尹，是太史寮的长官，与卿事寮的长官太师一起执掌国政。太史寮的出现是周王权加强的结果，在西周初年就有很多史官活跃在政治舞台之上，在《周礼》中，"史"也是数量最多的官职之一，他们是周王的近臣，主要负责起草和宣布册命，传达周王的命令，整理和保存文化典籍并主持典礼和仪式等。在西周的中后期，史的地位上升，太史寮的长官太史的地位仅次于太保和太师。史官除了记录天子言行之外，还可以规谏周王的缺失，如商旧臣辛甲归周之后成为太史，行使"命百官、官箴王阙"的职责。

在周的卿事寮和太史寮之外，还有一个位列太保、太师和太史的"太宗"一职。太宗也称"宗伯"，是管理宗族内部事务的最高长官。

根据职位高低和职权轻重的不同，西周建立了相应的官爵制度。据文献考证，西周的官爵至少有公、卿两级。公一级的在西周早期为太保、太师，在后期则为太师、太史。而执掌军政大权的太师或卿事一职往往由两人担当，称为"二卿事"，如周初成王时周公旦和太公望同为太师，厉王时虢公长父和荣夷公同为执政大卿事，幽王时则有虢公鼓和祭公敦共秉国政，直到春秋时仍沿用这种左右二卿事执政的制度。卿一级的，在早期为司徒、司马、司空、司寇、大宰、公族六卿，到了中后期司寇职位下降，剩下5位大臣。至于中下级官吏的爵位，还有待继续考证。

随着分封制和宗法制的实施，周贵族阶级中的权利分配日益明朗化和固定化，因而到了西周中期以后，出现了如虢季氏世代为师、微氏世代为史的官职世袭情况。周天子对每一位世袭的官职要进行重新册命，在重新册命之时，可以对职位进行变更和调整。周王的这些册命之文在周的彝铭中有不少记载，足证在西周中后期已逐渐形成官爵世袭制度。在周王室外的诸侯国内，也仿造王室建立相应的官职，而且诸侯还可以兼任王室的官职，周天子也可以任命、调度诸侯国内的官员。

六、兵役征发分等级，外交礼制看"交聘"

1. 等级兵役制度

西周兵役征发的原则是：周天子和诸侯的虎贲（亲兵）从王族或公族中征集，属于贵族子弟兵；车兵称为"甲士"，从最低等级贵族"士"和"国人"平民（居住在"国"中的自由民）中征集；徒兵（步兵）从庶人（居住在"野"中的自由民和农业奴隶）中征集。

西周时期的军队以战车为基本单位，作战主力是"甲士"即车兵，主要由"士"和"国人"担任，每一战车又配备徒兵 10 人，主要从庶人即"野人"中征调。主要服军事差役。至于庶人，只有在特殊情况下才服兵役，"凡出军之法，先六乡，赋不止，次出六遂"。

西周还实行两级兵役制："正卒"和"羡卒"。"正卒"就是准备服现役的人员，"羡卒"是准备在"国有大敌"时参军的人，即预备役人员。服兵役的年龄为 20 岁至 60 岁。一般的"徒役"，一家只出一人，而当军事训练，即畋猎或追捕盗贼时，则是羡卒、正卒全部出动。春秋时期的兵役是民兵制度，"正卒"是从服兵役者的战士身份来说的。

军官中的军士（基层军事长官）是从"士"（等级最低的贵族）中选拔的。军官是从奴隶主贵族中的卿大夫等级中选拔的。

2. 周朝的外交礼制

周朝外交有两层含义：一是周王室与华夏诸侯的交往，二是以周为主的宗藩体系与"九夷""八蛮""六戎""五狄"等少数民族政权的和平交往。

周公摄政时，在明堂之位接见

西周武士复原图

天下国君。按周"外服"之礼——即诸侯与方国的事周之礼。

西周外交礼制是一套极繁、极细的程序。西周外交是政治生活的一个重要部分。只要礼制不乱，诸侯敬周，诸方不乱华，就能保证天下太平，各国相安无事。这种礼制是维护当时中国大地上各种政权能相对和平共存数百年的原则保证。《墨子·节用中》说："古者尧治天下，南抚交趾，北降幽都，东西至日所出入，莫不宾服。"尧的时代未必能宾服四境至如此之远，但周朝礼制的适应范围正好如墨子所言。

周礼"礼乐刑政"体系的第二大内容是乐。礼必有乐相配合，"声音之道，与政通矣"。乐在周朝，已是上层建筑中相当重要的一部分，对内可使"暴民不作"；对外，可使"诸侯宾服"。《周礼·春官》记春官下有"鞮鞻"一职，掌四夷之乐。由于周乐乐谱的失传，无法考证在外交场合使用的乐律。但可以断定，能"宾服诸侯"的音乐，必有其丰富的内容，应包括显示周朝威严的国曲和按等级分别对待的迎宾曲，因为礼与乐是一致的。

周王以下的中央官吏，有三事、六太、三司，负责对外事务的是六太中的太宰和太宗。据《周礼·春官·宗伯》称："太宗伯之职，掌建邦之天神、人鬼、地祇之礼。"包括宾礼，具体说就是安排周王外见，以亲邦国。周天子常派遣特使到诸侯国，如《左传》记："天王使宰咺来归惠公、仲子之赗。"方国的首领或使节，都是按森严的礼乐制度进行朝见的，繁而不乱，井然有序。周秋官司寇（刑法官）下属"大行人"一官，掌宾客礼仪，还设有"候人"一职，具体负责迎送宾客，又设"舌人"，掌翻译。奉命出使的，称"行人""行李"。负责遣召使节的官员，叫"象胥"。《周礼·秋官·象胥》说："象胥掌蛮夷闽貉戎狄之国使。"

西周王朝是中国历史上奴隶社会"三代"中最繁盛的一代。周王是天下共主，有至高无上的尊严和权威，周王巡访诸侯和境外"方"国时，有严格的仪仗制度，以显示"天子"气派，《周礼·春官·秋官》还不厌其烦地介绍了负责周王仪仗事务的官员如趋马、巾车等等。

春秋时期，国与国交往频繁，外事工作为适应时代的发展，开始制度化了。根据《周礼》规定："凡邦国之使节，山国用虎节，土国用人节，泽国用龙节；皆金也，以英荡辅之。"春秋各国都是华夏文化下的分裂政权，遴选派外使节要求很高。首先"事君之节，生为尽义"，即忠于国君；其次，使节外貌必须是仪表堂堂，晏子生相不扬，又丑又矮，遭到楚王嘲笑；更重要的是博学多才，忠于君王，随机应变，"不辱君命"。晏子因其长相受到楚王讥讽，但他摇唇鼓舌，反而把楚王说得面红耳赤，使楚王不得不重视齐国的关系。作为特使，还有一个基本条件，就是精通《诗》文。《诗》又称《诗经》，收集了西周初年到春秋中叶的诗歌305篇，含有丰富的百科知识。使节会诗，既可随机应变，又反映本国的文明程度，故有"达乎诗而使"之规定。

战国初期，各国都进行了政治和经济改革，外交体制上也都发生了变化。各国协助国王综理全国行政事务的，除楚沿用"令尹"这一名称外，都称丞相。《吕氏春秋》说："相也者，百官之长也。"丞相的职权范围似乎很大，总百僚之任，内政、外交、军事、文化无不综理。但在天下大乱，外事繁多的战国时代，丞相最忙的是外交事务。因此各国任用的丞相大都是著名的外交家。如张仪、苏秦、范雎、甘罗、公孙衍、蔡泽、吕不韦、蔺相如等。

3. 外交"交聘"制度

"交聘"是具有周代特色的早期外交形态，从中国古代外交史观之，这是汉代外交的前驱，也是汉代以后中国古代外交制度渊源所在。

周代将诸侯与天子之间以及诸侯之间的交往、访问称为"聘"。许慎说："聘，访也。"《尔雅·释言》："聘，问也。"邢昺释曰："问，谓存省之。"可见"聘"就是相互访问、存省的意思。那么当时具体的制度如何呢？《礼记·王制》说："诸侯之于天子也，比年一小聘，三年一大聘，五年一朝。"而《周礼·秋官司寇·大行人》则谓："凡诸侯之邦交，岁相问也，殷相聘也，世相朝也。"由此可见"聘"有两个层级，一是指诸侯对天子之"聘"，二是指诸侯之间相"聘"。

《礼记·王制》所说的是诸侯对天子之"聘"，每年一"聘"为"小聘"，

西周青铜兵器

三年一"聘"为"大聘"，五年则一"朝"。此三者之间的区别在哪里呢？郑玄说："小聘使大夫，大聘使卿，朝则君自行。"诸侯使大夫出使于天子为"小聘"，使卿出使于天子为"大聘"，诸侯亲自拜见天子为"朝"。可知"小聘""大聘"与"朝"不仅有时间间隔长短的区别，还有"聘"使等级和礼仪隆杀的区分。

第四章 周朝的社会经济与科技文化

一、农业生产井田制，商贾百工属官府

1. 农业生产

周人从其始祖时起便非常重视农业，整个西周时期，农业是最重要的生产部门。

这一时期的农业工具，据考古所见，仍多为木、石、蚌、骨所造。青铜工具也有在农业中使用的，如《诗·臣工》所说："庤乃钱镈，奄观铚艾。"钱是铲，用来掘土，镈是锄，用来锄草；铚是短镰，用以收获。陕西临潼零口一处西周窖藏中，一次出土铜铲四件，可见青铜工具不是太罕见。

农作物种类较商朝有所增加。《诗·七月》："九月筑场圃，十月纳禾稼，黍稷重穋，禾麻菽麦。"反映了作物的多样性。《周礼·大宰》有"九谷"，注家认为指黍、稷、秫、稻、麻、大豆、小豆、大麦、小麦，可知古代主要作物在周代业已出现。同书《稻人》等职，对种植技术还有较详细的记述。

《诗·采芑》和《臣工》两篇有菑、新、畲的名称，分别指垦种一年、二年、三年的田。《周礼·大司徒》有类似记载，把较薄的田休闲一二年再行种植。这种休耕制，对促进农业生产有一定作用。

2. 井田制

西周的井田制是在分封和宗法的过程中形成的，与分封制和宗法制密

不可分："普天之下，莫非王土，率土之滨，莫非王臣。"即周天子是西周土地及权利的最高所有者，他通过分封，把西周的土地在统治贵族的宗族范围内实行层层封赐，最后形成多层次宗族贵族占有的土地所有制。西周的井田制源于原始社会末期的氏族公社土地公有制，但又不等同于这种土地所有制，与战国以后的国家授田制也有区别，是介于二者之间的独特的土地所有制度。这种土地制度行于西周之世，直到战国商鞅变法时才有所改变。至秦得天下后，"用商鞅之法，改帝王之制，除井田，民得卖买"，井田制在经历500年之后退出了历史舞台。

对于井田制，先秦的许多文献都有所提及，如《国语·鲁语下》曾记述孔子论古时征军赋情况时谈到，古代以"井"作为田地及军赋的计量单位；《国语·郑语》也说："故王者居九畡之田，收经入以食兆民"，即周王对百姓征收"什一"之税。《孟子·滕文公上》中则描述了井田制下"方里而井，井九百亩，其中为公田，八家皆私"的划分方法，"公事毕，然后敢治私田"的耕作秩序以及"野九一而助，国中什一使自赋"的田赋原则。但是按照孟子所描述的"方里而井"的井田区划，从后世田地的区划情况来看，这种繁复的区划方式是不可能形成的，所以很多学者认为"井田"只不过是存在于孟子的"乌托邦"中。然而后世的考古发现为西周的井田制提供了有力证据。1980年，在四川青川县发掘了一批战国墓葬，其中一个墓葬出

西周铜铲铜斧

土了一件反映秦武王二年，丞相甘茂前往蜀地平定叛乱后更改田律情况的木牍。这一发现不仅佐证了西周井田制的存在，还证明了孟子关于井田制的说明符合西周的田制情况。

至于井田的具体划分办法，《周礼·大司徒》载：先按照所封之国都城的大小而制定都城的疆界；沟封之后，再按照土质的好坏划分土地的数量。在搭配好份地之后，还要定期进行重新分配。

通过分封制，"普天之下"的土地可以分为3个部分：一是属于周王室直接管辖的籍田；二是分封给诸侯建国的土地，这些土地可经过诸侯再次分封给各级宗族贵族；三是周天子直接赏赐给王朝卿士或有特殊身份的中、小贵族，成为其领地。

西周的社会基层单位为邑、里或社。《周礼·小司徒》说：1邑有4井，共36户人家。邑也称里，由于在邑、里中都有"社神"，故邑、里又被称为"社"。西周时期，封赐贵族都以邑、里为计算单位，一个贵族往往拥有数十至数百邑人口，而邑、里的成员是耕作的庶民。西周庞大的上层建筑就是建立在以邑、里为单位的井田制的剥削之上。

西周的井田制与夏、商时代的氏族田制一样，也分为"公田"和"私田"，其耕作方式如孟子所说的"公事毕，然后敢治私田"。

西周的井田制在"方里而井"的区划之后，形成了与夏、商不一样的赋税制度。周人是"百亩而彻"，与"殷人七十而助"有很大不同：殷商的农民完全为奴隶主服劳役；而西周的农夫则是为贵族服劳役并缴纳稷禾、秉刍、缶米等实物，故周人的"彻"是"贡"与"助"的结合，实行劳役地租与实物地租的并行制度。其征收的赋税大概是总收入的1/10，即什一之税。

在井田制下，各级奴隶主由天子那里分得土地和依附农民。但他们只有土地占有权，没有所有权；只有使用权，没有买卖权。《礼记·王制》所说的"田里不鬻"即此意。因此，西周的井田制与分封制和宗法制紧密相连，适应了当时的生产力状况，在一定程度上推动了西周社会生产力的发展。

3. 土地转让

西周中期以下的金文，出现有土地转让的事例，有的是交易或互换，有的是赔偿。前者如卫盉所记：矩伯以田为代价，从裘卫那里两次交换礼玉和皮币，交换以贝朋为价值尺度，田价分别为八朋一田和六朋多一田；或如五祀卫鼎所载，裘卫以五田换取邦君厉的四田。所谓"田"，均指百亩的一夫之田。后者如散氏盘所述，矢王因为攻击了散氏，被迫割让一部分土地给散。

为了取得土地转让的法律效力，交易者有时要向执政大臣报告，如裘卫的两次交易，都得到大臣们的允可；有时采取析券的形式；有时采取立誓的形式。土地转让时必须由双方人员到场。丈量有关土地，称为"履"。确定了的地界，用封树的方法作出表识，加以记录，有时还要绘成地图。转让的契券，双方分别保存，并将副本上交官府收藏，以备查考。这种土地转让，尚未具备完全自由买卖的性质，但可视为后世买卖的滥觞。

4. 工商业

在国中居住的，还有百工和商贾。当时的百工多在司空所属的官府手工业中工作，商贾也从属于官府。百工身份卑微，在西周金文中往往与臣妾奴隶并列。商贾地位则较百工为高，但其交易受到官府的严格控制。据金文兮甲盘淮夷与周的诸侯百姓贸易，都必须到指定的市场进行，要遵守官吏的管理，否则即属非法。至于周人内部的交易，据《周礼》，有特设的市场，货贿、人民、牛马、兵器、珍异都在市上交易；商贾有自己的组织，受管理市场的官吏控制，这些都可

西周玉贝

和兮甲盘等金文相参照。

二、天文历法与地理，蚕桑冶炼稳发展

1. 自然科学知识

自然科学知识在西周时期有不少增长。比如在天文历法方面，《诗经》若干章里出现有星宿名称，而且以其在天空的位置来确定季节和农作。传统的二十八宿体系，很可能在这时已经构成。周人非常注意月相，称月的有光部分为霸（魄）。周人记年月日常提到"初吉"（另

宜侯夨簋

有"既吉"）、"既生霸""既望""既死霸"，与商朝不同。有学者认为这是依月相把一月分划作四个段落。《诗·十月之交》还详记了周幽王六年（公元前 776 年）的一次日食的月日干支，并涉及其前个月的一次月食。

地理知识也有发展。如《尚书·洛诰》记载成王时建洛邑曾绘有地图；康王时宜侯夨簋金文提到王观看"武王、成王伐商图"和"东国图"，可知不仅有一般地图，还有军事历史地图存在。

《诗经》有许多草木虫鱼名称，分类繁细，表明人们对动植物的认识渐趋进步。

2. 周历

周代历法与夏历、殷历的主要区别在于它以冬至所在建子之月（夏历十一月）为岁首。从西周铭文和典籍看，当时已把 1 个月分为初吉、既生霸、既望、既死霸 4 个等分。这实为今日通行的星期的原形，但不久即废，未流传下来。另据文献记载，周人已使用土圭之法测量日影，以确定四时变化和地理的远近。所谓土圭，就是在地面竖立一根垂直的表，与表相连成直角的座子称为圭。土圭之法就是利用正午的太阳照射在表上，观察表在圭上投影的长短，以确定四时的变化。当太阳走到最北而

位置最高时，日影最短，这时叫夏至；当太阳走到最南，距地平面最低时，日影最长，这时就是冬至。从日影长短的变化周期中，测定一年的长度。土圭是我国最早的测天仪表。在长期观测的基础上，周人创立二十八宿，以确定天体的位置和日月五星在天空中的运行。所谓二十八宿，就是在黄道带与赤道带西侧，选取二十八组恒星作为观测的标志，每一宿由若干颗恒星组成，并以地上的事物去命名。二十八宿是古人测天的基础，通过观察太阳在二十八宿中位置的变化可以推定一年季节的变化，还可制定更精确的历法。

3. 蚕桑丝织

《诗经》不少篇描述了西周蚕桑生产的情况。当时丝织品在考古工作中已有发现，并证明《周礼》及金文所谓黹即刺绣的存在。陕西宝鸡茹家庄的西周中期墓葬发现丝织品上有刺绣，带有鲜明的红、黄颜色，据研究，色彩系用朱砂、石黄涂画而成。

三、礼器铭文成双绝，青铜冶铸最高峰

1. 青铜礼器

西周是中国奴隶制度继续发展的时期，促进了青铜制造业的进一步发展。青铜礼器种类增多，按照周礼的要求，青铜礼器有严格的组合制度。如钟、鼎、鬲、壶、豆、盘等礼器都要按照规定数目配套使用。基于这样的历史缘故，所以发现的西周墓葬和窖藏的青铜器大多是成组和成群出土，如陕西扶风县庄白村西周青铜器窖藏中一次便出土了103件器物。西周时期的青铜器大部分铸有铭文，少则几字、几十字，多则几百字。铭文内容简明扼要地记述了当时的

西周青铜器铭文瓶

奴隶买卖、战争、赏赐、祭祀和法律诉讼等情况，是研究西周历史的珍贵实物资料。

2. 青铜器铭文

青铜铭文的产生、发展与文字和青铜铸造技术息息相关。故中国文字虽早在二里头文化时期已经产生，但由于青铜器铸造技术还处在原始时期，尚未发现有铭文出现。在属于商代早期的二里岗文化时期，有个别青铜器有铭文，此为迄今发现的最早铭文。盘庚迁殷之后，随着青铜器铸造技术的不断发展和甲骨卜辞书契的迅速进步，铜器铭文的铸造也逐渐兴盛起来。但直到殷末，商代的青铜器所铸的铭文字数不多，且内容简单，主要用于标识器物的主人，一般都铸在器物的不显著部位，如爵、斝的鋬阴，尊、觚的外底，鼎、鬲的内壁以及簋、卣的腹底等隐蔽之处。

到了西周初年，随着分封建国的需要，作为礼器的青铜器得以大量铸造，如《礼记·祭统》所说："夫鼎有铭，铭者，自名也。自名以称扬先祖之美，而明著之后世者也"，青铜器大多铸以长篇铭文，用来颂扬祖德，刻记功烈或记述周王锡命，传遗子孙。这些长篇铭文，书有定格，布局讲究，记述了大量史事。平王东迁以后，周室衰微，霸权迭兴，随着诸侯势力的增强，诸侯国各自为政，青铜铭文也出现了随意性，多为婚姻联谊、夸耀祖先的内容。战国以后，随着奴隶制的瓦解和铁器的出现以及简册书帛的通行，青铜器铭文也随之衰落。

西周是青铜文明的鼎盛时期，也是铜器铭文大发展的时期。该期的铭文青铜器数量众多，内容丰富，且铭文较长，像《何尊铭》《大盂鼎铭》那样记述贵族接受周王的训诰和册命典礼的长篇巨著屡见不鲜。这些大量的铭文记载了诸如历代君王祭典训诰、宴飨田猎、征伐方国、赏赐册命、奴隶买卖、土地转让、刑法诉讼、盟誓契约、家史婚媾等事迹，反映了当时社会政治、军事、经济以及法制、礼仪等诸多方面的资料。晚清时期的学者大家如阮元、龚自珍等都曾谈及金文资料的重要性。龚自珍在《说彝器》中说："凡古文，可以补许慎书之阙；其韵可以补《雅》《颂》之隙；其礼，可以补逸礼；其官位可以补《世本》之隙；其言，可以补七十子大义之隙"，说的就是铜器铭文对经学的补遗作用。近代著名学者郭沫若在《两周金文辞大系考释》初序中也说："传世两周彝器，其有铭者已在三四千具以上。铭辞之长，有几及五百字者，说者每谓足抵《尚书》一篇，然其史料价值殆有过之而无不及"，直接指出了铜器铭文的史料价值——可以印证古史，补充史书缺佚。它与甲骨文一样是研究商周社会不可或缺的重要史料。

3. 青铜器上的祭祀活动

"国之大事，在祀与戎"，祭祀在上古社会居于首要地位，尤其是西周初年，随着分封制和宗法制的确立，祭祀成为各级贵族在宗法制下维系自己特权的重要手段，成为奴隶主贵族的重要活动，故铜器铭文中反映最多的内容即为祭祀。

在《两周金文辞大系》所收录的167篇铭文中，有85篇即超过半数的铭文涉及到祭祀内容。朕簋，又名为天亡簋或大丰簋，是西周初期武王时的标准铜器之一。其上所刻铭文详细记述了武王伐纣之后大会诸侯并举行盛大祭祀典礼的内容，其辞为："乙亥，王又大丰，王凡三方。王祀于天室，

谏簋铭文

降，天亡又王。衣祀于王丕显考文王，事喜上帝……"这里的"王祀于天室"即为在天室或称为"辟雍"的大庙举行的祭天的典礼，"衣祀"即"殷祀"，上古"衣""殷"音近通用。"衣祀"原本是殷商祭祀祖先的大合祭，西周之时则成为群臣大会后共同参与的大献祭，旨在团结方国诸侯。在周人的观念里，天是至上一元神，拥有最高的神意，周王是天之子，是上帝在人间的代表，所以祭天是周人的最高祭祀，为天子专享的权力。在祭天时，往往配以先王，如大盂鼎铭文所说："丕显文王受天

有大令（命），在武王嗣文作邦；……故天翼灵子，法保先王"，即以文王与天同祭。在西周时期，祭天时常以文王和武王配天同祭。

除了祭天之外，铜器铭文还反映其他的祭祀情况。《作册令方彝铭》记述了周昭王任命周公子明保担任王室的重要职务，管理三事四方，授卿事寮。由于是重要事情，所以周公子明保在接受命令后，一方面发布政令，另一方面到宗庙举行祭礼。先到周公宫祭告先祖周公，然后到京宫以及康宫祭告先王，典礼十分隆重。《作册麦方尊铭》则记述了周王在田猎前后举行祭祀的情况：先在丰京举行祭祀，次日在船上举行大礼祭，然后射猎，捕获大量飞禽，最后又举行了祭月仪式。可见周人的祭祀名目繁多，确实可补"三礼"的缺佚。

祭祀活动在周人的生活中十分频繁，故在青铜器铭文中除了追述祖先的功烈，颂扬他们的仁德以及标榜自己受自祖先的权利、承袭先王的至德外，还有大量的祈求上帝降福、祖先灵佑的祈辞。祈辞的内容基本有：

（1）保佑疆土永固。如《大克鼎铭》："丕显天子，天子其万年无疆，保辥（乂）周邦，□（畯）尹四方"；《陈侯因咨镎铭》："诸侯贡荐吉金，用作孝武起公祭器镎，以烝以尝，保有齐邦。世万子孙，永为典尚。"

（2）祈求永福长寿。古人认为长寿之人必定豪眉秀出，所以称长寿为"眉寿"，在青铜器铭文中经常看到祈求眉寿的内容，如《微鼎铭》："栾用享孝于朕皇考，用赐康乐鲁休，纯佑眉寿，永命令终，其年无疆，子子孙孙，永宝用享"；《秦公簋铭》："以受纯鲁多厘（福），眉寿无疆。""眉寿无疆"或"眉寿无期"是当时的习惯用语，后来演变成为"万寿无疆"或"万岁"等颂词。

（3）保佑子孙永享其命。西周的嫡长子继承制是宗法制下的基础制度，嫡子有嗣是整个宗族的大事，所以青铜器铭文也经常提到子孙嫡嗣永保其命的内容，如《晋姜鼎铭》："晋姜用祈绰绾眉寿，作建为亟，万年无疆，用享用德，俊保其孙子，叁寿是勒。"这些祈求万寿无疆、永保世享的祈辞，与《诗经·小雅·南山有台》中"万寿无期""遐不眉寿""保艾尔后"的思想是一致的，可见西周贵族铸造青铜器并在其上铭刻的目的，不仅仅在于颂扬祖先美德，更在于祈求上帝和先祖保佑子孙永享其命。

4. 青铜器上的征伐活动

除了祭祀之外，上古社会的重要事情即为兵戎，所以青铜器铭文很多内容都涉及到君王用兵情况。伐纣克商是西周初年最大的戎事，1976年在陕西临潼零口公社出土的利簋就是直接反映武王伐纣过程的文物遗存。《利簋铭》已载："武王征商，唯甲子朝。岁鼎，克昏夙有商。"其记载的伐商日期与文献记载完全吻合：《尚书·牧誓》记载："时甲子昧爽，王朝至于商郊牧野，乃誓。"《荀子·仪兵》说："武王之诛纣也，非以甲子之朝而后胜也，皆前行素修也。"《淮南子·兵略训》也说："武王伐纣，东面而迎岁。"这几种文献记载和铭文记载互相印证牧野之战的时间确实是在甲子日，正是岁星当前的时刻。所以利簋的发现证实了文献记载武王克商中牧野之战的真实性，其铭文可与《尚书·牧誓》结合起来研究武王克商的史实。

西周时期，周边少数民族侵犯边界的事情常有发生，尤其是西周中后期，王室衰微，犬戎的势力进入到周的京畿腹地，所以反映西周同少数民族的战事在青铜器铭文中亦屡见不鲜。《虢季子白盘铭》就是一篇记载虢季子白奉周王命令率兵抗击猃狁侵犯的韵文，铭文说："丕显子白，壮武于戎功，经维四方，抟伐猃狁，于洛之阳；斩首五百，折讯五十，是以先行……"猃狁是西周时期西北的一个游牧民族，即后来的匈奴的祖先，他们经常骚扰周的边境，并进入内地扰民。这在《诗经》中也多有反映，如《诗经·小雅·采薇》说："靡室靡家，猃狁之故"，"不遑启居，猃狁之故"，"岂不日戒，猃狁孔棘"。由于猃狁的侵扰给人民造成了很大灾难，所以周王室常派重兵抵御。《虢季子白盘铭》记载的这次抵御的战场是在陕西北部

毛公鼎

的洛水之东，生动地描写了子白的英姿和建立的战功，并记载了周王对子白的赏赐和期望："王赐乘马，是用佐王。赐用弓彤矢，其央。赐用钺，用征蛮方。"

征伐淮夷和楚方也是西周时期的重要征伐。淮夷是居住在淮河流域的多个部族组成的方国，列于周王室的"夷蛮要服"。由于淮夷经常叛周，所以厉王和宣王时期的青铜器铭文经常有周师征伐淮夷的记载，师寰簋即为一例。该簋是厉王时铸的青铜器，其铭文记载了周王命令师寰征伐淮夷得胜立功的内容。

居于江汉流域的楚荆是西周南方的重要少数民族方国，也属于"要服"之列。南征楚国是昭王时期的重大戎事，根据《初学记》所引的《竹书纪年》记载，周昭王"十六年伐。楚荆，涉汉，遇大兕"；"十九年天大曀，雉兔皆震，丧六师于汉"。《史记·周本纪》也说："昭王南巡狩不返，卒于江（汉）上。其卒不赴告，讳之也。"即昭王时期至少有两次南征的记录，而最后一次南征楚荆，昭王没有返回，死于汉水之上。与文献相佐，青铜铭文也有昭王南征楚荆的记载，《小子生方鼎铭》和《启尊铭》分别记载了小子生和启跟随昭王南征的事情。《小子生方鼎铭》记载："隹（唯）王南征，才（在）□，王令生办（遍）事□公宗"；《启尊铭》记载："启从王南征迈山谷，在涢水。启作且（祖）丁旅宝彝。"另外《郭伯簋铭》和《史墙盘铭》也记载了昭王的南巡并获得大胜的情形："孚（俘）金，用乍（作）宗室宝尊彝"；"广笞楚荆，唯狩南行"。这些铭文很可能就是反映昭王南征取得胜利的相关记载。关于军事征伐的铭文还有很多，除了武王、成王时期的伐商大事之外，主要是征伐周边民族反叛和入侵的事情。从铭文看，这些征伐战争结果多以周师为取胜方，从而巩固了西周王室的统治。

5.青铜器上的典章制度

青铜器铭文中反映西周典制内容的也很多。分封制度是上古社会的重要统治制度，也是西周时期的重要政治内容。西周建国以后，周天子为了统治广大疆土，采取了分封同姓宗族子弟及有功大臣的措施，以藩屏周。周王除了分给这些宗亲和大臣土地和人民外，还要授予他们大量礼器作为赐予权力的象征。受封的贵族为了纪念周王的册封并以此作为凭证，于是大量铸造青铜器，传之后世。这些青铜器铭文反映了西周的分封情况。《康侯簋铭》反映了成王改封康侯于卫的情况；《宜侯矢簋铭》则记载了康王改封虞侯矢于宜的事情。

西周分封，天子赏赐大量的财物给受封的诸侯、贵族，这是商朝难以望其项背的。晚商的青铜器铭文也有关于商王赏赐的记载，但所赐之物不仅数量少，品种也极少，不像西周那样繁多，这大概与商朝生产力水平低以及殷王对分封的不够重视有关。在西周的青铜器铭文中，记载赏赐最多的是《大盂鼎铭》："赐汝鬯一卣，玄衣，赤舄，车马。赐乃且南宫旂，用狩。赐汝邦司四伯，人献自驭之于庶人六百又九十五夫。赐夷司王臣十又三伯，人献千又五十夫。"一般的赏赐除了祭祀所用的鬯酒，以及命服、命车外，还有弓、矢、戈、胄等兵器和大量土地和人民。

随着西周分封制度的推行，逐渐形成了固定的册命制度。该制度始创于西周初期，穆王以后则形成一套固定的典礼仪式，青铜器铭文正好完整反映了这一套仪式。在传世的青铜器铭文中有册命内容的达70多例，其铭文格式主要由时间、地点、受册命者、册命辞、称扬辞、作器和祝愿辞7部分组成。如《康鼎》铭文："唯三月初吉甲戌，王在康宫，荣伯入右康，王命死司王家，命汝幽、黄、銮革。康拜稽首，敢对扬天子，丕显休，用作朕文考宝尊鼎。子子孙孙其万年永宝用。"到了西周晚期，青铜器铭文记载册命的格式更为完备，如《颂鼎》铭文所记，除了上述的7个基本部分外，还记录有王位、授册、宣命、受册、返纳瑾章等内容。其记载的册命过程

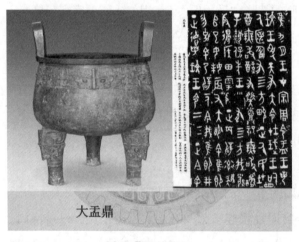

大盂鼎

大盂鼎及其铭文

与《左传》所记周天子册命晋侯重耳为侯伯的过程几乎完全相同，可见册命典仪是西周以至春秋时期的重大政治典礼之一。

关于西周的官制，西周的青铜器铭文也有记载。《毛公鼎铭》清楚地记述了西周有卿事寮和太史寮两大官署。《作册令方彝铭》记述了周昭王任命周公子明保担任王室的重要职务，"保尹三事四方"，领导卿事寮，向卿事寮诸尹、里君、百工、诸侯等发布命令。一般研究西周官制多以《周礼》为参照，但是《周礼》成书较晚，所以最直接的还是西周时期的金文记载资料。西周后期形成了世卿世禄的制度，而继承祖考的官职也要由周王重新册命，所以西周的青铜器铭文有大量这种册命的记载。

此外，青铜器铭文中关于天子籍礼、射礼以及田猎等活动的记载，如《静簋铭》记载了周王在大学辟雍举行的射礼；《令鼎铭》记载"王大藉农于諆田"；《员卣铭》和《启卣铭》都记载了周王田猎的情况。

6.青铜铭文中的经济及法律诉讼

青铜器铭文中除以上内容外，还有关于西周经济以及法律诉讼的记载。周天子为天下共主，故"普天之下，莫非王土"，周王室有直接控制的山林牧场，作为王室的直接收入，《同簋铭》《免簋铭》等都有周王命人管理山林渔泽之利的记载。

战车是西周的战争用车，而马车是西周的重要交通工具，所以马在西周社会生活中和军事战争中非常重要。周王有自己的牧场，由专人养马，而这些马在成为服马之前举行一种马的"成人"仪式——执驹礼。《周礼·春官·司马·校人》记载："春祭马祖，执驹。""祭马祖"就是在春天举行祭祀马神的仪式，"执驹"就是把两岁的小马驹牵离母马身边，给它们套上络头和马具，使之成为王厩的服马。西周非常重视这种执驹之礼，往往由周王亲自参加。出土于陕西眉县李村西周窖穴的缘驹尊和出土于陕西西安张家坡井叔墓中的井叔鼎上都刻有铭文，记载了周王参加执驹礼的情况，缘驹尊铸成马的形状，其器铭文为："唯十又三月才（在）甲申，王初执驹于（斥父），王呼师虑召盉，驹易（赐）两"，"执驹于岸"就是指周王在天子大学——辟雍的大池岸边举行执驹之礼。

西周青铜器铭文中有不少涉及法律诉讼方面的内容。这些铭文有的形同现代的契约、合同、地契之类，有的是关于田地、奴隶交换的内容，有的则是律令刑书。《散氏盘铭》《卫盉铭》《卫鼎铭》《琱生簋铭》都有记载西周的田地交换情况。《兮甲盘铭》记述了关市征收的律令，《子禾子釜铭》和《陈纯釜铭》则记述了有关量值的法令。

裘卫盉铭文

这些铭文是研究西周社会经济生活以及古代法律的重要资料。

四、大雅之堂奏雅乐，贵族礼仪演歌舞

西周礼制继承商朝而有所变革。周初，力求扭转商末流行的奢靡风气，曾反复告诫禁止酗酒。从成王时的《尚书·酒诰》，到康王时的大盂鼎铭文，都讲到必须遵奉周文王的告诫，不得纵酒。反映到青铜制造的礼器上，商朝常见的许多酒器，西周时逐渐归于消失。

周礼非常繁缛，据《周礼》有吉、凶、军、宾、嘉五礼：吉礼指对先祖与各种神祇的祭祀；凶礼指丧葬，还包括对天灾人祸的哀吊；军礼指战争，以及田猎、筑城等动员大量人力的活动；宾礼指诸侯对王朝的朝见、诸侯间的聘问和会盟等；嘉礼指婚、冠、飨燕、庆贺、宾射等。所有礼制都和法律一样，体现出贵贱等级的区分。

乐在西周很受重视，有专门职官管理。金文中也记有乐官。"命汝司乃祖考旧官小辅（镈）眔鼓钟"，即相当《周礼》的镈师和钟师。

周代有的乐舞起源很早，如《大武》为周武王克商所作，曾在武王凯旋告于周庙时表演。这一乐舞的歌辞还保存在《诗》中，即《周颂》的《武》

《酌》《桓》《赍》等篇。

周武王建立周朝不久，就命周公姬旦制礼作乐，建立各种贵族生活中的礼仪和典礼音乐，使音乐为其王权统治服务。这一部分乐舞就是所谓的"雅乐"。它包含了远古图腾及巫术等宗教活动中的乐舞及祭祀音乐，也包含西周初期的民俗音乐。

《周礼》所记载的西周和春秋时期的各种贵族礼仪，其中与雅乐有关的有：

郊社：祭天地神明的祭典；

尝禘：贵族祭其祖先的祭典；

食飨：政治上外交上的宴会等，包括大飨、燕礼、大射、养老等等；

乡射：乡里中官僚和地主们比射的集会；

王师大献：战争胜利时举行的凯旋庆典；

行军田役：用于军事演习性质的狩猎。

作为一种统治手段——礼乐教化的工具，乐舞艺术的地位和作用也被提到了前所未有的高度。

在周朝的礼仪活动中，严格地规定不同的场面使用不同的音乐。它的主要目的是使参加典礼的贵族受到伦理教育的感化，造成一种庄严、肃穆、安静、和谐的气氛。

各种主要典礼音乐的歌词，大都载于《诗经》中的"大雅""小雅""颂"；

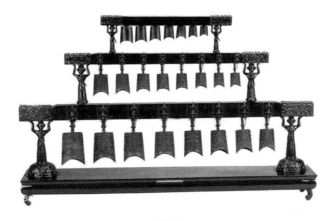

西周编钟

少数属于"南"。

随着周朝的衰落和社会的发展，民间音乐逐步代替了雅乐。贵族们对雅乐渐感厌烦而去欣赏俗乐，如《乐记》所载，魏文侯"端冕而听古乐，则唯恐卧；听郑、卫之音，则不知倦"。因此孔子曾感叹地说："礼崩乐坏。"相匹配典礼的雅乐，开始具有浓郁的生活气息，以后逐渐变得庄严神秘而又沉闷呆板。

中国古代统治阶级在宗教、政治等仪式典礼中所用的音乐和乐舞，后世称为雅乐。雅乐的始创者是周武王姬发，在他兴师伐殷的过程中，军中常表演歌舞以鼓舞士气，灭殷后又作了《象》和《大武》等大型歌舞庆祝胜利。周成王在位时，周公姬旦辅政，他制定各种贵族生活中的礼仪和典礼音乐，以此来加强宗法制社会的等级制度，巩固王权。西周各种贵族礼仪应用雅乐的场合有：一是祭祀，二是宴飨，三是射礼，四是军事演习和军功庆典。可见，雅乐是为维持统治阶级内部秩序而设立的，普通百姓与之无涉。

雅乐的主要形式包括：一是六代乐舞，包括黄帝、唐尧、虞舜、夏禹、商汤、周武王留下的最高规格的乐舞，用于祭祀神明天地祖先；二是小舞，有羽舞、皇舞、干舞、人舞等名目；三是诗乐，大都载于《诗经》中的"大雅""小雅""颂"；四是宗教性乐舞。

雅乐所用乐器如编钟、编磬的制造要耗费大量人力物力，只有贵族才能配置。周王室为了推行雅乐，设置了专门机构大司乐，掌管音乐行政和贵族子弟的音乐教育。贵族子弟受教育的内容规定为"四术"，即诗、书、礼、乐。他们必须按规定的时间和严格的程序接受教育。

雅乐的制度和体系随着周朝中央政权的瓦解而衰落。

战国时期，人们将古乐视为雅乐，这些古乐是指古代祭祀天地、祖先和朝会、宴享时使用的正统音乐。以六代舞最著名，它们是《云门》《咸池》《大韶》《大夏》《大濩》《大武》六部乐舞，相传分别创作于黄帝、尧、舜、禹、商、周六个时代。六代舞也称大舞，是郊庙祭祀之乐。另外，周代还有六个小舞，即《帗舞》《羽舞》《皇舞》《旄舞》《干舞》《人舞》，是教育贵族

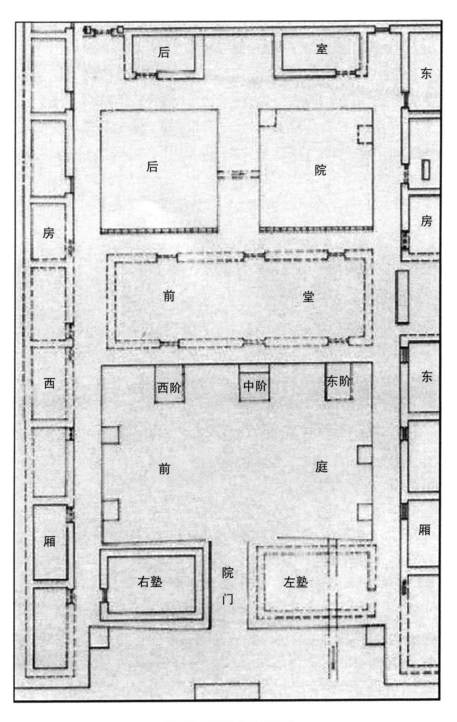

后　　　室　　　东

后　　　院　　　房

前　　　堂

西阶　　中阶　　东阶　　东

前　　　庭　　　厢

右塾　　院门　　左塾

房

西

厢

周王室或诸侯住宅平面图

子弟的舞蹈，有时也用于祭祀。大舞和小舞还可分为武舞和文舞两类，执干（盾）、戚等兵器的称武舞，其余的称文舞。这些古乐一般和礼制相结合，有一定的使用规范，不同等级、不同背景的人使用不同的乐舞，不得逾制。这些乐舞由于长期和礼制紧密结合，成为典礼仪式性的乐舞，艺术上走向僵化，先秦以后不再受到人们的欢迎。雅乐是用于郊庙祭祀、春秋飨射以及朝廷举行的各种典礼仪式上的乐舞，乐人多由具有一定身份的良家子充当，乐器虽然也有丝竹乐器，但以钟、磬为主，是金石之乐。雅乐表演时，舞人俱进俱退，整齐划一，闻敔而进，击铙而退，文武有序，音乐和谐，气氛庄重。

五、宗教尚神不尚鬼，学习教育重六艺

1. 宗教观念

周人的宗教观念，与商朝有较大的不同。商朝那种尚鬼的神秘色彩，到西周已经淡薄。周代的祭祀对象分为天神、地祇、人鬼三类。天神有昊天上帝、日月星辰、司中、司命、风师、雨师；地祇有社稷、五祀、五岳、山林川泽、四方百物；人鬼则指祖先而言。

人殉现象在西周不像商朝那样普遍。由于没有发现相当于殷墟西北岗、武官村规模的大墓，当时人殉数量尚难判定。用人作为祭祀的牺牲，在西周时期亦史无明文记载。

宗教思想的变化也表现在青铜礼器的纹饰上。商朝流行的带神秘意味的花纹，只在周初延续了一个时期。到西周中期，大多数礼器的纹饰都图案化了，除装饰作用外，很少再有宗教或神话的意义。

2. 学校教育

西周已有较发展的教育制度。在国人乡里中设立的学校，称为庠（一说称序），教授知识技艺。贵族子弟的教育更为完备，专设有小学、大学。贵族子弟满8岁入小学，到15岁成童时入大学。《周礼》有师氏、保氏两官，从他们的职掌看，教育的内容包括德行、技艺和仪容等方面。技艺兼及文武，有礼、乐、射（射箭）、御（驾车）、书（文字）、数（算术），称

为六艺。

3.典籍文献

西周时期文献流传至今的为数不多，《尚书》中出于西周的，有《牧誓》《洪范》《金縢》《大诰》《康诰》《酒诰》《梓材》《召诰》《洛诰》《多士》《无逸》《君奭》《多方》《立政》《顾命》《康王之诰》《吕刑》《费誓》等篇，内容

西周匍雁形铜盉

的时代自武王到穆王，而以成王时占大多数。这十几篇记述了周初史事和政治情况，有重要历史价值。

《逸周书》也有一些篇属于西周。例如《克殷》《世俘》《商誓》《度邑》《作雒》《祭公》《芮良夫》等篇，都是关于西周的重要史料。

有重大文学价值的《诗经》，包括有很多西周时期的作品。有的是采自民间的民歌，如《豳风·七月》之类；有的则用于朝廷庙堂，收入雅、颂。一些篇有准确作者，例如《大雅·烝民》为周宣王时尹吉甫作。这些诗歌或反映当时社会状况，或描写历史事迹，或对朝政进行颂扬及讽刺。

六、群经之首《周易》，官制礼制看《周礼》

1.《周易》：群经之首，大道之源

《周易》是中华文明史上一部内涵精深、影响广泛、流传久远的典籍，有"群经之首"和"大道之源"之称。几千年来，《周易》以其外在的魅力——奇特的结构形式和抽象的符号显示，以及博大精深的内涵——千古永辉的义理和复杂神奇的运算机制，吸引着人们在各个领域对其进行研究和应用，形成了庞大的易学研究体系。

《周易》的作者是谁？这是数千年来人们争论不休的谜题，至今尚未

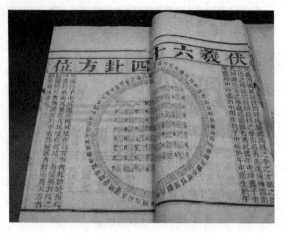

《周易》书影

有定论。比较公认的说法是"三圣说"，认为《周易》乃是伏羲、文王、周公（或孔子）三人合著。继承和拓展这一说法的是马融和陆续，他们认为文王作卦辞，周公作爻辞，孔子作十翼。

《周易》一书由《易经》和《易传》两部分构成，从总体上看它是一部指导人们利用自然规律和社会发展规律的哲学著作。

《周易》本为占筮用书，其经文主要成于西周时期。卦辞、爻辞中有些内容与周人历史有关，如康侯用锡马蕃庶等。由于占筮必须由卦象推类，逐渐被赋予抽象的意义。有的卦、爻辞，如《泰·九三》"无平不陂，无往不复"，即使从字面上也可看出其哲学意味。

《易经》是我国古代先哲通过对自然现象和社会现象的长期观察，以及对各种社会实践活动及其结果进行高度总结概括后而形成的。它集中反映了宇宙万事万物的现象和发展变化的规律。《易经》有其特殊的文字体裁，即不分篇章节次，而是由六十四卦组成。而每个卦又由内外卦、卦画、卦名、卦辞、爻题、爻辞几部分构成。《易经》分为上、下经两部分，上经计三十卦，起于乾卦，止于离卦；下经计三十四卦，起于子咸卦，止于未济卦。

《易传》则是对《易经》进行解说，用来阐发义理的哲学典籍。《易传》分为七种十篇，汉代学者称之为"十翼"，"翼"即辅翼经文之意。

《周易》是中国哲学思想的渊薮，奠定了中国哲学的一些基本范畴和基本观念，如"阴阳"、对立统一的思想等等，对中国文化的影响极为深远。至今，上至鸿儒硕学，下至街头卜者，无不奉为圭臬，浅入浅解之，深入探究之，可谓是十三经中最深奥、最神秘的古籍。《周易》这部书除了有社会学的历史价值，还具有高度的哲学思想价值。"易"这个字，含有"宇宙万物，不断变化和发展"的意义，有朴素的辩证的思想。其中的文字多与政治、经济、生产、生活有关，是很值得后世学者加以研究的。

1973年马王堆汉墓出土帛书《周易》为现存最早文本。其传世经文刊本，有宋代巾箱《八经》本，明弘治九年庄释刻本。旧注有北京图书馆藏魏王弼《周易注》宋刻本、唐李鼎祚《周易集解》本等。今有中华书局1980年版影印《十三经注疏》影印清阮元校勘本。

2.《周礼》：中国最早和最完整的官制记录

《周礼》亦称《周官》或《周官经》，儒家经典之一。

《周礼》是周王室官制和战国时代各国制度的汇编。《周礼》的来历争论颇多。古文经学家认为，《周礼》是周公旦所作。今文经学家认为，它出于战国。也有人认为是西汉末刘歆伪造的。近人从周秦铜器铭文所载官制，参证该书中的政治、经济制度和学术思想，多数人认为是战国时的作品。也有人认为，《周礼》成于汉初。

《周礼》是中国最早和最完整的官制记录，也是世界古代史上一部最完整的官制记录。全书6篇，即《天官冢宰》《地官司徒》《春官宗伯》《夏官司马》《秋官司寇》《冬官司空》。各篇分为上下卷，共12卷。这6篇中的《冬官司空》早佚，到汉时以《考工记》代替。

《周礼》所涉及到的内容极为丰富。大至天下九州，天文历象；小至沟洫道路，草木虫鱼。凡邦国建制，政法文教，礼乐兵刑，赋税度支，膳食衣饰，寝庙车马，农商医卜，工艺制作，各种名物、典章、制度，无所不包，堪称为上古文化史之宝库。《周礼》所记载的礼的体系最为

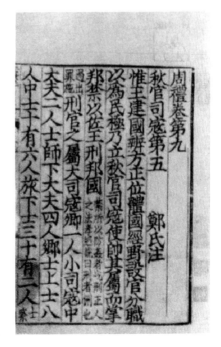

《周礼》书影

系统，既有祭祀、朝觐、封国、巡狩、丧葬等国家大典，也有如用鼎制度、乐悬制度、车骑制度、服饰制度、礼玉制度等的具体规制，还有各种礼器的等级、组合、形制、度数的记载。许多制度仅见于此书，因而尤其宝贵。

《周礼》起初并未受到重视。西汉末年王莽摄政，以周公自居，模仿周制，于是本书特受青睐，当作"国典"。王莽亡，又遭冷遇。直至东汉郑玄作注，才又为人重视。北朝西魏宇文泰执政时，以《周礼》作《唐六典》。北宋王安石以《周礼》作为变法的历史依据。其后虽无人再把《周礼》付诸实践，但一直奉为儒家经典，成为学人必读之书。

《周礼》一书，东汉郑玄撰有《周礼注》，唐朝贾公彦作《周礼正义》，清代孙诒让也撰有《周礼正义》，这些注释对后人研究《周礼》提供了参考资料。